Só o Amor LIBERTA

Só o Amor Liberta

1-3-07-20.000

Direção editorial: **Flávio Machado**
Assistente editorial: **Dirce Yukie Yamamoto**
Chefe de arte: **Marcio da Silva Barreto**
Capa e diagramação: **Ricardo Brito**
Revisão: **Maria Aiko Nishijima**
Revisão doutrinária: **Paulo César de Camargo Lara**
Fotolito da capa: **Paty Gráfica e Fotolito Digital Ltda.**
Impressão: **SERMOGRAF – Artes Gráficas e Editora Ltda.**

Dados Internacionais de Catalogação na Publicação (CIP)
(Câmara Brasileira do Livro, SP, Brasil)

Hertz, Paulo (Espírito).
Só o amor liberta / do Espírito Paulo Hertz ; psicografado pela médium Célia Xavier de Camargo. – São Paulo : Petit, 2007.

ISBN 978-85-7253-149-8

1. Espiritismo 2. Psicografia I. Camargo, Célia Xavier de II. Título.

07-0545 CDD: 133.93

Índices para catálogo sistemático:
1. Mensagens mediúnicas psicografadas: Espiritismo 133.93

Impresso no Brasil, no verão de 2007.

Prezado leitor(a),

Caso encontre neste livro alguma parte que acredita que vai interessar ou mesmo ajudar outras pessoas e decida distribuí-la por meio da internet ou outro meio, nunca deixe de mencionar a fonte, pois assim estará preservando os direitos do autor e conseqüentemente contribuindo para uma ótima divulgação do livro.

Só o Amor LIBERTA

Do Espírito **PAULO HERTZ**

Psicografado pela médium

CÉLIA XAVIER DE CAMARGO

petit editora

Rua Atuaí, 383/389 – Vila Esperança/Penha
CEP 03646-000 – São Paulo – SP
Fone: (0xx11) 6684-6000
Endereço para correspondência:
Caixa Postal 67545 – Ag. Almeida Lima
03102-970 – São Paulo – SP

www.petit.com.br
petit@petit.com.br

Outro livro de sucesso da mesma autora:

– *Leon Tolstói por ele mesmo*

No mundo dos espíritos, Leon Tolstói (1828-1910), o grande escritor russo autor de *Guerra e Paz* e *Ana Karênina* – entre tantas outras obras de vulto – revela sua perplexidade diante da continuidade da vida e reflete sobre sua última encarnação. Livro emocionante e de conteúdo histórico, lança uma nova luz sobre o trabalho literário, a vida familiar, os ideais religiosos e filosóficos de uma alma muito à frente do seu tempo. Tolstói não se constrange ao criticar as próprias atitudes quando encarnado e reconsiderar suas diretrizes. Ao lado de espíritos benfeitores que trabalham em favor do progresso da humanidade, continua sua jornada. Prosseguindo seu trabalho literário, o escritor partilha seu entendimento das leis divinas e escreve este verdadeiro manifesto do Além, livro que enobrece a alma e nos eleva na direção de Deus.

Sumário

Apresentação

Diante dos inúmeros casos que nos chegam com solicitações de ajuda e que, em virtude disso, nos dispomos a acompanhar, auxiliando na medida do possível, um imenso aprendizado se delineia. Passamos a observar todas as situações com os olhos da misericórdia e da compaixão, do entendimento e da compreensão, diante dos erros gerados pelo mal, conseqüência da imperfeição humana.

Tornamo-nos mais sensíveis e tolerantes, por sabermos que todas as vivências representam etapas úteis e necessárias ao processo evolutivo.

A cada novo acontecimento, o espírito se torna mais forte e amadurecido, adquire consciência nova, analisa melhor os fatos, compreende que, à medida que erra, sofre o mesmo que fez o outro sofrer; em contrapartida, ganha em experiência, e, ao entender que o bem gera o bem, carreia para si mesmo bem-estar, harmonia e felicidade.

Aprende que, à medida que exercita a compreensão, a tolerância e a paciência, perdoando as ofensas que lhe foram feitas, torna-se um ser melhor, mais livre e mais tranqüilo. Por outro lado, ao reconhecer que errou, a consciência o acusa e, conforme o grau de entendimento alcançado, se arrepende, desejando reparar o prejuízo causado a seu semelhante e, candidatando-se, assim, à mudança de atitudes, passa a trabalhar em benefício do próximo, gerando o bem. Essa transformação produz tal sensação de bem-estar íntimo que o espírito sente-se repleto de contentamento e paz.

Certamente, para que essas mudanças ocorram, faz-se necessário o despertamento da consciência, o que nem sempre se dá naquela oportunidade, exigindo do faltoso ainda mais tempo de aprendizado.

No entanto, ao perceber que os obstáculos se dissolvem, que os problemas se resolvem, que as situações se aclaram e os envolvidos caminham no rumo do entendimento e da concórdia, vencendo rancores, mágoas, ressentimentos e gerando clima de fraternidade entre si, quando não de amizade, experimentamos imensa satisfação de dever cumprido.

Posso afirmar tal coisa, pois, durante a execução deste trabalho, defrontei-me com uma situação de conflito que durante longo tempo gerara trauma em mim, levando-me à amargura e à revolta, por não conseguir perdoar.

Quando a situação se apresentou, e fui obrigado a enfrentar o problema, sofri bastante. Diante, porém, do sofrimento daquele que considerava meu algoz, consegui vê-lo como realmente era, alguém ainda lutando com suas imperfeições. E como exigir de alguém algo que ainda está além de sua capacidade?

E analisando com sinceridade e isenção de ânimo, quem de nós não está lutando para vencer a si mesmo?

Ao conseguir perdoar aquele que considerava meu desafeto, o benefício maior foi meu, pois me libertei das amarras do passado e passei a vê-lo como um irmão com dificuldades, sofredor e aflito. Tornamo-nos bons amigos e hoje trabalhamos juntos.

Espero que as experiências aqui relatadas possam trazer para os leitores idêntica compreensão e o mesmo crescimento que trouxe à nossa equipe.

Agradeço a confiança que Jesus depositou em mim, concedendo-me a oportunidade de realizar este trabalho, que é fruto de serviço em equipe, mas que coube a mim a responsabilidade de traduzi-lo em palavras, enviando-o em textos para conhecimento dos encarnados.

Agradeço também aos nossos benfeitores que nos orientaram, e a todos os que colaboraram para que este livro viesse a lume.

Esclareço, também, que os nomes foram modificados para evitar uma identificação, conforme manda a caridade cristã, não obstante a concordância dos envolvidos na divulgação das histórias.

Quanto a mim, em virtude do entendimento que me felicitou o espírito em relação ao meu antigo confessor, e da melhor compreensão dos fatos, passei a repensar a primitiva idéia de assinar este livro com meu verdadeiro nome para que meus genitores, ainda encarnados, pudessem inteirar-se do passado. Não poderia mais fazer isso. Assim, escolhi um sobrenome fictício, mantendo o anonimato, e o faço com a mais pura alegria.

Que as bênçãos de Deus nos iluminem no roteiro, de modo a executarmos a mudança interior que ora nos esforçamos para implantar, como conseqüência do aprendizado das inolvidáveis lições evangélicas.

Que Jesus nos envolva em paz e desejo de servir!

PAULO HERTZ
Rolândia (PR), julho de 2006.

capítulo 1

O coroinha

"As contrariedades da vida são de duas espécies, ou, pode-se dizer, de duas origens diferentes, as quais é muito importante distinguir: umas têm sua causa na vida presente, outras, não nesta vida."

(O Evangelho Segundo o Espiritismo, Allan Kardec, cap. 5, item 4)

Nasci em uma família de tradição católica apostólica romana; meus pais sempre foram bastante religiosos. Desde pequeno fui encaminhado à igreja e obrigado a participar de todas as atividades compatíveis com minha faixa etária. Assim, quando chegou a época de fazer a primeira comunhão, minha mãe pegou-me pela mão e, cheia de orgulho, levou-me para a catequese.

Gostava dos amigos, das meninas, e, para mim, aquela reunião – mais um divertimento do que outra coisa – dava a oportunidade de nos encontrarmos após as aulas, o que era sempre gratificante.

Todavia, as noções que nos eram passadas, apesar do meu pouco discernimento, pareciam-me falhas, sem conteúdo real. Meus pais, como afirmei, eram muito devotos e possuíam livros que, a bem da verdade, não eram lidos, mas que serviam para dar-lhes *status,* como se a biblioteca lhes atestasse o grau de religiosidade.

Quando o padre vinha nos visitar, e o fazia com freqüência, convidado para almoços e jantares, chás e festas de aniversário, era com orgulho que meus pais exibiam as obras na estante de jacarandá.

Sempre curioso e gostando de ler, vez por outra pegava um desses livros e mergulhava na leitura. O que eu mais apreciava era uma obra que contava a história de Jesus, suas curas, seus feitos. No entanto, nas aulas de catequese, tudo o que nos era passado referia-se à Igreja. Perguntas e respostas entediantes que éramos obrigados a decorar, e, o mais importante, jamais fazer questionamentos à catequista.

Ela era uma senhora alta e magra, de cabelos grisalhos amarrados em coque na nuca; trazia consigo sempre um xale, ora usado nos ombros para se agasalhar, ora para cobrir a cabeça ao entrar na igreja. Àquela época, é preciso que se diga, mulher alguma entrava na igreja sem cobrir-se. Pois esta senhora e seu xale eram motivos de brincadeiras e chacotas entre nós, seus alunos, irreverentes e imaturos, que a imitávamos.

Lembro-me com saudade daquela época, das amizades puras, da alegria, da escola. Freqüentava havia tanto tempo a igreja que me parecia não saber viver longe daqueles ambientes. Contando com o ardoroso entusiasmo de minha mãe, desejei ser coroinha. O padre incentivou-me, e era uma honra apresentar-me na missa, todo paramentado, diante da igreja lotada de fiéis. Era a glória!

Meus pais acompanhavam-me os movimentos cheios de orgulho, completamente esquecidos do padre, que oficiava a missa, do sermão (tenho certeza de que eles não saberiam dizer o tema) e do real sentido da liturgia.

Ainda hoje tenho na lembrança o odor característico da sacristia, misto de poeira, mofo, naftalina e cera; cheiro de coisas velhas, antigas, guardadas há longo tempo. Quando volto ao passado, lembro-me da luz difusa, das sombras existentes que me pareciam tão ameaçadoras e que nos levavam a falar baixo, como se a voz alta fosse uma profanação daquele ambiente que eu julgava sagrado.

A cena que se repete em minha tela mental, porém, e que me emociona até hoje, é uma que ocorria quando eu estava perto do altar.

A imagem central da igreja, em posição de relevo, colocada atrás e acima do altar, era uma belíssima escultura de madeira, em tamanho natural, obra de um artista da própria cidade. Com rara sensibilidade, esculpira Jesus na cruz, mostrando tal sofrimento em seu divino rosto, nos cambiantes de sombra e luz, que a imagem parecia ter vida! Das feridas abertas pelos cravos nas mãos e nos pés, o sangue parecia gotejar, vivo, pulsante.

Pois bem. Durante certo momento do dia, lá pelas quatro horas da tarde, dependendo da época do ano, uma réstia de luz se escoava pelos vitrais e incidia exatamente sobre a imagem do Cristo crucificado, no altar-mor. E eu gostava de apreciar esse momento mágico e cheio de encanto, mas fugaz, porque logo o sol mudava de posição e a magia era rompida. Gostava de ver os infinitos grãos de poeira existentes no ar e que viajavam nessa réstia de luz, à semelhança de mundos que rodopiassem pelo céu; tinham cores diferentes e pareciam ter vida própria.

Nessas ocasiões, eu conversava com Jesus, falava-lhe das minhas dificuldades, dos meus problemas, das travessuras e até das coisas de que me sentia culpado e não tinha coragem de contar a ninguém, nem ao meu confessor.

E, na verdade, fui um menino muito travesso. Certa ocasião aconteceu um fato que marcou o início do meu desligamento da igreja. Estava com dois amigos na sala da catequese. Por qualquer razão, a professora não compareceu aquele dia, e, na falta de atividades, resolvemos fazer uma brincadeira: testar se realmente a hóstia se transformava no corpo de Cristo, como o padre afirmava.

Aproveitamos que o pároco tinha saído em visita a duas beatas enfermas e roubamos um punhado de hóstias, que, a tremer de medo, fomos comer debaixo de uma mesa, cuja ampla toalha branca bordada nos esconderia de eventuais olhares indiscretos, se alguém aparecesse repentinamente.

Naquela hora, começou a ruir minha crença nos dogmas da Igreja, em especial, a eucaristia, cuja legitimidade púnhamos em dúvida. Estávamos realmente apavorados. Arrependidos já da brincadeira que nos custaria caro se alguém descobrisse. Cada um de nós mastigou uma hóstia trocando olhares cúmplices e assustados, esperando pelo pior. Porém, nada aconteceu conosco, e os castigos horríveis com que o padre nos ameaçava se comêssemos o "corpo de Cristo" não se verificaram. Então, pela lógica, chegamos à conclusão de que o sacerdote estava mentindo, ou realmente acreditava nas coisas que nos ensinava, caso em que estaria se iludindo.

Esse fato foi apenas o começo.

Continuei com minhas atividades na paróquia, embora sem tanto entusiasmo, até porque minha mãe não entenderia nem aceitaria se eu quisesse deixá-las. O ambiente, porém, começou a ficar muito ruim; eu não tinha mais o mesmo empenho de antes, e o padre também se tornara diferente. Ou talvez, na minha boa fé, nunca tivesse notado suas atitudes estranhas. Um dia, em que eu estava sozinho colocando as vestes para a missa da manhã de domingo, vi que ele se aproximara de mim. Achegou-se com naturalidade e afagou-me os cabelos e o pescoço. Ele já tinha feito isso outras vezes, mas nesse dia pareceu-me diferente, com outra intenção. Fiquei tenso. Como estava na hora da atividade litúrgica, caminhei apressado para o altar.

Depois da missa, meus pais se aproximaram e ficaram conversando com o padre, que me pareceu ter voltado ao normal, mostrando-se digno, alegre e bem-humorado como sempre.

Alguns dias depois, no entanto, tudo mudou. Eu tinha ido à igreja buscar um livro da escola que esquecera por ocasião da aula de catequese. Já nem me lembrava mais do acontecido no domingo de manhã. Estava só, pegando o livro que deixara sobre um móvel, quando o padre chegou. Brincou comigo e me convidou para ir à sua casa, onde tinha um bolo de chocolate à minha espera; sabia que eu apreciava muito. Aceitei sem reservas uma vez que este era um procedimento normal. Chegando lá, porém, ele fechou a porta à chave e depois me chamou para junto dele, alegando que precisávamos conversar. Queria mostrar-me um novo livro que recebera pelo correio. Quando me sentei no sofá, ele me agarrou e, respiração opressa, fungando, começou a acariciar meu corpo.

O padre era um homem de seus quarenta e cinco anos, grande, robusto, e tinha muita força. Eu, ao contrário, era um menino pequeno, franzino, e, naquele momento, muito assustado. Não consegui me soltar dos seus braços possantes. Murmurava palavras indecentes ao meu ouvido enquanto me tocava todo o corpo. Apesar dos meus gritos, dos meus rogos e das minhas lágrimas, ele não me soltou.

O desespero, a humilhação, a dor que senti então, só quem passou por esse tipo de violência pode compreender.

❖

Depois desse dia, recusei-me terminantemente a voltar à igreja. Não podia dizer a verdade a meus pais. Tinha vergonha e asco, por eles e por mim. Então, inventava desculpas e mais desculpas: que estava doente, tinha trabalhos da escola para fazer, tinha jogo de futebol marcado, e outras mais.

Com o passar dos dias, fui-me acalmando. Meus pais entenderam que, agora com mais idade, eu tinha outras atividades que não poderia relegar a segundo plano, se quisesse realmente ir para a universidade algum dia. Acabaram por esquecer o assunto, embora contra a vontade, sempre procurando justificar meu comportamento perante o pároco.

Esse fato deixou marcas profundas no resto da minha curta existência.

Nunca ninguém desconfiou da verdade, e hoje confesso que, se tivesse sido mais corajoso, teria denunciado o padre. Vim a saber, muitos anos depois, que ele também abusara sexualmente de outras crianças, as quais, como eu, esconderam o fato sem coragem de contar a alguém. Por um tempo, o remorso me consumiu, pois tivera, à época, a oportunidade de salvar esses meninos. No entanto, eu era apenas uma criança assustada, insegura e envergonhada.

Se tivesse contado a verdade a meus pais, certamente eles não me teriam dado crédito, visto que jamais se tinha ouvido qualquer referência menos digna a respeito da conduta desse sacerdote. Ao contrário, ele era sempre elogiado, tanto é que gozava da absoluta confiança de todos os pais da comunidade, que lhe entregavam os filhos com tranqüilidade, acreditando estarem em boas mãos.

Talvez vocês possam pensar que esse relato agora, tanto tempo depois, irá expor minha família sem necessidade e causar-lhe maior sofrimento.

Posso assegurar-lhes que meus pais dificilmente irão ler estas linhas, uma vez que continuam sendo católicos fervorosos e tradicionais. Jamais se aproximariam de um livro espírita, que têm até medo de tocar, julgando-o obra do demônio.

E se porventura vierem a folhear estas páginas, tomarão conhecimento de fatos que ocorreram há dezenas de anos e que, na verdade, ignoravam. Se tivessem sido informados, com certeza teriam compreendido melhor minhas atitudes naquela época, minhas reações, meu estado emocional e até meus desequilíbrios graves, o que os levou a procurar um psicólogo para me ajudar. E entenderiam também por que me mantive calado e me neguei a dar qualquer tipo de informação. Nem mesmo diante do profissional contei a verdade, conservando o sigilo que, se rompido conforme eu acreditava, respingaria lama em mim e me teria desacreditado perante todos. Na minha inocência, de alguma forma julgava-me culpado, uma vez que aquele padre tinha reputação inatacável, e todos acreditariam nele, e não em mim.

Só mais tarde vim a saber que o que sofri foi uma violência inominável.

Exatamente por isso é que tive vontade, num primeiro momento, de revelar o meu verdadeiro nome, para que meus pais se inteirassem daquilo que de fato aconteceu e passassem, principalmente, a acreditar que seu filho está vivo e muito vivo, numa outra realidade – o que julgo bem mais importante. Essa revelação, no entanto, não é ainda oportuna.

Minha esperança é de que meus pais venham a crer na imortalidade da alma – não da forma que aprenderam (a alma tem um destino certo e inexorável), mas do modo mais racional (ela é o princípio inteligente criado para a perfeição) – e na comunicabilidade existente entre os dois mundos, o que nos permite manter um contato maior e nos dá a esperança de estarmos reunidos um dia.

❖

Visito regularmente o lar terreno, porém meus entes queridos mantêm uma postura tão rígida e negativa em relação à espiritualidade que não consigo aproximar-me e conversar com eles. Certa ocasião, num momento em que julguei ter criado um clima mais propício a um intercâmbio, cheguei perto de meu pai, e ele sentiu minha presença. Imediatamente, aterrorizado, levou a mão ao crucifixo que trazia pendurado ao pescoço e falou em voz alta:

– Arreda-te de mim, satanás!

Desnecessário dizer que não tentei outras aproximações. E espero que o tempo siga seu curso e possa modificar o entendimento deles. Sabemos que tudo se transforma, tudo evolui, e meus pais não constituem uma exceção à regra.

Em minha existência terrena passada, cheguei à fase adulta. Era um rapaz bem apessoado, de estatura alta, de pele clara e cabelos escuros, que as garotas achavam bonito. Dediquei-me aos estudos, com ênfase para outros idiomas. Fui muito popular, especialmente entre as mulheres; tive muitos relacionamentos, várias namoradas, porém nunca deixei de sofrer o trauma causado por aquela violência da infância.

Agora tudo isso pertence ao passado. Retornei mais cedo para a verdadeira vida, por imprudência na condução de uma moto, cujo acidente, felizmente para mim, só fez uma vítima: eu. Ajudado pelos amigos e benfeitores da espiritualidade, recuperei-me mental e emocionalmente. Hoje tenho uma visão mais clara do problema e não acuso ninguém. Ao contrário, sinto compaixão por todos os que erram.

capítulo 2

Dimensão do problema

"O dever íntimo do homem é governado pelo seu livre-arbítrio, este aguilhão da consciência, guardião da integridade interior, o adverte e o sustenta; mas permanece, muitas vezes, impotente perante os enganos da paixão. O dever do coração, fielmente observado, eleva o homem, mas, como este dever pode ser determinado? Onde ele começa? Onde termina? O dever começa precisamente no ponto onde ameaçais a felicidade ou a tranqüilidade de vosso próximo, e termina no limite em que não desejaríeis vê-lo transposto em relação a vós mesmos."

(*O Evangelho Segundo o Espiritismo*,
Allan Kardec, cap. 17, item 7)

Fatos como esse que narrei acontecem com freqüência na sociedade terrena. Todavia, como a luz – que vara as trevas mais espessas levando a claridade a todos os lugares, mesmo aos mais recônditos –, a verdade acaba sempre surgindo para dar a devida dimensão da realidade. Felizmente, agora, relatos emergem de todos os lados abordando o assunto, sendo de extrema importância que isso ocorra.

A Igreja Romana, na atualidade, passa por inúmeras provações, amargas e difíceis de digerir. Os meios de comunicação em todo o mundo têm divulgado sucessivos escândalos envolvendo padres pedófilos e crianças desprotegidas. Diante da avalanche de novos casos, não há mais como ocultar essas mazelas. Por longo tempo, a Igreja fez vista grossa para os escândalos que ocorriam em seu seio, dentro de paróquias, de seminários e conventos. Conhecia o problema, porém evitava falar no assunto. Mais do que isso: escondia a verdade, mantendo a impunidade dos seus sacerdotes, não raro à custa de grandes somas com que comprava o silêncio das vítimas inocentes.

Talvez muitos estranhem a colocação neste livro de fatos de tal natureza. Contudo, julgo necessário que assim seja. Basta de enfiarmos a cabeça num buraco, como o avestruz tentando se esconder, achando que estamos protegidos. A verdade cedo ou tarde aparece.

Por muito tempo, a Igreja se recusou a falar no assunto, mantendo sigilo sobre os atos hediondos que aconteciam sob suas asas e gerados pela tolerância que sempre demonstrou no correr dos séculos para com aqueles que os praticavam, o que a tornou conivente com tais delitos.

É a própria instituição multissecular que está em jogo e que precisa discutir suas regras em face dos resultados negativos que vem colhendo, conseqüência da fragilidade de seus postulados.

E não se pense em culpar apenas os sacerdotes por esses crimes e violências que ocorrem à sombra das sacristias e sob a vista das imagens sacras. Não, certamente. Eles também são vítimas da instituição. São vítimas e algozes. Na verdade, toda uma série de fatores entra na composição da ocorrência desses abusos.

Para que eu visualizasse a verdadeira dimensão do problema, foram necessárias décadas. Eu não conseguia perdoar a violência que fora cometida contra mim; fiquei traumatizado. E esse choque me abalou profundamente, desencadeando perturbações emocionais e orgânicas durante a existência. Na espiritualidade, felizmente, recebi amparo e orientação de muitos instrutores. Além disso, freqüentei inúmeros cursos, o que me permitiu conhecer as verdades eternas, que se desvendavam diante de meus olhos e me foram de capital importância. Esses ensinamentos já faziam parte da cultura de civilizações mais antigas da Terra, mas somente foram estudados e analisados em profundidade com o advento da Doutrina Espírita, pelo trabalho notável de Allan Kardec, que codificou as orientações dos espíritos. E, sem dúvida, o estudo metódico do Evangelho de Jesus, que nos faz ver o semelhante como um irmão necessitado de entendimento e ajuda.

Freqüentei o Centro de Estudos da Individualidade, onde participei de reuniões evangélico-doutrinárias, em que eram analisados temas de conteúdo moral. Elas funcionavam como uma terapia em grupo, pois percebíamos nossas falhas morais em sessões de auto-análise e aprendíamos com a troca de experiências de cada participante, conforme já relatou o César Augusto Melero[1].

Hoje acredito poder dizer que não mais guardo mágoas pelo que me fizeram, pelo menos conscientemente. Compreendo que nós, espíritos, não somos diferentes uns dos outros, criados por Deus da mesma maneira e sujeitos a erros e acertos. Que, ao longo do tempo, podemos ter cometido faltas muito mais graves do que aquelas de que acusamos nosso irmão.

Desse modo, com a visão ampliada e clarificada pelo Evangelho do Cristo, esforcei-me por ver naquele sacerdote alguém necessitado de compreensão e ajuda. Movido de compaixão pelas suas fraquezas, dispus-me a ampará-lo. Ainda não me deparei com ele do lado de cá da vida, mas sei que precisarei fazê-lo, e os amigos espirituais encontrarão uma ocasião adequada. Tenho notícias de que ele, desencarnado, sofre e expurga seus erros em região sombria do umbral, sem condições ainda de receber socorro.

O conhecimento da Doutrina Espírita nos leva a refletir sobre o tema de forma bem mais profunda. Não ignoramos que todos somos

1. *De volta ao passado*, de César Augusto Melero, psicografia de Célia Xavier de Camargo, Editora Boa Nova.

espíritos criados para a perfeição, ora estagiando em níveis diferentes de evolução. Que, através do tempo, progredimos sempre, adquirindo conhecimentos e valores morais que nos tornarão um ser melhor no futuro. Não ignoramos que, ao renascer, fomos beneficiados pelo esquecimento do passado, trazendo conosco as conquistas e os fracassos, as tendências instintivas e a voz da consciência que nos alerta diante de possíveis erros. Que, com o livre-arbítrio, conquista que nos permite o direito de escolha, podemos decidir como agir, mas ficaremos condicionados às conseqüências que gerarmos com nosso comportamento, em observância à Lei de Causa e Efeito que vigora na obra da criação. Assim, trazemos como bagagem o nosso acervo individual: tudo de bom e de ruim que já realizamos, e que permanece arquivado em camadas profundas da memória integral.

Dessa forma, os encarnados devem entender que, quando os pais recebem uma criança no lar, não sabem quem é esse espírito, onde e por que fracassou, quais suas potencialidades e imperfeições. Ao espírito é concedido um novo corpo, pequeno e indefeso, que representa sua possibilidade de construir uma nova vida, progredir e realizar o melhor.

Esse espírito, porém, não é um bebê, como geralmente se pensa. Apenas o é o corpo material, dependente e frágil, e Deus assim o permite para que ele possa despertar o amor no coração das pessoas, em virtude dos cuidados e da proteção de que necessita para o seu desenvolvimento. Na realidade, ali está um espírito antigo, que já teve uma infinidade de existências e que volta à carne trazendo seus vícios e defeitos, virtudes, inclinações, valores ético-morais conquistados.

O sexo, criado por Deus para servir à reprodução, é lei natural e fundamento da vida, atendendo ao impositivo da evolução dos seres, das raças, da própria humanidade, sendo imprescindível ao progresso dos espíritos. Através do tempo, o ser imortal tem desenvolvido qualidades de masculinidade ou feminilidade, de acordo com as características mais acentuadamente ativas ou passivas que conserve. Desse modo, todos os espíritos poderão encarnar na condição de homem ou de mulher. Condenável, portanto, não é o sexo, mas o abuso, o excesso e o aviltamento das energias sexuais pelas criaturas.

Numa nova existência, acredita-se que o sexo só irá despertar na fase da puberdade. Todavia, o espírito renasce com todas as condições para que os impulsos sexuais se manifestem mais tarde, jamais perdendo a sexualidade mesmo em criança; que, na puberdade, irá apenas acentuar-se uma tendência que já existe no espírito, em decorrência dos hormônios que são liberados, quando o corpo físico se desenvolve e se prepara para a vida adulta e para exercer funções fundamentais com vistas à conservação e perpetuação da espécie.

Então, o espírito não está iniciando sua vida sexual; está retomando a sexualidade que trouxe de outras experiências. Dessa forma, deve-se ter o maior cuidado com a educação da criança, com a orientação que os pais passam a ela, especialmente as de caráter ético-moral-religioso, que lhe irão servir de balizas no futuro, direcionando seu comportamento.[2]

A fase infantil é a oportunidade dos pais de transmitirem bons conceitos para seus filhos, e é imprescindível que assim o façam enquanto há tempo, porque, depois de crescidos, será mais difícil, não impossível, uma vez que o espírito aprende sempre, mas os obstáculos serão muito maiores, visto que o espírito terá retomado sua verdadeira identidade.

Enfocando o assunto, necessário entendermos que a homossexualidade, hoje também conhecida por transexualidade, representa a tendência da criatura para a comunhão afetiva com uma outra criatura do mesmo sexo. A psicologia, em bases materialistas, não encontra explicação fundamental para tais ocorrências, que são absolutamente compreensíveis sob a ótica da reencarnação.

É necessário esclarecer também que *homossexualidade* e *homossexualismo* são diferentes. O indivíduo pode ter tendências homossexuais,

---

2. *Desafios da educação*, de Camilo, psicografia de José Raul Teixeira, pág. 51, Editora Frater.

isto é, ter afinidade e/ou atração por pessoas do mesmo sexo, e não ser homossexual. Em outras palavras, não se dá à prática do homossexualismo, o que equivale a não ter comportamento homossexual.

Nesses casos não incluímos aqueles espíritos que, em virtude da necessidade de realizar uma missão em área específica, por ocasião do planejamento reencarnatório, pedem para voltar à carne com caracteres sexuais diferentes dos da encarnação anterior, renunciando aos mais belos e íntimos sentimentos.[3]

Trata-se de Espíritos com elevação moral e espiritual, o que lhes garante a disciplina das emoções e a responsabilidade no exercício das tarefas que escolheram executar a benefício da humanidade. Para isso, procuram se prevenir contra situações que poderiam facilitar-lhes condutas inadequadas e colocar em risco o objetivo reencarnatório.[4]

Imprescindível estabelecermos essas diferenças tendo em vista as vivências anteriores do ser espiritual.

A Doutrina Espírita nos alerta para a nossa realidade como espíritos, afirmando que fomos criados simples e ignorantes, mas com infinitas possibilidades de evolução, objetivo esse que alcançaremos mediante nosso próprio esforço e vontade perseverante; que a sede real do sexo se encontra radicada na estrutura complexa do ser espiritual, e não no veículo físico que lhe serve à manifestação[5]. Assim, o espírito

---

3. "(...) em corpos que não lhes correspondem aos mais recônditos sentimentos, posição solicitada por eles próprios, no intuito de operarem com mais segurança e valor, não só o acrisolamento moral de si mesmos, como também a execução de tarefas especializadas, através de estágios perigosos de solidão, em favor do campo social terrestre que se lhes vale da renúncia construtiva para acelerar o passo no entendimento da vida e no progresso espiritual." *Ação e reação*, de André Luiz, psicografia de Francisco Cândido Xavier, capítulo 15, pág. 209, FEB.

4. "Escolhem com isso viver temporariamente ocultos na armadura carnal, com que se garantem contra arrastamentos irreversíveis, no mundo afetivo, de maneira a perseverarem, sem maiores dificuldades, nos objetivos que abraçam." *Vida e sexo*, de Emmanuel, psicografia de Francisco Cândido Xavier, capítulo 21, pág. 92, FEB.

5. *Evolução em Dois Mundos*, de André Luiz, psicografia de Francisco Cândido Xavier, capítulo 18, pág. 138, FEB.

não tem sexo da forma como se entende na Terra e considerando-se as características sexuais apenas pelos órgãos genésicos[6]– uma vez que Deus não criou espírito-homem e espírito-mulher, mas apenas espíritos; que, dessa forma, os sexos só existem no organismo, sendo necessários à reprodução dos seres materiais; todavia, os espíritos não se reproduzem uns pelos outros, razão por que o sexo é inútil no mundo espiritual[7]; que não sabemos quais as tendências sexuais do espírito reencarnante, uma vez que as desenvolvem através do tempo, em virtude da constância em reencarnações neste ou naquele sexo, inclinações e afinidades essas que são predominantemente masculinas ou femininas, conforme as características mais acentuadamente ativas ou passivas que conservem. Existem espíritos que se sentem melhor renascendo como mulheres, outros como homens. Salvo em casos de inversão sexual gerada por disfunções orgânicas, quando o espírito reencarna para sofrer determinadas limitações, o que vai prevalecer em matéria de sexo serão suas tendências íntimas já desenvolvidas; que, em razão dessas vivências mais num determinado sexo, ao precisar mudar de polaridade sexual, encontre dificuldades para exteriorizar suas tendências.

Não raro, isso ocorre tanto no sexo masculino quanto no feminino, como conseqüência de abusos perpetrados contra o sexo oposto, quando tem necessidade o espírito de renascer com inversão sexual, o que se constitui numa grande expiação, servindo-lhe também de prova. Por conta disso, o ser espiritual passando da experiência masculina para a feminina ou vice-versa, ao envergar o veículo corpóreo, inevitavelmente irá demonstrar as características de masculinidade em que terá transitado durante vários séculos, apesar do corpo feminino que enverga no momento, o mesmo ocorrendo com o espírito feminino que passe a ocupar um corpo masculino. Esses casos de anomalias são claramente percebidos em mulheres que carregam um corpo másculo e agem como homens, e homens que possuem uma estrutura física

---

6. *O Livro dos Espíritos*, Allan Kardec, questões 200 a 202, Petit Editora.
7. *Revista Espírita de 1866*, Allan Kardec, pp. 2 e 3.

mais delicada, com traços claramente feminis, o que lhes demonstra as inclinações, independente de manterem ou não relações sexuais.

Muitas vezes pode ocorrer de não existir inversão sexual, mas comportamento que redunda da influência do meio ou depois de experiências homossexuais em que a pessoa pode ficar condicionada àquele tipo de conduta.

Desse modo, pode iniciar-se um problema quando se colocam meninos de várias faixas etárias, com amadurecimento orgânico e psíquico diferenciado, em colégios internos e seminários para conviverem sob o mesmo teto. Não raro os maiores, com a libido exacerbada pelo início da fase de puberdade, quando modificações psicofísicas começam a ocorrer, os abusos vão acontecendo, geralmente contra os menores e mais fracos, sem o conhecimento das autoridades responsáveis pela instituição e dos vigilantes, que ignoram o que se passa na calada da noite.

Prossegue o problema quando o rapaz é levado a ordenar-se ainda muito jovem e sem consciência do que realmente deseja, visto que por muitos anos foi mantido entre quatro paredes sem participar da sociedade, o que limita sua capacidade de análise e decisão.

A obrigatoriedade do celibato para os sacerdotes é uma regra injusta, artificial e que tem causado imensos males aos padres e às comunidades em que vivem. O mesmo acontece com as freiras, que sofrem iguais restrições.

Certamente importante considerar aqui a responsabilidade das pessoas que chegam a praticar tais abusos, sem dúvida por inferioridade do espírito. Os que se permitem tais condutas demonstram que são criaturas com dificuldades na área sexual e que renasceram para tentar corrigir esse desajuste. Não raro, porém, influenciados pelo meio, podem voltar a errar.

Provavelmente trata-se de uma expiação, que poderá até servir-lhes de prova, e tanto maior a dificuldade que encontre, maior mérito terá aquele que conseguir vencer suas tendências negativas. E não estamos nos referindo aqui apenas às pessoas de comportamento homossexual, e sim do heterossexual, cuja prática de atos pedófilos e homossexuais fica facilitada pelo meio e pelas condições que a Igreja estabelece.

Entregar os filhos a Deus...! Não deveria ser outro o motivo que levava famílias a encaminharem seus jovens para os seminários, desejando vê-los seguindo a carreira religiosa. Antigamente, duas situações básicas se apresentavam ao rapaz: ou servia à Igreja, ou ao Exército. Hoje isso já não ocorre. Grande parte dos jovens que opta pelo seminário, porém, o faz por apresentar propensão para os estudos e não ter recursos, utilizando-se das excelentes condições que a Igreja oferece para poder estudar. Uma pequena parcela deles tem real vocação para o sacerdócio, objetiva servir a Deus na pessoa do próximo e sonha orientar e consolar o rebanho que lhe for destinado. São religiosos que, não importa a tentação, se manterão firmes em seus propósitos, não se deixando levar por tendências negativas, portando-se sempre como dignos representantes do clero.

E não pensem que esses problemas ocorram somente com indivíduos do sexo masculino. Muitas moças também, por vontade própria ou não, acabam internadas em colégios ou conventos. Para elas, antigamente, a situação era ainda pior, não lhes restando senão a submissão: sem direitos, sem poder estudar ou decidir sobre a própria vida, livravam-se da autoridade dos pais passando para a do marido, pelo casamento, ou eram encaminhadas aos conventos para servir a Deus.

A realidade é que os abusos são igualmente praticados em todos os lugares, tanto nos redutos masculinos quanto nos femininos, já que o ser humano é o mesmo onde quer que esteja e carregará sempre suas tendências e dificuldades.

A convivência em claustro tem gerado forte tendência para o homossexualismo, problema que a Igreja evita olhar de frente com medo de encará-lo.

Atualmente o Vaticano vem sofrendo campanha cerrada contra padres pedófilos, e a imprensa de todo o mundo faz denúncias nesse sentido, revelando casos e apontando culpados pelo abuso perpetrado contra crianças. E a sociedade, horrorizada, se movimenta e exige uma postura firme das autoridades para reprimir e evitar esse tipo de crime.

Também os pais deveriam ter mais cuidado com seus filhos, não confiando cegamente nos indivíduos que trabalham com crianças e cuidam delas, especialmente aqueles a quem está afeta a educação religiosa.

Muito já se falou sobre os problemas gerados pela imposição do celibato religioso. Quantos males causou à sociedade e às pessoas a obrigatoriedade da confissão? É possível imaginar a extensão dos danos quando se colocam padres carentes e atormentados por secretos desejos diante de mulheres jovens, bonitas e igualmente carentes, com problemas conjugais e emocionais, obrigadas a relatarem seus dramas em minúcias, criando vínculos afetivos e propiciando atração sexual? Quantos lares foram desfeitos, famílias destroçadas, separações conjugais ocorreram através do tempo por relacionamentos espúrios nascidos no confessionário? Quantos abortos cometidos, na impossibilidade de se tornar pública uma relação? Quantas crianças cresceram à sombra das sacristias, ao lado de pais- sacerdotes, sem conhecerem sua verdadeira filiação?

Dentre as páginas mais tristes e escabrosas da História, está este capítulo da Igreja, com os problemas gerados pelo celibato sacerdotal e os crimes cometidos dentro de conventos e seminários para esconder relacionamentos entre padres e freiras, e entre padres e paroquianas.

Não nos cabe aqui o levantamento desses dados, que já foram divulgados à saciedade por quantos se interessaram em estudar o assunto.

Todos esses abusos só terão fim quando a Igreja modificar suas leis, tornando-as mais humanas e mais justas, e quando resolver enfrentar os problemas com transparência e lisura, deixando de acobertar erros e crimes hediondos para manter as aparências.

Sobretudo, tais violências desaparecerão quando o homem ascender-se moralmente, transformando-se à luz do Evangelho redentor, e vivenciar o mandamento cristão de fazer ao próximo o que gostaria que os outros lhe fizessem. Quando, direcionado pelo amor, o ser humano passar a viver fraternalmente com todos os seus irmãos.

À luz da Doutrina Espírita, que se alteia como libertadora de consciências, compreende-se perfeitamente que as opções em matéria de sexo são da responsabilidade do espírito e diz respeito às suas escolhas afetivas, tendo como parâmetro o livre-arbítrio que deve ser respeitado.

Tratando de assunto tão polêmico na atualidade, não nos cabe aqui emitir julgamentos quanto às escolhas de ninguém em relação a comportamentos sexuais, sabendo que cada um estagiará em níveis de entendimento e amadurecimento que já conseguiu alcançar no seu trajeto para a perfeição.

Hoje, facilitado pelo fenômeno da globalização, temos acompanhado a saga de milhões de pessoas em experiências desse gênero e que merecem atenção e respeito, consideração e ajuda, em igualdade de condições com a grande maioria de criaturas da sociedade terrena que é constituída de heterossexuais, que nem por isso estão livres de problemas e dificuldades.

Com o tempo, a sociedade terrena entenderá que os conceitos de normalidade e de anormalidade carecem de substância, olhando-se apenas do ponto de vista da estrutura física, quando o que realmente importa é a dignidade humana que se alteia por meio do comportamento ético a favor do bem de toda a comunidade, e se degrada diante do mal que espalha, prejudicando a si próprio e a todos com quem convive.

capítulo 3

Sementes de Erlan

"Bem-aventurados os que choram, pois que serão consolados."

JESUS (MATEUS, 4: 5)

A exortação de Jesus para que nos amemos uns aos outros é divino convite ao entendimento e à paz.

Quando o ser humano consegue pensar nas outras pessoas e não apenas em si mesmo, deixando de lado o egoísmo, denota expressivo progresso, uma vez que o amor é sentimento que brota e lentamente se desenvolve no íntimo da criatura após longo trajeto ascensional.

Não raro, vemos exemplos de dedicação, renúncia e altruísmo em pessoas nas quais nunca suporíamos tal atitude. Contudo, dão-nos exemplos de rara beleza e de uma grandeza tocante.

Certa ocasião, em virtude de apelos provindos de uma colônia espiritual localizada no continente europeu, a qual pedia a colaboração de outras cidades espirituais na forma de envio de pessoal para trabalhar em favor das populações envolvidas com a guerra na Bósnia-Herzegovina, candidatei-me ao serviço.[8]

8. *De volta ao passado*, de César Augusto Melero, Editora Boa Nova.

Pela experiência anterior e pelo conhecimento de idiomas ao qual me dedicara, fui aceito. Reuni-me ao contingente de Céu Azul, visto que outras pessoas atenderam ao chamado, e partimos após os necessários preparativos, inclusive um treinamento de emergência, uma vez que nenhum de nós tinha trabalhado em situação de guerra.

Não obstante alertados para o que iríamos encontrar, em palestras e por um farto material de imagens que mostrava os horrores do conflito, estávamos animados e estimulados pela oportunidade de servir que se nos deparava. Era um serviço em terras estranhas, diferente de quantos havíamos realizado, e isso nos entusiasmava.

Ao chegarmos, porém, sofremos um duro impacto. Conquanto a veracidade e crueza das imagens que tínhamos visto antes, dos alertas que recebêramos de nossos superiores, a realidade superava em muito todas as expectativas.

Cenas de selvageria campeavam em todos os lugares. A dor, a morte, o desespero e a miséria eram companheiros inseparáveis daquela população que sofria toda sorte de necessidades: sem água, sem comida, sem agasalho, sem teto.

O pior, entretanto, era a desesperança que víamos nos olhares tristes e melancólicos. Especialmente nas crianças, cujos olhos grandes, encimados por longas pestanas, se mantinham secos, já sem lágrimas para chorar em face do excesso da dor e das perdas sofridas.

A população civil, composta basicamente de mulheres, crianças, velhos e doentes, não tinha como se proteger, visto que os homens válidos tinham sido recrutados e estavam todos nas frentes de batalha.

Quando os inimigos chegavam – e me refiro a ambos os adversários; os dois lados eram igualmente cruéis –, torturavam e matavam com requintes de crueldade. Estupravam as mulheres, muitas delas jovenzinhas, ainda crianças, como se tivessem perdido todo o senso da realidade, e como se os valores que haviam cultivado até aquela época nada significassem.

O mais absurdo é que não eram criminosos à solta. Não. Eram pessoas comuns, amantes da paz e da ordem, religiosas, que tinham tido uma existência pacífica, ordeira, de trabalho, até então.

Mas o sentimento de ódio liberado pela guerra faz com que os seres humanos se modifiquem radicalmente. No afã de vencer o inimigo, usam a violência até como tática de combate, para despertar insegurança, minar a resistência e a disposição dos adversários, causando desânimo, angústia e dor. Contudo, não se dão conta de que as mesmas coisas podem estar acontecendo do lado oposto com suas mulheres, filhas, irmãs, namoradas.

As cenas eram tão fortes que precisávamos de todo o nosso equilíbrio para nos mantermos isentos. Nossa atividade principal era ajudar na retirada dos espíritos de combatentes mortos, para que não continuassem a guerrear, acirrando ainda mais os ânimos. Amparávamos também a população nas suas dificuldades, consolando, dando ânimo, esperança, instilando fé nos corações desvalidos.

Durante esse período, fiquei conhecendo um garoto de uns dez anos aproximadamente, e me liguei a ele, comovido com sua história, narrada por um dos nossos colegas de trabalho que estava havia mais tempo na região.

O garoto chamava-se Erlan. O pai estava na guerra, e a mãe sobrevivia como possível junto aos seis filhos. Erlan era o mais velho e se dedicava à mãe e aos irmãos com veneração. O pai, antes de partir, lhe dissera:

– Você é meu primogênito. Agora, meu filho, você é o homem da casa e tem o dever de proteger sua mãe e seus irmãos menores.

Erlan aceitara a incumbência, cumprindo à risca sua tarefa, com orgulho e coragem. No fundo, gostaria mesmo era de estar lutando ao lado do pai, como um homem, mas, em virtude da pouca idade, não podia. Assim, teve de ficar em casa e cumprir sua missão.

Certo dia, nosso grupo saiu para uma de nossas rondas. Éramos três: um francês, um angolano e eu. Passávamos por uma rua quando ouvimos choro convulsivo em uma das ruínas, justamente o lugar onde essa família estava abrigada. Imediatamente nos dirigimos ao local. Deparamo-nos com uma das mais tristes cenas que tive a oportunidade de presenciar: as seis crianças estavam ao redor do corpo da mãezinha, que tinha sido atingida por uma bala, e não resistira.

Chegamos a tempo de ver o espírito da mãe se desligando do veículo corpóreo, sem mais condições de sobrevivência.

Louis, o francês, era o chefe da equipe e sem demora acabou de cortar os últimos elos que mantinham o espírito preso ao organismo físico. Tobi, o angolano, e eu o auxiliamos na operação, ao mesmo tempo suplicando ajuda do Alto.

A mãe, recém-liberta, ignorando que já passara para o outro lado da vida, mas sentindo-se atingida, com as mãos tentava conter o sangue que se esvaía da ferida. Desesperada ao ver os filhinhos chorando, com dificuldade procurava tranqüilizar as crianças:

– Não chorem, não foi nada! Vou ficar boa para cuidar de vocês. Confiem em Deus! Erlan, meu filho, cuide de seus irmãos.

Os pequenos, porém, não podiam mais ouvi-la. Nós nos aproximamos, fazendo com que ela nos visse, e a convencemos de que precisava de socorro médico. Aceitando o tratamento, ela foi retirada do local e levada para um de nossos hospitais de emergência, para que não piorasse, com suas condições, a situação das crianças.

Erlan, entendendo sua responsabilidade diante dos irmãozinhos, enxugou as lágrimas e, abraçando-os, disse:

– Agora eu sou o chefe da família. Não deixarei que nada de mal lhes aconteça. Prometo.

Desse dia em diante, a vida dos garotos tornou-se pior, pois não mais tinham pai nem mãe que pudesse protegê-los. Erlan arrumou um lugar para ficar com os irmãos, visto que tinham sempre de mudar de esconderijo, e empenhava-se em suprir as necessidades da família, arranjando comida e água.

Passaram a viver escondidos num tipo de gruta que Erlan descobrira por acaso ao andar pela cidade à procura de algo que pudessem comer. Como fosse protegida do vento e da chuva, achou que era o local adequado às suas necessidades.

Certa manhã Erlan saiu com os irmãos para dar uma volta. Tudo estava tranqüilo. Desde a noite anterior, o barulho de explosões havia cessado e nenhum tiro se ouvia.

Estavam com fome e resolveram arriscar. Sempre encontravam algo nos bolsos dos soldados mortos, ou nas casas abandonadas pelos moradores.

Nisso, ao virar uma esquina, no meio dos escombros, Erlan viu um grupo de soldados inimigos que vinha em sentido contrário, ao encontro deles. Em silêncio, fez sinal aos irmãos para se esconderem. Todavia, o movimento já tinha sido detectado pelos soldados, que imediatamente reagiram, jogando uma granada de mão.

Atônitas, as crianças viram cair o objeto no meio delas e ficaram paradas, sem ação. Erlan virou-se e, vendo o perigo, não teve dúvidas: jogou-se, pegou a granada, evitando que estourasse no meio dos irmãozinhos, e correu para longe. Não teve tempo, porém, de largá-la. A granada estourou na sua mão.

Morreu bravamente. Seu gesto heróico foi um exemplo para todos nós.

Os inimigos se aproximaram de armas em punho, gritando:

– Alto! Não se mexam! Saiam com as mãos para cima.

Após alguma hesitação, os pequenos começaram a sair. Os soldados ficaram perplexos: eram apenas cinco crianças aterrorizadas e uma delas não tinha mais do que dois anos!

Ficaram olhando aqueles rostinhos sujos de fuligem, as roupas esfarrapadas, sem saber o que fazer. Perguntaram pela família e ouviram a história do maior deles, menino de oito anos e agora o chefe da família. Ficaram sabendo que os ferozes soldados que pensaram estar atacando eram seis crianças indefesas, e que o irmão mais velho havia se sacrificado heroicamente para salvar suas vidas.

Trocaram um olhar, como que se consultando sobre o que fazer. Todavia, nada poderia ser feito. A guerra era cruel e milhares de crianças estavam nas mesmas condições, sem família e sem lar. Em seguida, viraram as costas e foram embora.

Jamais esqueci Erlan, o garoto que conheci na Bósnia.

Ele foi atendido em um de nossos hospitais itinerantes e fiz questão de acompanhar-lhe a recuperação.

Naturalmente, foi um longo período, em que tivemos oportunidade de conversar muitas vezes. A princípio, ele ficou espantado ao perceber o conhecimento que eu tinha da sua vida e da sua família. Depois, mais perplexo ainda, quando lhe contei que o conhecia havia meses e que sempre procurávamos ajudá-los.

Com olhos arregalados, ele exclamou:

– Vocês, anjos da guarda! Paulo, meu anjo da guarda!

– Bem, nem tanto, Erlan. Apenas amigos – tentei explicar.

Em nossos encontros, procurava levar-lhe notícias dos irmãos, e ele mostrava-se satisfeito e agradecido, conquanto um pouco triste por não poder estar ao lado deles. Todavia, inteligente e desejoso de aprender, em pouco tempo entendeu que era preciso recuperar-se para ter condições de amparar os irmãozinhos. Quanto à mãe, ficou contente de saber que ela tinha sido encaminhada para um local de atendimento na espiritualidade, e que logo poderiam se encontrar.

As histórias de guerra são sempre tristes e raramente têm um final feliz.

Neste caso, os garotos sobreviveram, e, depois que os conflitos terminaram, foram levados para um abrigo de atendimento a crianças desamparadas, visto que nenhum parente foi localizado. Nessa instituição, apesar da precariedade, eles têm a felicidade de crescer juntos, como uma família, cada vez mais unida.

Este foi dos exemplos mais belos que tive a oportunidade de ver. Erlan demonstrou generosidade e renúncia pela vida ao proteger seus irmãos. Sua recuperação foi rápida, porque dotado de bom coração e nobres princípios. Adquirindo condições, recebeu dos orientadores a bênção de continuar amparando os irmãos.

Juntamente com a mãe, participa de equipe que executa dignificante trabalho na ajuda aos encarnados com problemas gerados pela guerra, e assim tem a oportunidade de permanecer perto dos irmãos e do pai que, atingido por uma explosão, desmemoriado e em estado gravíssimo, foi levado para um hospital. Permanece encarnado, porém sem condições de procurar e ajudar os filhos.

Erlan denota grandeza de alma e profundo amor, sentimento que ele nutre por sua família.

Da última vez que o encontrei, antes de retornar para Céu Azul, conversamos longamente. Ao nos despedirmos, falou-me de seus propósitos: quer trabalhar pela paz para evitar que irmãos se destruam barbaramente, como na guerra. Trabalhará como desencarnado e, mais tarde, quando estiver preparado, pretende reencarnar no seio do seu povo para plantar sementes de paz e de luz, direcionando os corações para o exercício da fraternidade e da solidariedade universais.

capítulo 4

Malefícios da guerra

"Qual é a causa que leva o homem à guerra?"
"Predominância da natureza selvagem sobre a espiritual e satisfação das paixões. No estado de barbárie, os povos conhecem apenas o direito do mais forte; é por isso que a guerra é para eles um estado normal. Contudo, à medida que o homem progride, ela se torna menos freqüente, porque evita as suas causas, e quando é inevitável sabe aliar à sua ação o sentimento de humanidade."

(*O Livro dos Espíritos*,
Allan Kardec, questão 742)

A história de Erlan ilustra bem os malefícios da guerra. Na verdade, as pessoas que habitam países em que não existem conflitos armados, que estão legalmente em estado de paz, dificilmente poderão entender o que seja viver no meio de combate, destruição e morte. Seria necessário estar lá, viver e sofrer com essas populações, para se ter uma idéia dos horrores da guerra. Manter-se em estado de tensão física, mental e emocional, retesado como um arco cuja flecha deva ser atirada a qualquer momento, permanentemente em guarda, inseguro e angustiado, estremecendo de medo a cada ruído por menor que seja; sempre dormir preocupado, acordar durante a noite com o coração disparado, ao ouvir uma explosão, os clarões das bombas, os tiros soando bem próximo. Difícil sentir alívio quando o silêncio se faz, e poder respirar mais tranqüilamente.

Mas não é só isso. Além do medo e da insegurança, as populações convivem com a mais absoluta miséria. Muitas vezes, não morrem por um ferimento à bala, mas de fome.

De todas as dores, a moral é a que mais atormenta e desencoraja o ser humano. Como é difícil para o homem, quando distante, não saber o que está acontecendo com os entes queridos, não poder defendê-los; e quando perto, presenciar o desespero de um familiar ou amigo sendo abatido por uma rajada de metralhadora; ver uma filha, esposa, mãe, irmã ou noiva, aos gritos de horror, sendo estuprada por soldados violentos e de mentes ensandecidas, sem poder fazer nada para ajudar, casos em que se prefere a morte do ente querido para livrá-lo dos sofrimentos e das humilhações.

Isso acontece, na atualidade, em diversos pontos do globo.

E por quê? Como pólo central de onde partem e para onde convergem essas questões, temos sempre o egoísmo, o orgulho e a ambição dos homens, que lutam para defender seus interesses, sejam raciais, territoriais ou econômicos. A luta sempre acontece porque uns se consideram injustiçados e, outros, detentores de todo o direito.

Estabelece-se aí, sem dúvida, um contra-senso, pois todos esses absurdos irrompem em sociedades que, no fundo, desejam a paz.

Mas o que é paz?

É poder viver num mundo sem violências ou perturbações sociais, onde exista concórdia e entendimento entre as pessoas e entre os inúmeros grupos da sociedade, como conseqüência da tranqüilidade da alma, da ausência de conflitos íntimos do homem.

Dessa forma, três situações básicas se deparam na relação entre os seres humanos: 1. problemas sociais, públicos; 2. problemas grupais ou com outras pessoas; 3. problemas individuais, de foro íntimo.

Desde que o homem existe sobre a crosta planetária, a defesa dos seus interesses sempre foi primordial. No começo, para preservar-se dos animais selvagens, da natureza inclemente e de outros seres humanos hostis. A existência era simples, despojada. À medida que progride, o homem sente-se compelido a viver em grupo, para uma mais eficiente defesa.

Com a vida grupal, surge a necessidade de serem criadas normas para defender os interesses de cada um em particular e do grupo como um todo. Aparecem as primeiras regras para uma convivência pacífica e harmônica, possibilitando grande salto para o progresso social.

Enquanto os grupamentos se desenvolvem, as relações se complicam. Das tribos surgem as nações, depois as sociedades organizadas em Estados; os conflitos, porém, jamais cessam, aumentando sempre em intensidade, com a progressiva complexidade das sociedades até atingir seu clímax nas civilizações atuais. Alguns países chegam a ser habitados por bilhões de pessoas, com cidades de vida tão complexa e sofisticada que se configuram em verdadeiras megalópoles. Outros em exíguo território.

Neste ponto, aos interesses da nação juntam-se os interesses de grupos econômicos, de cidadãos que ganham enormes fortunas, não raro incentivando os conflitos armados, como guerrilhas, revoluções, guerras civis ou guerras entre países, para auferirem exorbitantes lucros com a venda de material bélico, que fabricam e estocam, mancomunados com políticos e autoridades corruptas.

Só falamos até agora dos prejuízos materiais. E os danos causados ao homem como ser integral? Aos males tipicamente orgânicos somam-se outros de ordem emocional, mental, espiritual, que o atingem causando doenças psicossomáticas, neuroses, psicoses e todo tipo de loucura. Os povos envolvidos na guerra, inclusive os próprios soldados, são incapazes de digerir as cenas violentas que deparam. Se, por um lado, se vêem obrigados a matar outras criaturas iguais a eles, por outro, vivem o temor do que encontrarão ao virar uma esquina e a incerteza do futuro, tudo isso gerando desequilíbrio íntimo devastador, que os deixa enlouquecidos. Também as emanações pútridas de corpos de animais e de seres humanos em decomposição, denominadas miasmas, causam terrível mal-estar e doenças infecto-contagiosas gravíssimas, visto que a freqüência e a continuidade dos combates nem sempre permitem que as pessoas neles envolvidas enterrem os mortos.

Existe, porém, outro tipo de prejuízo de valor incalculável: o que se refere à contaminação ambiental por miasmas psíquicos.

Liberadas pelos encarnados envolvidos na luta, as emissões mentais de ordem inferior, como sentimentos de revolta, ódio, desejo de vingança, crueldade, geram miasmas – larvas psíquicas contagiosas de alto poder de destruição –, que atingem rapidamente populações inteiras. Acrescente-se a isso a participação dos desencarnados em combate, os quais, pelas suas condições, continuam guerreando e ajudando os que ficaram. Com isso, tem-se farto e explosivo material que, se não for retirado das frentes de batalha, só irá piorar o ambiente, produzindo por sua influência maléfica verdadeiras epidemias.

Em vista disso, formam-se grandes nuvens fluídicas de material psíquico inferior que se aglutinam sobre as regiões em conflito. Como existem inúmeros focos de combate na atualidade, notadamente no Oriente Médio, na África, na Europa e na América, essas nuvens caminham pelo espaço e já tomam grandes territórios, uma vez que, pelo processo de sintonia, são atraídas pelos sentimentos inferiores das populações. No caso específico dos Estados Unidos da América e de sua vinculação em recentes guerras, conquanto não haja combate dentro de seu território, o povo americano acaba envolvido, ficando em sintonia com as emanações maléficas.

Não percebem como os conflitos se alastram? Quantas guerras aconteceram no pequeno espaço de alguns anos – em regiões asiáticas –, só para falarmos das mais recentes? E as do continente africano?

Imprescindível trabalharmos no sentido de não permitir a entrada dessas nuvens deletérias em território brasileiro, evitando-se assim males maiores.

Ainda bem que o modo de ser do brasileiro é diferente. As populações são mais humanas, fraternas, solidárias e religiosas, tornando o ambiente mais preservado. Não quero dizer que inexiste o mal dentro de nossas fronteiras; existe sim, e muito. Seria preciso ter uma venda nos olhos para não enxergá-lo. Felizmente, a atmosfera fluídica é afetada de maneira positiva pelo sentimento de uma parte da população que se dedica ao bem e cujos pensamentos são de ajuda ao semelhante, de doação em serviços comunitários, de voluntariado na assistência social, o que produz, na média, um tônus vibratório especialíssimo e mais elevado.

Parece que estou sendo condescendente demais com o nosso povo? Afinal, muitos acham que este país não tem jeito, que só existem corruptos, criminosos, traficantes. Que a violência existe em todos os níveis da sociedade e que não se pode sair à rua nas grandes cidades sem temer um assalto ou um acidente.

Tudo isso acontece, sim. Morrem muitas pessoas no trânsito e vítimas de assassinato tanto quanto numa guerra. Contudo, a situação é diferente. Não existe aquele clima contínuo de pânico e insegurança que se experimenta no meio de uma região de combate. Aqui no Brasil, de modo geral, as pessoas vivem normalmente, têm seu emprego, sua família, saem para passear, vão à praia, comem e dormem sem escutar barulho de bombas o tempo inteiro. As cidades geralmente são tranqüilas, limpas; as casas bem construídas, que oferecem segurança, não irão desabar com uma explosão; as crianças vão à escola, passeiam, brincam. Nas regiões de conflitos, só se conhece destruição e morte; as crianças vivem assustadas, não vão à escola, e, se brincam, é com armas de verdade, artefatos que matam e destroem as esperanças de uma vida melhor e mais feliz.

Por tudo isso, nós, da espiritualidade, pensamos de forma diferente. A verdade é que, se uma parcela da população pensa no mal, envolvendo-se com drogas, criminalidade, corrupção e malandragem, uma grande parte é constituída de pessoas ordeiras, amantes da paz, que trabalham muito, se esforçam e desejam o melhor para si e para os outros.

O sol brilha no céu, as árvores se enchem de flores na primavera, os animais domésticos correm satisfeitos, os pássaros voam pelo espaço com seus gorjeios, as crianças brincam nas calçadas, os pais vão trabalhar.

Só a felicidade de olhar para cima e ver o céu limpo, as cores do entardecer quando o sol se põe; as estrelas que brilham na imensidão, convidando a elevar o pensamento a Deus... é uma grande bênção.

Não, nada disso existe num país em conflito, porque o céu está sempre carregado de fumaça. Não existe perfume de flores na primavera, só o cheiro de enxofre, de pólvora, de queimada.

O grande público só enxerga aquilo que a mídia deseja que veja, ou seja, o pior: desastres, tragédias, crimes, corrupções. Contudo, examinando a vida nas cidades, nos bairros, o que vemos?

Uma população constituída de famílias que trabalham muito para sobreviver, de crianças que freqüentam escolas, de jovens que estudam ou trabalham, não raro fazendo as duas coisas ao mesmo tempo.

Como podemos pensar que o mal está vencendo? Basta ter "olhos de ver e ouvidos de ouvir", analisando tudo o que nos cerca, para termos a certeza de que o bem está vitorioso e que o amor é a resposta para nossos problemas.

Certamente o ser humano está longe da perfeição. Embora venha, através do tempo, progredindo paulatinamente e acrescentando valores morais às suas conquistas, a caminho da felicidade, não conseguiu ainda vencer os vícios e defeitos que lhe atestam a condição de espírito em evolução.

A Terra é um planeta de provas e expiações em final de ciclo, devendo transformar-se lentamente em mundo de regeneração, o que representa importante etapa evolutiva. E essa mudança de nível é patenteada pela média do progresso moral e intelectual da civilização.

As criaturas que resistirem a essa transformação, imprescindível ao novo estágio terrestre, prosseguindo no mal, chafurdando-se na lama da criminalidade e nos interesses pessoais e egoísticos, não poderão mais permanecer neste planeta, sendo alijadas para mundos de categoria inferior compatíveis com a faixa vibratória delas.

O saneamento já começou e de forma tão natural que nem se percebe. Um grande número de espíritos rebeldes, entre eles criminosos de alta periculosidade para a sociedade terrena que vierem a desencarnar, ou que já se encontram no Além, não poderão mais voltar ao planeta, sendo atraídos magneticamente para outros mundos.

"*Bem-aventurados os que são brandos, porque possuirão a Terra. Bem-aventurados os pacíficos, porque serão chamados filhos de Deus*".[9] Em face dessas afirmações do Cristo, mas sem o conhecimento da lei das vidas sucessivas ou reencarnação, impossível nos seria entender seu verdadeiro significado. Com a chave que as múltiplas existências propiciam, torna-se fácil a compreensão, visto que ninguém poderia transformar-se em brando e pacífico no exíguo espaço de uma única existência, deixando de lado a agressividade e a violência.

Aí entra outro problema que o ser humano enfrenta e ao qual já me referi anteriormente: as dificuldades dele para consigo mesmo e para com os semelhantes. O mundo íntimo é complexo; renasce o espírito trazendo a bagagem que conquistou em sua trajetória ao longo do tempo. Traz vitórias e fracassos clamorosos, construiu relacionamentos de afetos e desafetos, plantou o bem e o mal. Na verdade, errou bastante, prejudicando outras criaturas, e, no seu retorno ao mundo material, Deus lhe concede abençoada oportunidade de aprendizado, para refazer seus passos, reparar os danos causados a outrem e a si mesmo. Ao deixar o corpo físico, estará mais amadurecido e terá galgado mais um degrau na escala evolutiva. Daí a necessidade de buscar sempre o aprimoramento íntimo, crescendo moralmente à medida que reduz as próprias imperfeições.

Devemos aprender a nos relacionar de maneira pacífica e harmoniosa com outros seres, lembrando-nos a cada momento de fazer ao próximo o que gostaríamos que ele nos fizesse, conforme ensinou Jesus. E de desenvolver o amor em suas múltiplas facetas,

9. Mateus 5: 5 e 9.

respeitando o semelhante, bem como toda expressão viva em que a natureza se manifesta.

Por essa razão é que só de modo muito lento o progresso moral se instala e se consolida no íntimo das criaturas, diferentemente do material, do científico e do tecnológico, que crescem bem mais rápido, porque a eles o ser humano tem dado prioridade através do tempo.

Mediante as múltiplas experiências, o homem vai despertando a consciência, exercitando a aprendizagem, desenvolvendo os sentimentos, amadurecendo física, moral e espiritualmente, e preparando um futuro melhor e mais feliz, para si e para toda a humanidade.

Quando esse tempo chegar, aí, sim, teremos o merecimento de habitar um planeta onde exista liberdade, igualdade, fraternidade e paz para todos. Um planeta onde os homens vivenciem a lei de amor, justiça e caridade.

capítulo 5

Decisão filial

"Se há males dos quais o homem é a principal causa nesta vida, há outros que, pelo menos na aparência, lhe são completamente estranhos e parecem atingi-lo como que por fatalidade."

(O EVANGELHO SEGUNDO O ESPIRITISMO, ALLAN KARDEC, CAP. 5, ITEM 6)

Sentada ao lado da janela, nas mãos uma revista aberta, Adelaide pensa. Olhos fixos ao longe, não vê o belo céu azul nem sente o ar fresco que entra quarto adentro. Alheia a tudo, também não ouve o burburinho da rua, o trânsito intenso àquela hora do dia.

Pela tela da memória, passam-lhe imagens de seis meses atrás, levando-a a recordar-se de como tudo tinha começado...

❖

No confortável quarto de hospital, o leito está vazio. Nesse momento, uma atendente entra e Adelaide pergunta:

– Os exames ainda demoram?

– Não. Estão quase terminando. Logo irão trazer o paciente para o quarto – responde a moça, ajeitando rapidamente os lençóis.

A atendente sai e Adelaide volta seus olhos para a ampla janela, de onde descortina o belo dia de sol, o céu sem nuvens e o jardim do hospital. Cinco minutos depois, a porta se abre e dois enfermeiros entram empurrando uma maca. Com a agilidade daqueles que estão familiarizados com a tarefa, passam o enfermo para o leito, cobrem-no com o lençol e lhe ajeitam o travesseiro. Adelaide aproxima-se do doente, que geme baixinho.

– Como está, papai? Sente dor?

O paciente responde com uma careta.

– Quer tomar um analgésico?

– Agora não, minha filha. Mais tarde.

– Acho que já pode se alimentar, papai. O que deseja?

O doente balança a cabeça negativamente. A moça insiste:

– Papai, o senhor está fraco. Desde ontem está de jejum. Precisa se alimentar. Um chá, talvez?

– Não, filha. Quero apenas descansar. Estou exausto.

Ela entendeu. Não insistiu. Ele queria sossego. Alisou os lençóis delicadamente e concordou:

– Está bem, papai. Descanse. Está precisando mesmo dormir um pouco. Se precisar de algo, estarei aqui a seu lado.

Voltou para a cadeira perto da janela, observando o pai, que fechara os olhos tentando dormir. Achou-o muito pálido, emagrecido.

O doente era um homem de sessenta e oito anos de idade, forte e resistente, que até o último ano nunca apresentara problemas de saúde. De repente, passou a ter alguns sintomas inquietantes que os médicos não conseguiam diagnosticar. A circulação estava alterada e a pressão, instável; o eletrocardiograma acusava também problema cardíaco. Tinha desmaios, e, muitas vezes, Adelaide o encontrara caído no chão, desacordado.

Com o passar do tempo, as coisas foram piorando e agora os médicos estudavam a possibilidade de fazer uma cirurgia, desde que o estado do paciente permitisse.

Mais tarde, o médico entrou no quarto para a visita habitual. Adelaide abriu a boca para falar, mas antes que lhe perguntasse, ele adiantou-se, informando ao paciente:

– João, os exames mostram que suas condições orgânicas no momento são boas, estáveis, e achamos que é a ocasião mais adequada para a cirurgia. O que acha?

O enfermo, confortavelmente recostado nos travesseiros tomando uma xícara de chá, respondeu com voz fraca:

– Você é meu amigo, Monteiro, e mais do que ninguém sabe como me sinto, o que estou passando. Se você acha que essa é a solução, eu aceito.

Adelaide, de pé ao lado do leito, questionou preocupada:

– Meu pai ficará curado, doutor Monteiro? Quais são suas chances? Correrá perigo?

– Sua preocupação é legítima, Adelaide, porém nada posso garantir. Toda cirurgia envolve riscos, e a do seu pai é uma cirurgia extensa e de gravidade. O que posso lhe assegurar é que ele tem chances de uma existência mais normal se for operado.

– E se não for?...

– Lamento – murmurou o médico com expressão grave.

Assustada, Adelaide virou-se para o pai com os olhos úmidos, apertando-lhe a mão. Com ternura, João fitou a moça a seu lado, afirmando com voz embargada:

– Não se preocupe, minha querida, confie em Deus; tudo correrá bem.

E, virando a cabeça, olhou para o médico, que esperava uma decisão:

– Monteiro, estou pronto. Confio em você.

– Ótimo. Agradeço-lhe a confiança, João. Você estará sob os meus cuidados, como também de toda uma equipe de médicos, os melhores desta cidade. Comeu alguma coisa, João?

– Não, doutor. Estava começando a tomar este chá por insistência minha – respondeu a filha.

– Bem, como ficou de dieta durante todo o dia, em virtude dos exames, não há problema. Pois então, João, saboreie bem o seu chá. É só o que terá por hoje. Amanhã cedo virão prepará-lo e conduzi-lo à sala de cirurgias. Durma bem.

O médico saiu e João acabou de tomar o chá. Ambos permaneceram calados.

Aquela noite, Adelaide não conseguiu dormir. Na manhã seguinte, João foi levado para o centro cirúrgico. Durante muitas horas, ela aguardou notícias do pai. Pelo meio da tarde, o cirurgião entrou no quarto informando que tudo correra bem, que o paciente ficaria na UTI por algum tempo.

– Mas por que, doutor Monteiro?

– É de praxe, Adelaide. João está sendo monitorado por aparelhos, e lá terá o acompanhamento direto de que precisa, em virtude da gravidade da cirurgia. Você poderá vê-lo, com os cuidados devidos. Não podemos correr o risco de infecção.

– Entendo doutor. Obrigada.

❖

Tudo corria bem. Na véspera de sair da UTI e voltar para o quarto, o quadro clínico se complicou. João teve uma parada respiratória e entrou em coma. Às pressas foi levado para o centro cirúrgico e a equipe médica tudo fez para ajudá-lo, sem resultados.

Desse dia em diante, João não mais acordou. Continuou em coma profundo por longos meses. Como o estado do paciente permanecia inalterado, a direção do hospital sugeriu a Adelaide que o melhor seria levar o enfermo para casa e contratar enfermeiras. O próprio Monteiro aconselhou essa decisão porque, não obstante João ser um homem rico, a sua permanência no hospital era desnecessária, acarretando sem razão gastos expressivos para a família e submetendo-o ao risco de contrair uma infecção hospitalar, sempre temível.

Adelaide tomou todas as providências: adaptou o quarto do pai, equipando-o com o indispensável para seu atendimento, e contratou enfermeiras para assisti-lo o tempo todo. Quando tudo estava pronto, uma ambulância levou-o para casa.

A partir desse dia, a vida de Adelaide se resumiu à preocupação e aos cuidados com o pai. Deixou o emprego, os amigos, os divertimentos, tudo, para dedicar-se a ele.

Nos primeiros tempos, cuidava do enfermo com desvelo e carinho. Depois, como não visse mudança, cansou-se. Com o passar dos meses, a rotina dessa situação foi deixando-a insatisfeita, irritada, descontente.

Afinal, sou solteira, tenho vontade de sair, arranjar um namorado, casar, ter filhos, trabalhar, e não posso, irremediavelmente presa ao meu pai. E eu não tenho muito tempo! A vida é curta. Estou com quase 40 anos e quero viver! Mas como?

A moça começou a acalentar pensamentos menos puros. Também precisava de dinheiro e estava tudo em nome do pai. Enquanto ele estivesse vivo, tinha de se contentar com a retirada mensal estipulada, conforme cláusula estabelecida na empresa. Nada lhe faltava, é certo, mas Adelaide queria ter liberdade para gastar dinheiro como lhe aprouvesse, comprar roupas, jóias, um carro novo. Seu pai, conquanto muito rico, sempre fora comedido nas despesas.

Sem a influência benéfica que o pai exercia sobre ela – falando-lhe de religião e incutindo-lhe nobres valores morais –, Adelaide se deixou envolver por vibrações nocivas de entidades desencarnadas, inimigas de João e dela própria, que desejavam destruí-los.

Assim, passou a considerar-se injustiçada pela vida, uma vez que, tendo tudo, não podia usufruir de coisa alguma.

Certo dia, fazendo compras, casualmente encontrou um antigo namorado, e o coração bateu forte. O rapaz convidou-a para tomar um suco e Adelaide aceitou, satisfeita. Era a primeira coisa interessante que acontecia em sua vida desde que o pai ficara doente.

Humberto, o antigo namorado, retornava à cidade depois de passar dois anos fora. Estava curioso para saber das novidades, queria notícias dos amigos. Adelaide, sorridente, contou-lhe tudo o que sabia. Depois, desculpou-se:

– Lamento não poder dar-lhe outras informações, Humberto. Embora tenha permanecido na cidade, ao contrário de você, quase não saí de casa em virtude do estado de meu pai – E contou ao rapaz tudo o que tinha acontecido nos últimos meses.

Penalizado, ele confortou-a. Saíram outras vezes, reatando o namoro, e, uma noite, Humberto foi até a casa de Adelaide fazer uma visita ao doente.

Assustou-se com a aparência do enfermo. No passado, conhecera um executivo forte, decidido, cheio de vida, e agora o encontrava nessa situação – quase vegetativa. Apesar da compaixão que sentiu pelo enfermo, passou a vibrar no mesmo padrão da namorada.

– É uma pena que continue sofrendo desse jeito. Afinal, já está praticamente morto.

– Pensa realmente assim, Humberto?

– Claro! Ele não está sendo mantido com vida apenas pelos aparelhos?

– Sim. Mas meu pai sempre me afirmou que a vida é sagrada; e, se há vida, há esperança.

– Não neste caso, meu bem. Só existe vida vegetativa.

Adelaide ficou pensativa. Após a saída de Humberto, retornou ao quarto do pai, onde a enfermeira vigiava. Verificou se estava tudo bem, deu um boa-noite para a moça e foi para seus aposentos.

Sozinha no escuro, não conseguia dormir. Sentiu um arrepio, e uma sensação de medo fez com que acendesse a luz do abajur. A pequena claridade espalhou-se no ambiente, deixando-a mais tranqüila.

As idéias começaram a se avolumar em seu íntimo, idéias que tinha medo até de pensar.

Mas... e se os aparelhos fossem desligados? Eu ficaria livre dessa prisão e meu pai também, visto que ele deve estar sofrendo, embora não demonstre. Papai sempre me falava da "outra vida". Assim, ele ficaria livre para viver a "verdadeira vida", e eu ficaria pronta para recomeçar a viver.

Seus pensamentos se voltaram para o namorado, a quem se sentia presa por intenso amor. Lembrou-se de que, alguns dias antes, Humberto, delicadamente, deixou escapar que não desejava ficar preso a nada; não estava se adaptando bem ao Brasil, sentia falta da vida que levava na Europa. Queria encontrar a mulher ideal para casar-se e aproveitar a vida, viajar pelo mundo inteiro e divertir-se muito.

Não posso perder essa oportunidade de ser feliz! – pensou ela.

Não queria perder o namorado, de quem tão oportunamente se reaproximara. Humberto era um rapaz bom, gentil, delicado, mas não tinha tido muitas oportunidades na vida. Falava em viagens, em divertimentos, porém não tinha recursos. Ele lhe confidenciara que tinha voltado ao Brasil com os recursos que conseguira economizar trabalhando no exterior, porém não eram muitos e logo acabariam. *Portanto, vamos precisar do "meu" dinheiro, ou melhor, do dinheiro que receberei de herança quando meu pai morrer. E daí? Isso não tem nenhuma importância! Para que serve o dinheiro se não for para gastar? Com certeza meu pai compreenderá minha atitude e me perdoará, como sempre fez desde que eu era criança e fazia alguma arte.*

Acalmada a consciência com essas justificativas, decidiu que realmente o melhor a ser feito era desligar os aparelhos.

Mas como agir? Como desligar os aparelhos? Não poderia envolver mais ninguém, e as enfermeiras não desgrudavam de seu pai, por ordem dela mesma. Resolveu que daria um sonífero à enfermeira da noite. Depois, seria fácil. Desligaria os aparelhos sem problemas.

Assim resolvida a questão, Adelaide teria de pensar no melhor momento para agir. Era uma quarta-feira. Decidiu que seria na sexta-feira, quando a responsável pelo turno da noite seria Clara, moça boa mas desatenta, e que por duas vezes já estivera para ser dispensada, exatamente por dormir em serviço.

Os desencarnados vingadores vibraram com a decisão. Tudo caminhava bem. Se ela titubeasse, eles estariam ali para garantir o sucesso da operação.

capítulo 6

Socorro inesperado

"Temos pensamentos próprios e outros que são sugeridos?"
"Vossa alma é um Espírito que pensa; não ignorais que muitos pensamentos vos ocorrem às vezes ao mesmo tempo sobre um mesmo assunto e freqüentemente bastante contrários uns aos outros; pois bem, nesses pensamentos há sempre os vossos e os nossos. Isso vos coloca na incerteza, porque, então, tendes duas idéias que se combatem."

(*O Livro dos Espíritos*,
Allan Kardec, questão 460)

Esta era a situação no momento e, em virtude da emergência da crise em via de manifestar-se, pedidos de socorro começaram a chegar à espiritualidade. Nossa equipe, sob a orientação de Eusébio, dedicado benfeitor espiritual, foi chamada para atender ao caso.

Deslocamo-nos de Céu Azul rapidamente, vencendo as distâncias, e ainda era manhãzinha quando chegamos à grande cidade, buscando o endereço que nos tinha sido passado.

Não foi difícil localizar a casa, situada em bairro nobre da cidade. Entramos. A cena que se apresentou a nossos olhos era comovente.

João, considerado organicamente em coma, incapaz de reagir, conservava-se lúcido espiritualmente. Eram dele os pedidos de socorro que nossos delicados sensores do Além tinham captado. Ajoelhado em espírito, suplicava de mãos postas:

– Senhor Jesus! Ajude-me. Não posso morrer ainda! Não quero morrer! Sinto que preciso ficar mais algum tempo na carne para ajudar minha filha. Porém, estou assustado! Minha querida Adelaide, razão da minha vida, planeja matar-me. Não quero que ela se comprometa com mais esse crime. Por favor, Jesus, socorra-me!

A cena era tocante e nos sensibilizou. Logo em seguida, notamos duas entidades, servidoras do bem, que se mantinham no ambiente e protegiam o enfermo das investidas das sombras. Aproximamo-nos. A primeira era Amália, esposa de João e mãezinha de Adelaide; a outra era seu avô Terêncio, ambos desencarnados fazia muitos anos.

Receberam-nos com carinho, agradecendo nossa presença. Feitas as apresentações, Amália esclareceu-nos:

– João, meu esposo na encarnação passada, está extremamente preocupado desde que percebeu as intenções de nossa filha, Adelaide. Por isso, também solicitamos reforços espirituais, porque vamos precisar de muita ajuda. Temos boa vontade, caro Eusébio, mas nossas condições são limitadas, como pode perceber.

Eusébio ofereceu-se, gentil:

– Conte conosco, minha irmã. Estamos aqui prontos para o trabalho e desejamos ser úteis.

Demonstrando grande inquietação, Terêncio implorou:

– Alguma coisa precisa ser feita em caráter de urgência, nobre Eusébio. A situação é crítica. Adelaide pretende desligar os aparelhos ainda esta noite!

– Estou ciente, caro Terêncio. Mantenha a serenidade e confie. Vamos ver o que pode ser feito – disse o orientador.

Depois, como João continuasse repetindo suas súplicas, Eusébio achegou-se a ele, tranqüilizando-o. Com as mãos sobre a cabeça do enfermo, envolveu-o com energias balsamizantes:

– João! Acalme-se, meu amigo. Confie em Jesus. Você está muito agitado, nervoso e tal estado lhe é prejudicial. Tranqüilize-se. Estamos atentos. Nada tema. Repouse.

Ouvindo essas palavras, como se tivesse recebido uma ordem, João acomodou-se numa cama ao lado do seu leito, serenando o espírito. Víamos-lhe o corpo de carne, com as funções reduzidas ao mínimo, completamente imóvel, quase um cadáver. Ao lado, o corpo espiritual repousando. Percebíamos que, à medida que o organismo físico se enfraquecia paulatinamente, o corpo espiritual se fortalecia na mesma proporção.

Algumas horas depois, Adelaide chegou da rua. Sua escolta consistia em três entidades de aspecto vingativo e cruel que não se afastavam dela um momento sequer, mantendo-se ligadas ao seu psiquismo. Notamos fios escuros e viscosos que saíam da mente de Vado, aquele que parecia ser o chefe da pequena falange, e ligavam-se à mente da jovem.

Quando Adelaide aproximou-se da porta do quarto do pai, ficamos um pouco preocupados, conquanto soubéssemos que o enfermo estava sob a proteção do Alto. Todavia, uma cena interessante deparou-se a nosso olhar, tranqüilizando-nos: seus acompanhantes não puderam entrar, sendo obrigados a retroceder, permanecendo fora do aposento, a contragosto.

– Perceberam? Ninguém está desamparado sob a vista de Deus. A proteção de que goza o enfermo não é favoritismo divino, mas representa conseqüência justa de uma existência reta e digna, das boas ações que ele praticou, créditos esses que agora o beneficiam e o envolvem em branda luminosidade, afastando os adversários e impedindo-os de atormentá-lo – comentou Eusébio discretamente.

Aproximando-se do leito, Adelaide olhou o pai imóvel. Naquele momento, nenhum sinal de afeto, nenhum gesto de carinho. Sem olhar para a enfermeira, ela resmungou:

– Que calor! Tudo bem por aqui, Ema? Precisa de algo?

– Está tudo em ordem, dona Adelaide. Não preciso de nada.

– Ótimo. Então vá almoçar, que eu ficarei aqui. Tomei um suco na rua e estou sem fome.

A enfermeira saiu, estranhando a inusitada delicadeza da patroa. Adelaide sentou-se junto à janela pondo-se a pensar.

É chegado o dia. Já que preciso tomar uma atitude, que seja o mais rápido possível. Tem de ser esta noite. Só assim ficarei livre desse empecilho à minha felicidade.

Na espiritualidade, nós percebíamos-lhe os criminosos pensamentos. Julgando-se sozinha, refletia com frieza, mentalmente estudando os passos que teria de dar para terminar com a vida do pai. Felizmente, João dormia em espírito; caso contrário, ficaria deveras decepcionado ao ver a filha do coração referir-se a ele como um traste inútil e incômodo, depois de toda uma vida de dedicação e carinho.

Aproveitando a oportunidade, Eusébio pediu que Amália se acercasse da filha e a envolvesse em emanações benéficas, sugerindo-lhe atitudes mais sadias.

– Adelaide, minha querida filha, pense bem no que vai fazer. Lembre-se do amor que sempre recebeu de seu pai, que agora aí está, indefeso. João não apenas lhe deu a oportunidade de viver, mas como pai amoroso, durante toda a sua existência, ele a cercou de cuidados, dando-lhe o melhor. Quando fui obrigada a deixá-la, por determinação divina, partindo para a espiritualidade, foi ele quem me substituiu, suprindo minha falta e tornando-se pai e mãe para você, de modo que nada lhe faltasse. É justo que agora, quando ele mais precisa, você lhe negue amparo? Não se macule, minha filha, sujando as mãos com o ato nefando que planeja. Acredite, seu pai não permanecerá muito tempo na Terra. Tenha um pouco mais de paciência, Adelaide, e você ficará legalmente com tudo a que tem direito. Piedade, minha filha. Lembre-se da orientação de Jesus: fazer aos outros o que gostaríamos que os outros nos fizessem.

A mãezinha fez breve pausa, dando à filha tempo para refletir, enquanto acariciava delicadamente seus cabelos. Notamos que fios brilhantes e tenuíssimos ligavam a fronte de Eusébio à cabeça de Amália. Depois ela prosseguiu:

– Você é jovem, minha filha, ainda tem uma existência pela frente. Seu pai já está no término da dele, e precisa desse tempo, infinitamente precioso para concluir seu aprendizado aqui na Terra. Pense, Adelaide. Eleve seu pensamento a Jesus, o Mestre Maior, libertando-se da influência desses inimigos que tentam destruir seu pai por suas mãos. Que Deus a ampare e ilumine para que tome a decisão certa.

Enquanto Amália falava, Adelaide não a ouvia com os ouvidos do corpo, mas recebia as sugestões na acústica da alma. A imagem do pai, sempre cheio de amor e carinho, surgiu-lhe em diversos momentos de sua existência, evocados pela mãezinha: consolando-a numa queda da bicicleta, levando-a para passear, para tomar sorvete, comprando-lhe presentes, ajudando-a nos deveres escolares, orando com ela antes de dormir, e muitos outros que agora lhe afloravam à mente.

A imagem da mãe surgiu nítida e forte em sua tela mental, com intenso sentimento de amor e saudade. Sim, desde que a mãezinha morrera, o pai fora toda a sua família, cercando-a de cuidados e de atenções. Como havia se esquecido disso? O coração se lhe confrangeu ao pensar na atitude que iria tomar. Sentiu-se indecisa, sem forças.

Quem sabe não é melhor aguardar? Talvez ele morra logo, está tão fraco! Por que sujar minhas mãos com esse crime?

As idéias plantadas na sua mente por Amália vingavam. Respiramos mais aliviados, considerando afastado o perigo. Eusébio, cauteloso, considerou:

– Não cantem vitória antes do tempo. O perigo ainda não foi afastado. Adelaide terá de enfrentar sérios problemas durante o resto deste dia. Observem.

Nesse momento, Ema voltava do almoço e Adelaide, entregando-lhe o posto, saiu do quarto para igualmente fazer a refeição.

Algo havia mudado nela. A diferente disposição íntima deixou os adversários em alerta vermelho.

Sentando-se à mesa, onde as iguarias estavam servidas, Adelaide continuava pensativa. Os acompanhantes Vado, Crepaldi e Quintino, igualmente se aproximaram e passaram a inalar as substâncias nutritivas por meio do vapor que se desprendia dos alimentos, com isso demonstrando enorme satisfação.

Adelaide continuava refletindo na situação do pai e no pouco tempo de vida que provavelmente ele teria. Se a mãe falecida estivesse viva em algum lugar e pudesse vê-la desejando a morte do pai, o que pensaria dela?

Percebendo que ela lhes escapava, os obsessores aumentaram o cerco. Vado, incisivo, considerava:

– Deseja passar o resto da vida sozinha e sem dinheiro? Sim, porque é isso o que vai acontecer! Humberto não terá paciência de esperar, partindo para outra. Tome uma atitude. Você já decidiu! Por que esperar mais? O tempo urge! Amanhã mesmo, a esta hora, você será uma mulher rica. Pense em como sua vida será diferente e feliz com o homem que ama, vivendo ao lado dele e com muito dinheiro para satisfazer seus caprichos. Pense! Pense! Não hesite!...

À medida que a envolviam com suas sugestões maléficas, os adversários do bem readquiriam seu império sobre ela, e tínhamos dificuldade em nos aproximar.

– E agora, o que faremos? – indagou Amália, apreensiva.

– Acalme-se, minha irmã. Confiemos em Jesus. Não nos esqueçamos, todavia, de que o livre-arbítrio é atributo do espírito e cada um é livre para tomar as próprias decisões, ficando responsável pelas conseqüências geradas por elas.

– Concordo, caro Eusébio. No entanto, minha infeliz Adelaide está sendo coagida pelos seus obsessores.

O generoso orientador ponderou:

– Sim, certamente Adelaide não está sozinha em suas decisões. Cabe-nos lembrar, porém, que os inimigos desencarnados apenas se beneficiam das brechas morais que nossa irmãzinha exterioriza, incentivando-lhe os desvios de comportamento, mediante clichês que ela própria mantém em seu psiquismo. Os adversários não criaram nada. Apenas sugerem-lhe as idéias negativas. Percebe a diferença? Se nossa Adelaide pensasse de outra forma, conservando o respeito à vida, a dignidade própria e o amor filial, como seria de esperar, nada disso estaria acontecendo.

Amália baixou a cabeça, aceitando as ponderações de Eusébio, justas e sábias.

– Sei que tem razão, meu amigo. Compreendo-o e lamento por minha pobre filha. Então, nada podemos fazer? Temos de aceitar passivamente os acontecimentos?

– De forma alguma, minha irmã. Vamos usar todos os recursos à nossa disposição para evitar o pior, ajudando não apenas João, mas também Adelaide e os irmãos desencarnados, vítimas de ontem, evitando que se comprometam ainda mais com a justiça divina.

❖

Durante o resto do dia, Adelaide manteve-se inquieta, atormentada e indecisa. Em sua mente, duas posições antagônicas se entrechocavam. Uma, continuar a cuidar do pai, que provavelmente não duraria muito, pelo estado de fraqueza orgânica de que dava mostras. Outra, desligar os aparelhos e provocar-lhe a morte, ficando livre para decidir o que fazer de sua vida.

Os inimigos desencarnados não lhe davam tréguas, mas percebiam que ela estava em dúvida. Trocaram idéias entre si e decidiram: precisavam de reforço. A presença de Humberto era indispensável naquela casa.

Uma hora depois, a campainha toca. Era o namorado que chegava, acompanhado de Quintino e Crepaldi, os obsessores que tinham ido buscá-lo. Adelaide recebeu Humberto, satisfeita pela visita inesperada do amado, secundada por Vado, que exultava diante da operação vitoriosa.

Beijaram-se. Humberto percebeu que ela estava pálida e abatida. Adelaide levou-o para um sofá, onde se acomodaram. Com carinho ele perguntou:

– Noto que você está inquieta, nervosa... Aconteceu alguma coisa, minha querida?

Não suportando mais a pressão, ela caiu em pranto.

– É meu pai, Humberto. Essa situação me enlouquece. Vejo-o definhar a cada dia sem poder fazer nada.

Aconchegando-a ao peito, com delicadeza e extremo tato, o rapaz considerou:

– Ele deve estar sofrendo muito com essa situação, apesar de só existir vida vegetativa. Se pudéssemos fazer alguma coisa para ajudá-lo, libertando-o desse sofrimento inútil!...

Adelaide desejou confessar seus planos ao namorado, contudo um resto de prudência fez com que se calasse. Deu um suspiro e concluiu, desalentada:

–Quem sabe Deus resolve libertá-lo?

– É. Nunca se sabe quando chegará a hora. Pode ser amanhã, como daqui a dez anos – ele ponderou, lentamente, frisando as palavras.

Ouvindo-o, Adelaide arregalou os olhos, espantada.

É verdade! Não tinha pensado nisso. E se ele durar mais dez anos? Ou vinte? Meu Deus!

Conversaram mais um pouco, depois Humberto despediu-se, alegando providências urgentes a tomar. Pretendia viajar por alguns dias e precisava ultimar negócios.

Adelaide sentiu todo o seu sistema de defesa em alerta.

– Você pretende viajar, meu amor? E não me disse nada? Com quem? Quando?

Humberto desconversou:

– Ainda não sei, Adelaide, estou analisando a situação. Vai depender de alguns negócios que tenho em vista. Vamos ver. Quando souber, lhe comunico, está bem? Boa noite, querida.

Reconhecendo a ameaça de abandono vibrando no ar, a jovem sentiu-se ainda mais desnorteada. Compreendeu que se não fizesse algo rápido, perderia o impaciente namorado para sempre.

Naquele momento, sentimos que a vida de João corria sério risco. Os adversários desencarnados comemoravam por antecipação fazendo grande algazarra.

Eram nove horas da noite; às dez, haveria a troca de plantão das enfermeiras.

Eusébio pediu que ficássemos atentos. Ele teria que se ausentar, mas voltaria no menor espaço de tempo possível.

Quando Clara, a plantonista da noite, chegou, nosso orientador ainda não tinha retornado, o que nos deixou preocupados. Adelaide, gentil, se pôs a conversar com a enfermeira. A certo momento, comentou:

– Está tão quente hoje! Quer um suco de laranja bem geladinho?

– Aceito com prazer, dona Adelaide. A senhora acertou. Estou mesmo com sede.

A dona da casa saiu para providenciar o suco. Alguns minutos depois, voltou com dois copos, oferecendo um deles à enfermeira.

Depois de tomar a bebida refrescante, Adelaide alegou estar com sono e despediu-se:

– Boa noite, Clara. Se precisar de alguma coisa, não hesite em me chamar.

– Chamarei, não se preocupe. Boa noite, dona Adelaide.

Adelaide ainda não tinha começado a subir as escadas quando ouviu o som da televisão, que fora ligada. Sorriu. Agora sim é que Clara dormiria ainda mais rápido.

Logo em seguida, Eusébio entrou acompanhado de uma senhora de elevada hierarquia espiritual, deixando-nos mais aliviados. Antes que ele fizesse as apresentações, Amália adiantou-se, abraçando a recém-chegada com grande respeito e admiração:

– Esta é Laura, que na encarnação passada foi mãe de João e avó de Adelaide.

Trocamos cumprimentos. Depois, aguardávamos os acontecimentos conversando sobre elevados assuntos com Amália, Terêncio, Eusébio e Laura, quando fomos alertados de que a filha de João se aproximava.

Fazia uma hora que ela se recolhera. Desceu a escadaria sem fazer ruído e abriu a porta do quarto do pai. Aliviada, reconheceu que a enfermeira dormia a sono solto.

Também, com a quantidade de sonífero que lhe dei! – pensou.

Nesse momento, a um gesto de Eusébio, acercamo-nos, fazendo um círculo em torno de João.

Vimos quando Adelaide aproximou-se do leito paterno e, sem titubear, desligou os aparelhos, retirando da tomada o fio condutor de energia. Quase a correr, abandonou o aposento. Naquele instante, sentiu medo das conseqüências da sua ação, como toda criatura covarde.

No entanto, sem que ela pudesse imaginar, ali estávamos nós, reunidos em prece em torno do leito de João. Laura, espírito de maior elevação presente no ambiente, orava, elevando os braços para o Alto e suplicando às potências superiores da vida socorro naquele momento tão delicado.

– Senhor da Vida! Pai Amantíssimo! Neste momento, externando nossos melhores sentimentos e irmanados em pensamento, nos dirigimos a Ti, sabedores de que jamais deixas um filho Teu desamparado. Suplicamos-Te por todos os envolvidos neste drama que se arrasta há longos séculos; contudo, Senhor, direciona Tuas bênçãos para nosso irmão João, mais necessitado de socorro nesta hora. Rogamos Tua permissão, Senhor, para que ele permaneça algum tempo ainda na matéria densa, de modo a cumprir a tarefa de ajuda com a qual se comprometeu, se for da Tua vontade.

"Lança também, Pai, Teu olhar compassivo sobre os demais envolvidos. Não desejamos emitir julgamentos, pois tanto nossa querida Adelaide quanto os infelizes irmãos desencarnados que a influenciam são necessitados de socorro e de assistência. Apesar da nossa súplica, reconhecemos que nada sabemos e que Tu tens o conhecimento de todas as coisas. Dessa forma, curvamo-nos diante de Ti, pedindo que se cumpra sempre a Tua vontade, Senhor, em todos os momentos e em todos os lugares.

Abençoa-nos a todos, Senhor, e aceita a nossa gratidão, envolvendo-nos com Tua luz terna e misericordiosa."

À medida que Laura orava, todo o seu corpo se modificava, ficando nimbado de luz. Suas vestes pareciam tecidas em delicados arabescos luminosos; seus cabelos, seu rosto, seus braços, brilhavam intensamente. Sentimos que as vibrações do ambiente se tornavam suaves e elevadas, enquanto uma claridade azulada, um foco de luz iridescente, descia sobre o leito, envolvendo o enfermo, que passou a refletir a luminosidade que vertia sobre ele. O bem-estar, a alegria, a harmonia interior que senti então eram desconhecidos para mim. Em minhas lembranças mais caras desde que aportara na espiritualidade, jamais tinha experimentado tal sentimento de plenitude. Deixei que lágrimas de emoção rolassem pelo rosto. Num relance, abri os olhos e percebi que os demais também choravam, sensibilizados e irmanados pelas mesmas impressões que me atingiam.

Por alguns minutos, o ambiente permaneceu nas mesmas condições. Terminada a oração, aos poucos tudo foi voltando ao normal.

Olhei para João. Oh! Maravilha! Conquanto Adelaide tivesse desligado os aparelhos, ele continuava respirando. Estava vivo!

Sorrimos, satisfeitos e agradecidos. Todos estavam felizes.

Nosso amigo João permaneceria mais algum tempo encarnado na Terra.

capítulo 7

O despertar da consciência

"Onde está escrita a lei de Deus?"
"Na consciência."

(*O Livro dos Espíritos*,
Allan Kardec, questão 621)

Adelaide acordou com fortes pancadas na porta do seu quarto. A noite tinha sido difícil e quase não conseguiu dormir, só o fazendo às primeiras claridades do dia. Assim, levantou-se sonolenta, sem entender o que estava acontecendo. Era a empregada, extremamente aflita.

– O que houve? Você quase derrubou a porta, Mercedes!

A mulher torcia as mãos em extremo nervosismo.

– Fale logo, criatura! O que houve? É com meu pai?

– Rápido, senhora! Clara pede sua presença imediata no quarto do senhor João.

Adelaide, meio atordoada, somente naquele momento lembrou-se da atitude que tinha tomado na noite anterior.

– Meu pai! Meu querido pai! – gritou ela, saindo a correr pela casa e descendo as escadas como louca, enquanto a serviçal tentava acompanhá-la.

A jovem entrou nos aposentos do pai e jogou-se sobre seu peito, chorando convulsivamente por acreditá-lo morto.

– Papai! Papai! O senhor me deixou! Por que, papai? Por quê?

Os empregados, de olhos arregalados, acompanhavam a cena sem conseguir dizer nada. Até que a enfermeira, controlando o nervosismo, tocou no ombro da patroa.

Virando-se, Adelaide viu quem estava a seu lado.

– Clara, como foi acontecer isso? Por que não me chamou? – inquiriu a moça.

– Não sei, senhora. Não entendo!

– Meu pai morreu e a culpa é sua, imprestável! – gritou ela, recomeçando a chorar.

Compreendendo o que se passava na cabeça da patroa, a enfermeira esclareceu:

– Acalme-se, senhora! Creio que há um engano. Seu pai não está morto!

– O quê? Não está morto?... – balbuciou ela, incapaz de acreditar.

– É isso o que estou tentando lhe dizer, dona Adelaide – respondeu Clara, trêmula.

Rapidamente dirigiu-se para a parede do fundo e levantou o cabo elétrico, desligado da tomada, mostrando-o à patroa:

– Veja! Não sei como tal fato sucedeu. O fio que mantinha os aparelhos funcionando amanheceu desligado da tomada. Mas, apesar disso, o senhor João continua vivo!

Procurando readquirir o equilíbrio, Adelaide questionou:

– Mas... mas... Como isso foi acontecer? Ainda ontem estive aqui até tarde e tudo estava bem! – gritou exasperada.

– Não sei, senhora. Só sei que hoje cedo os aparelhos estavam desligados. Achei muito estranho...

– Certamente você, andando pelo quarto, desligou sem querer. Ou então dormiu e teve um ataque de sonambulismo! Se meu pai morrer, eu processo você por negligência profissional. Chame o médico imediatamente.

– Já chamei, senhora. Ele não deve demorar.

Poucos minutos depois, a campainha soa. Era o doutor Monteiro, que foi rapidamente introduzido nos aposentos do enfermo. Adelaide acompanhou-o, aproximando-se do leito com expressão preocupada.

O médico examina cuidadosamente o doente. Sua fisionomia é grave e compenetrada. Quando termina, pergunta à enfermeira:

– Clara, desde quando os aparelhos estão desligados?

– Ignoro, doutor. Até ontem à noite tudo estava normal. Verifiquei pessoalmente, como sempre faço. Não sei como isso foi acontecer, doutor. Depois que dona Adelaide saiu, ninguém mais entrou no quarto. É estranho... Só se eu desliguei sem perceber. Mas não consigo entender como faria isso. Estou pasma!

Monteiro ouviu calado. Depois, passou a mão na cabeça e sentou-se, observando o enfermo.

– E então, doutor? Como está meu pai? – indagou Adelaide, tentando parecer aflita.

O médico olhou para a moça e sorriu:

– Acalme-se, Adelaide. Seu pai está bem. Contra todos os prognósticos, as funções vitais dele estão normais! É surpreendente!

– *Normais*? O que isso quer dizer? O que vai acontecer com ele agora, doutor?

– Não sei, Adelaide. Só Deus o sabe!

– Como assim? Meu pai não *deveria* estar morto?

– Sem dúvida. Porém, existem outros casos iguais ao dele na literatura médica. Pessoas que viveram anos em coma profundo e depois, ao serem desligados os aparelhos que lhes mantinham a vida orgânica – até em cumprimento de decisão judicial, é preciso que se diga! –, não morreram. Você mesma já deve ter ouvido falar de casos assim.

Adelaide jogou-se numa cadeira, apoiando a cabeça com as mãos.

– Sim, já ouvi falar desses casos. Raros, por sinal. E têm que acontecer logo comigo? Tudo está perdido! Eu me arrisquei para matar meu pai e ele continua vivo! O que pode significar isso?

Entendendo equivocadamente os sentimentos da moça, que julgou fossem os de uma filha preocupada com o pai, Monteiro consolou-a:

– Minha filha, acalme-se! O pior já passou. Este é um momento de alegria! Afinal, seu pai está vivo e poderá continuar com você por mais algum tempo.

Entendendo que precisava conter-se para não levantar suspeitas, Adelaide ergueu a cabeça, chorosa:

– Eu sei, doutor Monteiro. Estou contente, sim. Só o fato de meu querido pai não ter morrido é suficiente para mim. Mas... tenho medo dessa mudança, do que poderá vir depois... Por quanto tempo o senhor acha que ele permanecerá assim... como está agora?

O médico olhou para o enfermo e, encolhendo os ombros, virou-se para a jovem:

– A medicina não tem resposta para todos os nossos questionamentos, Adelaide. Também nós, os médicos, muitas vezes ficamos pasmos diante de determinadas situações. Esta é uma delas. Não posso fazer prognósticos. João poderá ficar assim um dia, um mês, um ano, dez anos... quem sabe? É imprevisível. Só Deus tem a resposta para essa pergunta.

Nada mais tendo a fazer ali, o médico despediu-se, colocando-se à disposição para o que fosse necessário:

– A qualquer hora do dia ou da noite, se houver alguma mudança no quadro, por menor que seja, avisem-me. Vou mandar um amigo, especialista na área, neurologista famoso, para examiná-lo e dar sua opinião sobre o caso.

– Sim, doutor. Se acha que é importante, faça o que for preciso – concordou Adelaide.

O médico fez mais algumas recomendações à enfermeira e deixou a casa. Aos poucos, tudo foi voltando ao normal. Os empregados retornaram às suas ocupações e Adelaide sentou-se numa poltrona, ao lado do leito, ali permanecendo, calada e imóvel. Olhava fixamente o pai, porém sua expressão era vaga, distante.

Na verdade, sua cabeça fervilhava. Aquele fato a tinha deixado muito mais abalada do que gostaria de admitir. No momento em que o médico se referiu a Deus, como se a vida de seu pai estivesse nas mãos Dele, Adelaide sentiu um calafrio da cabeça aos pés. Tinha de reconhecer agora que, além da vontade dela e até da medicina terrena, alguma força superior existia e governava. Suas esperanças de libertação e felicidade estavam destruídas.

De vez em quando, um das criadas entrava no quarto, ficava um pouco e saía. Estavam todos preocupados com Adelaide, vendo-a naquele estado.

Certo momento em que ela deu acordo de si, notou que a enfermeira Ema estava a seu lado, já no cumprimento de suas obrigações. Ao chegar para o plantão, Clara a informara das novas condições do enfermo, das recomendações médicas e da necessidade de ficar atenta à menor mudança em seu estado.

Afeiçoada a Ema, que sempre havia demonstrado mais equilíbrio e competência, Adelaide perguntou-lhe:

– O que acha de tudo isso, Ema?

A enfermeira pensou um pouco, como se refletindo na conveniência do que iria dizer. Depois, falou suavemente:

– Penso que é a bondade de Deus se fazendo presente na vida do senhor João e também na sua.

– Como assim?

– Significa que ainda não chegou a hora dele partir, entende? Certamente seu pai tem necessidade de permanecer mais um tempo aqui na Terra.

– Você acredita realmente? Supondo-se que isso seja verdade, Ema, do jeito que meu pai está, em que lhe poderia ser útil esse tempo? – indagou Adelaide, cética.

A enfermeira explicou-lhe que todos somos espíritos imortais a caminho do progresso. Que já vivemos outras existências, sempre aprendendo, para nos tornarmos pessoas melhores moralmente. Que, através do tempo, nos comprometemos perante a justiça divina, ao prejudicarmos o próximo e a nós mesmos. E que, em virtude disso, somos constrangidos a enfrentar a conseqüência de nossos atos, reparando os erros cometidos e nos reajustando com os desafetos.

À medida que ela falava, Adelaide fitava-a, cada vez mais perplexa. Jamais tinha cogitado dessas coisas. Aproveitando uma pausa que Ema fizera, perguntou:

– Qual a sua religião?

– Sou espírita.

– Ah! Logo vi. Meu pai também tinha uma *queda* por *essas coisas*.

– "Essas coisas", como você diz, são muito sérias e respeitáveis. O Espiritismo é baseado num corpo de doutrina sintetizado em *O Livro dos Espíritos*, de Allan Kardec. Se tiver interesse em ler, Adelaide, posso emprestar-lhe essa obra, que, tenho certeza, lhe trará muitos esclarecimentos.

Lembrando-se de algo, Ema levantou-se, foi até o lugar onde guardava sua bolsa, abriu-a e retirou dali um volume, que passou às mãos de Adelaide:

– Olhe, Adelaide, não tenho aqui *O Livro dos Espíritos*, do qual lhe falei. Porém, aqui está um livro que, acredito, lhe fará bem. Trata-se de *O Evangelho Segundo o Espiritismo*, que é um trabalho do mesmo autor, e que sempre trago comigo. Gosto de ler e, nas horas vagas, aproveito o tempo com leituras edificantes.

Adelaide pegou o volume nas mãos, agradecendo à enfermeira.

– Obrigada, Ema. Agora vou descansar um pouco. Qualquer novidade me chame.

– Fique tranqüila. Estarei atenta.

A dona da casa procurou uma pequena sala onde gostava de passar o tempo e acomodou-se num aconchegante sofá. Abriu o livro e tentou ler algumas linhas, mas seu pensamento estava muito tumultuado. Fechou os olhos procurando relaxar. Acabou por adormecer.

Algum tempo depois, a criada veio acordá-la, avisando que um senhor a procurava.

– Quem é, Mercedes? – perguntou.

– Veio a mando do doutor Monteiro.

– Ah, eu já sei de quem se trata.

Adelaide levantou-se, passou as mãos pelo rosto, pelos cabelos, ajeitou a roupa e, respirando fundo, foi atender o recém-chegado.

Era um homem alto, moreno, ainda novo e de semblante sereno. Ao vê-la, leve sorriso abriu-se em seu rosto, tornando-o mais simpático.

– Bom dia! Senhorita Adelaide?

– Sim.

– Como vai? Sou Fernando Amaral, e fui enviado pelo doutor Monteiro.

– Muito prazer, doutor. Eu o aguardava. O senhor é o neurologista que veio examinar meu pai, não é?

– Exato. Poderia levar-me até o doente?

– Claro. Por obséquio, acompanhe-me, doutor Fernando.

Adelaide levou o médico até o quarto do pai. Aproximando-se do leito, ele examinou o paciente meticulosamente. Fez algumas perguntas à enfermeira Ema e, ao terminar, virou-se para Adelaide e informou:

– Parece que, dentro das suas condições, está tudo normal. Gostaria de submetê-lo a um eletroencefalograma e fazer outros exames. Mas não se preocupe. Trarei meu aparelho aqui para não precisarmos locomover seu pai.

– E quando fará isso, doutor?

– O mais rápido possível. Infelizmente, hoje terei a tarde toda ocupada. Tenho três cirurgias e não sei quando ficarei livre. Amanhã cedo, porém, por volta das nove horas, estarei aqui. Combinado?

– Claro. Estarei esperando. Aceita um café, doutor?

– Com muito gosto.

Adelaide virou-se para a criada, que aguardava.

– Mercedes, duas xícaras de café, por favor. Estaremos na sala íntima.

Conversando gentilmente, Adelaide conduziu-o até a pequena sala onde estivera repousando. Sentaram-se, e ele pegou um volume que estava na mesa ao lado do sofá.

– *O Evangelho Segundo o Espiritismo*! Você é espírita?

Adelaide justificou-se com certo constrangimento:

– Não, claro que não! Ema, a enfermeira, emprestou-me este livro, desejando ajudar-me, mas ainda não tive tempo de lê-lo. Na verdade, nem sei se o farei. Aceitei-o para não ser indelicada.

– Pois creio que deve ler. É excelente obra, e Ema tem razão; com certeza lhe fará muito bem. É uma visão extremamente lúcida do Evangelho de Jesus. Creio que irá gostar. Eu mesmo o tenho como livro de cabeceira.

– É espírita?

– Sim, com muita satisfação. O Espiritismo nos auxilia a ver tudo o que se passa conosco e ao redor de nós com outra visão.

Mercedes serviu o café, fumegante e de agradável aroma. Conversaram mais um pouco, o médico lhe fez perguntas sobre o doente. Em seguida, ele ergueu-se, despedindo-se:

– Agora devo ir. A conversa está muito agradável, porém meus pacientes me aguardam. Senhorita Adelaide, aceita uma sugestão? Abra o livro ao acaso, leia algumas páginas. Geralmente, o assunto tem relação com nossas necessidades mais íntimas. Amanhã voltaremos a conversar. Passe bem.

Adelaide acompanhou-o até a porta e, ao fechá-la, percebeu que estava encantada com o carisma do médico. Ele era gentil, delicado, simpático, sereno; passava segurança, deixando-a mais confiante.

Sentia-se ansiosa para vê-lo novamente. Teria de esperar até o dia seguinte. Pegou o livro com renovado interesse, apertando-o entre as mãos.

Foi para o quarto, acomodou-se na cama e, abrindo-o ao acaso, como ele sugeriu, leu em voz alta:

– *"Deve-se pôr um fim às provas do próximo?"*

Assustada, com o coração acelerado, empurrou o livro, afastando-o de si. Encolhida na cama, olhou ao redor com medo de que alguém tivesse ouvido. Depois, deu-se conta de que sua preocupação era bobagem. Estava sozinha no aposento!

A curiosidade fez com que pegasse o livro de novo. Com as mãos trêmulas de medo, abriu-o e, para surpresa sua, caiu na mesma página. Achou que, de alguma forma, "alguém" estava querendo que a lesse.

Munindo-se de coragem, leu: – *"Deve-se pôr um fim às provas do próximo, ou é preciso, por respeito às vontades de Deus, deixá-las seguir o seu curso?"*[10]

Começou a ler a mensagem, e os conceitos ali expressos atingiam-lhe profundamente o íntimo. Sentia-se culpada, embora ninguém a estivesse julgando. O texto, ao contrário, não era de acusação, mas de incentivo a fazer o melhor, ajudando e abrandando a expiação dos semelhantes, de acordo com a lei de amor e de caridade.

Logo em seguida, leu outra mensagem: *"É permitido abreviar a vida de um doente que sofre sem esperança de cura?"*

"Um homem está agonizante, vítima de cruéis sofrimentos. Sabe-se que seu estado não tem esperanças. É permitido poupar-lhe alguns instantes de agonia, apressando o seu fim?"

"Quem, no entanto, vos daria o direito de prejulgar os planos de Deus? Não pode o Senhor conduzir um homem à margem do abismo para retirá-lo de lá, a fim de fazê-lo voltar-se sobre si mesmo e de conduzi-lo a outros pensamentos? Ainda que se pense que haja chegado o momento final para um moribundo, ninguém pode dizer com certeza que essa hora tenha chegado. A Ciência nunca se enganou nessas previsões?

Sei muito bem que há casos que se podem considerar, com razão, como desesperadores. Mas, se não há nenhuma esperança fundada de um retorno definitivo à vida e à saúde, não há também incontáveis exemplos de que, no momento de dar o último suspiro, o doente se reanima e

---

10. *O Evangelho Segundo o Espiritismo*. Allan Kardec, capítulo 5, item 27, Petit Editora.

recobra sua lucidez por alguns instantes? Pois bem! Essa hora de graça que lhe é concedida pode ser para ele da maior importância, pois ignorais os pensamentos que seu Espírito pôde fazer nos momentos finais da sua agonia e quantos tormentos pode lhe poupar um minuto, um momento de arrependimento.

O materialista que apenas vê o corpo e não se dá conta da alma não pode compreender estas coisas. Mas o espírita, que sabe o que se passa Além-túmulo, conhece o valor do último pensamento. Suavizai os últimos sofrimentos tanto quanto vos seja possível fazê-lo; mas guardai-vos de encurtar a vida, que seja apenas por um minuto, pois esse minuto pode poupar muitas lágrimas no futuro."[11]

Ao acabar de ler toda a página, que vinha assinada com o nome venerável de São Luís, Adelaide percebia que uma nova concepção de vida se delineava diante de seus olhos. Essa vida futura que ela nunca entendera nem aceitava, por desconhecimento, agora aflorava com contornos mais nítidos em sua mente.

Buscou o índice. Desejava ver os assuntos enfocados. Deteve-se no capítulo 14, *"Honrai vosso pai e vossa mãe"*. Abriu e leu *"A ingratidão dos filhos e os laços de família"*. Chorou copiosamente. Depois leu vários outros capítulos, surpreendendo-se e maravilhando-se a cada passo.

Era tarde quando conseguiu conciliar o sono. Sentia-se leve, e uma nova esperança vibrava em seu íntimo, como prenúncio de paz e de crescimento espiritual.

Pela primeira vez, elevou o pensamento numa prece de agradecimento a Deus. A mãezinha, a seu lado, sorria com imenso carinho, também se associando à filha querida na prece de gratidão ao Criador, pelas bênçãos desse dia, envolvendo em seus braços o ente querido que despertava para as realidades espirituais.

---

11. Obra citada, capítulo 5, item 28.

capítulo 8

A bênção do sofrimento

"Se perdoardes aos homens as faltas que cometerem contra vós, também vosso Pai Celestial vos perdoará os pecados."

JESUS (MATEUS, 6: 14)

Desse dia em diante, Adelaide passou a interessar-se pela literatura espírita, na qual encontrava respostas para seus questionamentos mais íntimos. Sentia cada vez mais prazer em ler, se entrosando com seu conteúdo, até para poder dialogar com o jovem médico por quem tanto estava atraída. Logo passou a demonstrar certa familiaridade com os livros que ele lhe emprestara.

E o que havia começado por interesse, numa tentativa de prender a atenção do atraente doutor, acabou por se tornar vital para ela. Agora, quando Adelaide se aproximava do leito paterno, trazia outros pensamentos na mente. Tentava adivinhar se o pai saberia o que estava acontecendo, se ele estaria ali, lúcido, vendo-a a seu lado, e, em caso positivo, o que estaria pensando. O mais importante: ele saberia o que ela fez? Teria visto a ação dela, naquela noite, desligando os aparelhos?

Por tudo o que já tinha lido na literatura espírita e pelas informações de Fernando, seu novo amigo, sim, seu pai deveria estar ciente do que ela tinha feito. Essa constatação caiu com a violência de um raio em sua cabeça. Não era o fato da sua atitude criminosa o que mais a incomodava, e sim saber que essa ação teve observadores. Que, enquanto ela agia, certa de estar sozinha, o pai – sua vítima – poderia estar vendo tudo!

Essa possibilidade levou-a a outra sensação profundamente incômoda: a vergonha perante esse pai que tanto a amava e que agora deveria odiá-la.

Meditando sobre o assunto, que se lhe tornou uma idéia fixa, passou Adelaide a sentir remorso pela atitude indigna, criminosa e covarde que tomara contra alguém indefeso, que, além de tudo, era seu pai.

Olhando-o deitado, inerte, sem reações, fisionomia cadavérica, sentiu necessidade imperiosa de conversar com ele, de pedir-lhe perdão. O momento era favorável: a enfermeira tinha saído, e ela estava a sós com ele.

Adelaide levou a mão para acariciar-lhe o rosto, mas não teve coragem. Afinal, respirando fundo, murmurou:

– Papai, se você realmente puder me ver, se estiver consciente, por favor, me ouça! Sei que tenho errado muito, mas estou só, papai, sem ter alguém para me ajudar, esclarecer, amparar. Mamãe partiu há muito tempo e nós dois ficamos sozinhos. Por longos anos, você foi meu esteio, minha proteção, meu tudo. Depois, você também se afastou de mim, entrando nesse seu mundo particular e indevassável que só você conhece. Quando mais precisava de você, fiquei desamparada, sem ter quem me aconselhasse, quem em guiasse através da vida.

Fez uma pausa, tentando perceber alguma reação no rosto do pai, mas foi inútil. Adelaide tomou fôlego e prosseguiu:

– Você sabe, papai, nunca fui ligada à religião. Jamais tive interesse por Deus nem por essas coisas transcendentais. Para mim, morreu acabou. E quando o vi nesse estado, sem poder falar comigo, sem um gesto amistoso, sem poder responder a meus questionamentos e dúvidas, me desesperei. Achei que estaria sofrendo! E pensei: se meu pai não tem condições de voltar à vida, não será melhor morrer de uma vez? Depois, a verdade é que também senti desejo de ser dona da minha vida, de poder comandar meus atos, namorar, casar, ser feliz!

Parou de falar, enxugou uma lágrima e continuou:

– Hoje eu *sei*, papai, que as coisas realmente não são assim. Aprendi que ninguém morre e que o espírito continua vivo, mais vivo do que nunca; que a morte é apenas uma mudança de endereço. Porém aprendi mais: que a vida nos foi dada por Deus para nosso aprendizado intelectual e crescimento moral, e que deve ser aproveitada ao máximo. Que, se você está neste estado de coma, é que, por algum motivo, precisa ainda desse prazo aqui na Terra, e que ninguém tem o direito de decidir o contrário. Hoje eu sei que nada acontece por acaso, papai, e que esse período é muito importante para você.

Fez nova interrupção, colocou a mão sobre o braço do doente e, ganhando forças, prosseguiu:

– Por isso, humildemente, quero lhe pedir o seu perdão, papai, pois eu não sabia o que estava fazendo. Deus foi muito bom comigo, pois impediu um mal maior, permitindo que você continuasse vivo. Perdoe-me, papai!

Nesse instante, por entre as lágrimas, Adelaide teve a impressão de que o semblante de seu pai ficou mais ameno e que um ligeiro sorriso tinha surgido em seus lábios. Segurou a mão do pai e – coisa extraordinária! – sentiu uma leve pressão dos dedos dele na sua mão.

Forte emoção tomou conta de Adelaide, que se pôs a abraçar e a beijar o pai, chorando convulsivamente:

– Papai! Você me perdoou! Sei que me perdoou. Obrigada! Obrigada!

O médico, que tinha acabado de chegar àquela hora, entrou no quarto e admirou-se ao ver a reação de Adelaide.

– O que houve, Adelaide?

– Fernando, meu pai se comunicou comigo! Ele sorriu e até apertou minha mão! Não é uma alucinação. Eu vi! Eu senti! Ele realmente se comunicou comigo. Isso é possível?

– Sem dúvida! Pode acontecer, sim. Nunca sabemos quando o estado do paciente vai sofrer alteração, para melhor ou para pior. Neste caso, para melhor!

Enquanto examinava João, o médico pediu para Adelaide descrever o que havia acontecido. E ela começou a relatar com entusiasmo a ocorrência. Como Fernando ignorava completamente a participação dela no desligamento dos aparelhos, ela contou apenas que estava falando com o pai, desabafando, sem especificar o assunto.

Os criados, atraídos pelo barulho, correram aos aposentos do patrão, encontrando Adelaide risonha e feliz. Ao serem informados do acontecido, eufóricos, puseram-se a agradecer a Deus pela melhora do enfermo.

Desse dia em diante, Adelaide tornou-se mais tranqüila e mais atenta às necessidades do pai, não se afastando dele um momento sequer.

Quando Humberto se dignou a aparecer, ela o tratou com gentileza, mas sem intimidades. Algo dentro dela se rompera em relação a ele; não sentia mais o mesmo interesse e entusiasmo de antes pelo rapaz. Agora ela o olhava e o via como realmente era: interesseiro, egoísta e manipulador. Ele não a amava de verdade, e Adelaide sentiu-se livre.

Certo dia, sem avisar, Humberto voltou a procurá-la. Estava cansado de evasivas. Telefonava, mas, invariavelmente, a criada informava que Adelaide não podia atender, dando as mais diferentes desculpas: ora porque tinha saído, ora porque estava cuidando do pai, ou qualquer outra justificativa. Por isso, tinha decidido ir sem avisar. Adelaide voltou a recebê-lo com atenção e cortesia, como se faz com qualquer visita, mas se comportou de maneira fria e distante. Quando Humberto tentou abraçá-la, ela o afastou, firme.

– O que aconteceu, minha querida? Não está com saudade de mim? – reclamou ele com voz melosa.

Munindo-se de coragem, Adelaide respirou fundo e considerou:

– Humberto, foi bom você ter vindo. Precisávamos mesmo conversar e colocar tudo em pratos limpos.

Falou longamente com ele, enfatizando a necessidade de terminar a relação. Explicou que já não sentia nada por ele e queria dedicar toda a sua atenção ao pai doente.

Humberto reagiu. Esperava outra atitude da namorada, uma vez que ela, havia algum tempo, mostrava-se distante e desinteressada. Ele porém, contava dissuadi-la com sua presença, com a influência e a atração que sempre exerceu sobre ela. Como Adelaide permanecesse irredutível, desequilibrou-se, perdeu o controle, ficou bravo, agitado, nervoso e sentiu-se impotente diante da firmeza dela.

Quando Humberto ainda tentava convencê-la a mudar de idéia, chegou Fernando. Ao ver os olhares que Adelaide e o médico trocaram, percebeu que não havia mais jeito. Ele era realmente "carta fora do baralho". O rapaz deixou o quarto tremendo de raiva. Não se conformava em perder Adelaide, cuja riqueza tanto o interessava. Além disso, tinha até reservado passagem para a Europa, contando com o dinheiro dela... E agora, tudo caíra por terra!

– Maldito intruso! – resmungou entredentes, encaminhando-se para a porta, a pisar duro.

Após a saída de Humberto, Adelaide respirou aliviada, satisfeita por ter-se livrado do incômodo rapaz.

– Desculpe-me ter entrado assim, sem avisar, Adelaide. Interrompi alguma coisa? – perguntou o médico com delicadeza.

– Não, em absoluto, Fernando. Humberto é alguém que fez parte da minha vida, mas que não me interessa mais. Estava exatamente explicando-lhe que meus sentimentos mudaram, quando você chegou.

– Namorado?

– Sim. Felizmente acordei a tempo. Ele só queria meu dinheiro.

Fernando abriu um grande sorriso e fez uma carícia no rosto dela, enquanto dizia:

– Não posso dizer que lamento sua atitude.

Adelaide sentiu-se dominar por grande emoção. Aquele era o primeiro momento mais íntimo que surgia entre eles. Durante os últimos trinta dias, não conseguia pensar em outra coisa. Só tinha olhos para o jovem doutor, cuja presença se tornava cada vez mais freqüente na casa, sendo motivo até de cochichos por parte dos criados, o que a enchia de prazer.

❖

Passaram-se três meses. O estado de João piorou de repente. O médico diagnosticou pneumonia dupla. Alguns dias depois, João se despediu da vida sem voltar à consciência.

Adelaide aceitou o falecimento do pai com naturalidade e fortaleza de ânimo. No velório, os amigos mais chegados, as pessoas que a conheciam, estranharam seu comportamento, tentando saber o que a fizera modificar-se tanto. Estava mais segura, equilibrada e serena, mesmo diante da morte do pai, a quem tanto amava.

Na espiritualidade, a alegria era imensa. João foi recebido com carinho por amigos e familiares desencarnados.

Ao abraçar a esposa, trazia o coração pleno de satisfação.

– Querida Amália! Graças a Deus conseguimos encaminhar nossa Adelaide a novos rumos. Sinto-me aliviado por deixá-la sob os cuidados de Fernando, criatura excelente e que terá todas as condições para ampará-la.

– Sim, meu querido João. Agora que nossa filha encontrou aquele que lhe foi destinado e com quem programou a realização de importante tarefa, teremos algum tempo de paz, que você aproveitará para o refazimento espiritual a que faz jus. Agora, descanse. Teremos bastante tempo para conversar.

João foi colocado numa maca e levado para um local da espiritualidade onde seria atendido e receberia toda a assistência de que precisava. Antes de adormecer, com um resto de consciência, João olhou para a esposa desejando dizer algo. Seu olhar era eloqüente, e Amália entendeu.

– Conheço sua preocupação, meu querido. Quer notícias dos adversários que tanto tentaram prejudicá-lo. Fique tranqüilo. Eles estão sendo socorridos e, quando for possível, poderá vê-los. Agora, pense em você.

João sorriu levemente e murmurou:

– Obrigado.

capítulo 9

Reflexões

"Aquele que dentre vós estiver sem pecado, atire a primeira pedra."

JESUS (JOÃO, 8: 7)

Alguns meses depois, estavam todos reunidos na antiga residência de João. Adelaide e Fernando iam se casar. A cerimônia seria simples, porém elegante e de bom gosto. Em virtude do recente falecimento de João, os noivos preferiram uma recepção pequena, para a qual foram convidados apenas os familiares e amigos mais íntimos.

Quase na hora do casamento, uma criada veio chamar Fernando a pedido de Adelaide, que não estava bem. O noivo apressou-se a ir ao encontro da amada. Bateu levemente na porta e entrou no quarto, encontrando-a chorosa. Ainda não estava pronta; vestia apenas um roupão e mostrava-se tensa e preocupada. O noivo abraçou-a ternamente.

– Saudades do pai? Ele certamente estará aqui conosco, minha querida.

Enxugando as lágrimas, Adelaide meneou a cabeça:

– Não, não é por isso, Fernando. É que sinto necessidade de falar com você, contar-lhe um segredo que muito me angustia. Não posso casar-me sem abrir-lhe meu coração.

– Adelaide, nada do que possa me dizer vai mudar meus sentimentos em relação a você. Mas, se deseja desabafar, estou aqui.

Fernando sentou-se na frente dela, segurando-lhe as mãos para transmitir-lhe forças e coragem.

– Pode falar, minha querida. Estou ouvindo.

Com dificuldade, Adelaide começou a contar a ele sobre sua vida desde o princípio. Lembrou a perda da mãe, falou a respeito da doença do pai; a relação com Humberto, seu desejo de liberdade para viajar com o namorado e ser feliz. Depois, veio a parte mais dolorosa.

Respirou fundo e prosseguiu: lembrou como tinha resolvido desligar os aparelhos que mantinham a vida orgânica do corpo do pai, mas que, graças a Deus, não deu certo. Ele continuou vivo.

Após a confissão, não conseguia erguer a cabeça e olhar o noivo nos olhos. Depois de uma pausa, ela comentou:

– Foi exatamente nessa época que você entrou em minha vida, lembra-se? Doutor Monteiro chamou-o para examinar meu pai e, desse dia em diante, senti que você era o homem da minha vida. Meus conceitos mudaram. Passei a conhecer a Doutrina Espírita, e a enormidade do que tinha feito me assustou. Sou uma criminosa, Fernando, e se você não quiser mais saber de mim, posso entender perfeitamente. Tentei muitas vezes encontrar coragem para contar-lhe este segredo, mas não consegui. E você sabe como é... o tempo passa tão rápido que a gente nem percebe. Afinal, chegou o dia do nosso casamento. Eu não podia adiar mais, convencida de que não seria feliz construindo o nosso futuro baseado numa mentira.

Parou de falar. Após alguns segundos, ergueu a cabeça, fitando o noivo que a ouvia calado.

– Fale, Fernando, diga alguma coisa. Se não pode me perdoar, se me julga um monstro, faça o que quiser. Saberei entender. Dispense os convidados. Avise a todos que não haverá mais casamento. Invente uma desculpa qualquer...

Fernando, com os olhos úmidos, murmurou:

– Adelaide, não imagina há quanto tempo espero ouvir isso de você.

– Você sabia? – gaguejou perplexa.

– Intuitivamente, percebi o que tinha acontecido naquela noite. Os aparelhos não se desligam sozinhos. Depois, tive ocasião de ver o espírito de seu pai abalado com seu comportamento, e não tive mais dúvidas...

– Mas... por que não me disse?

– Cabia a você me contar. O segredo era seu, e eu não tinha o direito de tocar no assunto.

–Que vergonha! Você não me perdoará nunca!

– Deus é Pai e quer o melhor para seus filhos, minha querida. Não os premia nem os pune; dá-lhes oportunidade de reparar o erro que cometeram. Se Deus não a condena, também eu não posso fazê-lo. Mesmo porque nossa responsabilidade é sempre proporcional ao conhecimento que tínhamos no momento do fato. E você ignorava tudo sobre espiritualidade, reencarnação, Lei de Causa e Efeito e tantas outras coisas que nos modificam a maneira de pensar, embora soubesse que eutanásia é crime segundo as leis de nosso país. Sua situação só não ficou mais grave, porque seu pai, felizmente, sobreviveu.

– Quer dizer que você me perdoa?

– Nada tenho a perdoar, Adelaide. Agora, lave o rosto, retoque a maquiagem e se vista, porque nossos convidados já devem estar impacientes.

– Sim, meu amor. Obrigada pela compreensão que demonstra diante do meu erro. Antes, porém, gostaria de lhe dizer algo que venho amadurecendo nos momentos de íntima reflexão. Depois que meu pai desencarnou, de certa forma minha existência ficou vazia de atividades.

– E eu não represento nada? – brincou ele.

– Você é tudo para mim, sabe disso, meu querido. Falo de serviço, de objetivo de vida. Daqui por diante, terei os cuidados da casa, naturalmente; todavia, sempre poderei dispor de algumas horas para trabalhar.

– Acho muito louvável, querida. O que está pensando fazer?

– Bem, gostaria de ajudar pessoas que possam estar enfrentando as mesmas dificuldades que meu pai passou, conscientizando famílias da importância da continuidade da vida, essas coisas... O que acha?

Fernando abraçou-a, comovido.

– Creio que encontrou um grande objetivo para sua existência, meu amor. Desde que não se esqueça de mim, naturalmente.

– Nunca... nunca... Ter encontrado você foi o que de mais importante me aconteceu até hoje.

– Então, vamos! Arrume-se, que os convidados já devem estar pensando que não haverá mais casamento!

Meia hora depois, Adelaide desceu. Estava linda no seu vestido branco de noiva e tinha um ar de radiante felicidade.

Todos, encarnados e desencarnados, estavam contentes, vibrando amor e alegria pela vitória alcançada.

❖

O respeito à vida é algo que, se deixarmos de observar, vai nos comprometer gravemente.

Indivíduos materialistas, homens de ciência, equivocadamente, muitas vezes baseiam suas teorias sobre a eutanásia vestindo-as com palavras delicadas e dourando a ação maléfica sob a forma de "morte suave", "morte digna", e afirmando que temos o direito de dispor de nossa vida conforme nossa vontade.

Os que assim pensam cometem terrível engano e serão responsabilizados por suas ações delituosas, uma vez que, não tendo condições de dar a vida, também não têm o direito de tirá-la, nem a própria nem a de outrem.

E essa é uma realidade que salta aos olhos. As leis da grande maioria das nações atestam essa verdade, punindo como crime a interrupção da vida, tanto em casos de aborto quanto em relação à eutanásia.

Que não nos passe pela cabeça cometer um ato tão bárbaro, interrompendo a vida por um minuto que seja. A existência, não importa o tempo que ainda se tenha, seja uma hora, um dia ou um ano, é sagrada e merece ser preservada.

Não conhecemos as razões que determinaram o sofrimento do nosso ente querido, uma vez que ignoramos seu passado. Deus, porém, que é a suprema sabedoria, misericórdia e justiça, que tem a ciência de todas as coisas, não estará lhe dando o que precisa? Tudo tem uma razão de ser e um motivo justo.

O que podemos afirmar com certeza é que aquele período de dores acerbas, de extraordinária importância para o espírito, permitirá que ele deixe esta existência em situação bem melhor do que a que tinha quando aqui chegou. O sofrimento pode associar-se à expiação pela qual o encarnado precisa passar para liberar-se de compromisso assumido anteriormente; ou a uma prova que ele pediu, para verificar se já consegue vencer determinada imperfeição. É irrelevante saber se o sofrimento se refere a expiação ou prova. O que importa é conseguir vencer, tornando-se moralmente melhor.

Não raro, o sofrimento é maior para quem acompanha a dor do outro, como familiares e amigos, do que para quem passa por ele. Normalmente, a assistência dos amigos da espiritualidade é tanta, que o doente vive mais do lado *de lá* da vida do que do lado *de cá*. Na verdade, é uma preparação para o retorno ao verdadeiro lar.

Existem casos em que a demora em partir tem relação com a presença de inimigos desencarnados ao pé do leito. Quando o enfermo é espírito bastante comprometido, em virtude de erros cometidos no passado, quando prejudicou muitas pessoas – hoje desencarnadas e que ainda não lhe perdoaram, mantendo-se irredutíveis no mal e no desejo de vingança –, a bondade do Pai faz com que o faltoso permaneça no corpo físico para ajudar aqueles que um dia lesou. Esse tempo, então, é utilizado no socorro a essas entidades obsessoras, de modo que ele, ao voltar à espiritualidade, encontre um caminho mais aplainado. Caso contrário, o recém-desencarnado poderá ficar nas mãos dos seus inimigos e irá sofrer muito mais ainda. Os sofrimentos superlativos que terá de enfrentar no Além-túmulo nem de leve poderão ser comparados aos que ele atravessou no mundo material. A prisão, as torturas, as dores, as necessidades cruciais a que estará submetido, o farão lembrar com saudade do tempo em que estava encarnado e cujas dores lhe pareciam insuportáveis.

Assim, mesmo que o enfermo implore pela sua morte, os familiares e amigos deverão conscientizá-lo de que só Deus poderá libertá-lo do sofrimento. E incutir nele pensamentos de fé e de confiança no Criador, ajudando-o a orar.

Todas as pessoas têm o amparo divino e sempre poderão contar com os recursos do Alto. Todavia, aos espíritas é facultada melhor utilização desses recursos, com maior eficácia, pelos conhecimentos que a doutrina propicia. A prece, quando feita com amor, é veículo de bênçãos infinitas, a qual deverá ser potencializada com a aplicação de energias por meio do passe e da água fluidificada, momento em que o Alto aproveitará para socorrer o necessitado, proporcionando-lhe mais paz, tranqüilidade, confiança e amenizando-lhe as dores.

Uma coisa é certa: mesmo que o organismo do enfermo esteja em estado de vida vegetativa ou de coma, não importa, e que a ciência julgue que ele não mais ali está, mas somente o seu corpo físico, mantido vivo unicamente com a ajuda de aparelhos, mesmo assim, o espírito continua ligado àquele corpo, aguardando a decisão do Criador.

Há a crença, entre os profissionais da saúde materialistas, de que, pelas conquistas da ciência, a vida corporal poderá ser mantida por tempo indefinido.[12]

---

12. Ver *O Livro dos Espíritos,* Allan Kardec, questões de 61 a 67 e de 154 a 162, Petit Editora.

No entanto, se enganam esses profissionais, pois em vários casos, depois de desligados os aparelhos, o veículo físico continuou vivo. Se assim ocorreu, mesmo nos aparelhos, é porque ainda existe fluido vital, e o espírito – responsável e inquilino daquele corpo – ainda estava ligado ao organismo pelo seu envoltório semimaterial ou perispírito.[13]

A grande verdade é que, nesses fatos, vemos a presença de Deus. Só a vontade divina tem condição de saber o que o espírito precisa ou o que merece.

Pense nisso!

---

13. O Conselho Federal de Medicina estabeleceu, em 1991, por meio da Resolução nº 1346, que a morte encefálica corresponde a um estado definitivo e irreversível de morte, condição que permite, sem dúvida, a retirada de órgãos para transplantes. Morte encefálica significa que as estruturas vitais do encéfalo, necessárias para manter a consciência e a vida vegetativa, encontram-se lesadas irreversivelmente. Em outras palavras, o tronco cerebral não funciona, não existe mais a atividade cerebral, há total ausência de circulação sangüínea no cérebro e o eletroencefalograma mostrará o silêncio elétrico cerebral. Não confundi-la com estado vegetativo, pois neste uma parte do cérebro ainda funciona, visto que a lesão terá atingido parte das células neurológicas, mas não as estruturas do encéfalo.

capítulo 10

O jogo de futebol

"Por que a vida é muitas vezes interrompida na infância?"
"A curta duração da vida de uma criança pode ser, para o Espírito que nela está encarnado, o complemento de uma existência anterior interrompida antes do tempo. Sua morte é, muitas vezes, também uma provação ou uma expiação para os pais."

(*O Livro dos Espíritos*,
Allan Kardec, questão 199)

Cheio de alegria, Carlinhos preparou tudo o que precisava. Vestiu a camisa do time do coração, pegou a bandeira, um boné e correu para a sala.

– Papai, estou pronto!

– Então vamos. Temos um longo trajeto pela frente e quero achar um bom lugar para assistirmos ao jogo.

O garoto despediu-se da mãe, que recomendou:

– Tenham cuidado! Fuja de confusão, Jairo. Sabe como é... Futebol pode acabar em briga, especialmente esse jogo que é decisão de campeonato. Temos visto tantas notícias de violências!...

Jairo abraçou a esposa, serenando-lhe o espírito:

– O que é isso, Marta? Não se preocupe! Sei tomar conta de nosso filho. E, afinal, ele já é um rapazinho de sete anos! No final da tarde, estaremos de volta com uma pizza e refrigerante para comemorar a vitória do nosso time, não é Carlinhos?

O garoto sorriu. Marta, porém, não estava tranqüila. Com o coração apertado, viu os dois se dirigirem até o ponto do ônibus. Não gostava de futebol, porém não tinha o direito de impedir Carlinhos de sair com o pai, especialmente para assistir a um jogo do Tricolor, do qual era torcedor fanático.

Entrou em casa e logo, envolvida com o serviço doméstico, esqueceu-se do assunto. Era domingo, considerado dia de descanso, mas ela tinha uma pilha de roupas para passar.

Rumo ao campo, Carlinhos ia eufórico. Tudo era novidade. Pela primeira vez, iria assistir a um jogo no campo. Estava acostumado a ver partidas pela televisão, porém agora era diferente.

Aproximando-se do local, a multidão impressionou o garoto. Como o pai tinha comprado os ingressos com antecedência, entraram sem grande dificuldade, apesar da aglomeração no portão de entrada.

– Viu, filho, como foi bom ter comprado os ingressos antes? Esses torcedores querem entrar e não podem porque a lotação do estádio está completa.

Assim falando, o pai agarrou a mão do menino para não correr o risco de se perderem um do outro na multidão, enquanto caminhava apressado. Carlinhos, quase arrastado, nem via por onde estavam andando, pois, como era pequeno, só enxergava homens grandes à sua volta. Quando afinal encontraram um bom lugar na arquibancada, Carlinhos sentou-se e só então conseguiu olhar em torno. Prendeu o fôlego. A vista do estádio enorme, o barulho ensurdecedor da multidão, as bandeirinhas tremulando, o colorido das torcidas, fizeram com que seu coração batesse mais forte. Era um espetáculo impressionante!

– E então, meu filho? O que acha?

Com os olhos úmidos de emoção, o menino olhou para o pai.

– Papai, eu jamais vou esquecer este dia em toda a minha vida. Obrigado. Aconteça o que acontecer, papai, lembre-se de que este é o dia mais importante da minha vida.

Jairo percebeu que o filho estava emocionado. No olhar do garoto notou um brilho diferente como jamais tinha visto. Por um momento, sentiu como se aquilo fosse uma despedida, como se estivesse para perder seu filho.

Que bobagem! – pensou.

Depois, com um nó na garganta, quase sem poder falar, disse:

– Isto não é nada, Carlinhos! Espere para ver quando o nosso time entrar em campo.

E, realmente, o garoto prendeu a respiração quando o Tricolor pisou no gramado. Fogos de artifício estourando, a gritaria da torcida, que se tinha colocado de pé, davam a impressão de que o estádio viria abaixo.

O jogo começou e Carlinhos concentrou-se na partida. No intervalo, o pai comprou um saco de pipocas e refrigerante. Era preciso relaxar. O time não estava jogando bem, embora o placar marcasse 1 a 0 para o Tricolor.

No segundo tempo, a situação se complicou. Um jogador do Tricolor se desentendeu com outro do time adversário, e a agressividade explodiu no gramado. Com os ânimos à flor da pele, a violência foi aumentando entre os jogadores, tanto que o árbitro, sem muita experiência, não teve pulso para controlar a situação. De repente, a um golpe mais forte, um jogador caiu no chão, desacordado.

O juiz apitou, paralisando o jogo. Correu para verificar o que aconteceu. O jogador continuou imóvel no meio do campo. Os demais jogadores se aproximaram e, de um lado e de outro, passaram a se agredir, acusando-se mutuamente. Golpes, bofetões, pontapés surgiram – agora sem a bola, com violência explícita –, e a confusão armou-se.

Os policiais responsáveis pela segurança entraram em campo e cercaram os agressores. Prenderam alguns jogadores mais violentos e membros da torcida que tinham invadido o campo. Contudo, eram impotentes para conter a enxurrada de gente que, deixando as arquibancadas, derrubaram o alambrado e partiram para a briga dentro do gramado.

A polícia pediu reforços. O jogo foi suspenso. Não havia condição de dar prosseguimento à partida. Carlinhos estava assustado. Sem que se soubesse como, surgiram pedras e paus nas mãos de torcedores, que se agrediam. De longe, Jairo e Carlinhos viam pessoas feridas, algumas sangrando, caídas no gramado; além de outras, atropeladas pela multidão enfurecida. Viam também inúmeros torcedores sendo levados presos para os camburões da polícia.

A ambulância entrou em campo e o atendimento de urgência começou. Mas era precário, ante a necessidade do momento. Médicos e enfermeiros que estavam na assistência, bem como outros torcedores, se apresentaram para socorrer os feridos, sendo que muitos destes, pela gravidade do quadro, eram encaminhados para o hospital mais próximo.

Jairo, preocupado e inquieto pela segurança do filho, pegou Carlinhos pelo braço e, ao ver que a situação tendia a se complicar ainda mais, correu em direção à saída:

– Vamos, meu filho! É perigoso ficar aqui. Vamos, rápido!

O acesso à saída, porém, não estava fácil. Pelos corredores, a mesma confusão. Todo mundo querendo sair ao mesmo tempo, o que dificultava a passagem. Afinal, quando ultrapassaram os portões e chegaram à rua, Jairo respirou, aliviado.

– *Graças a Deus!* – murmurou.

Andaram apressados até o ponto do ônibus. Contudo, também na via pública as coisas estavam agitadas. Tinham caminhado aproximadamente uns cem metros, quando viram alguns torcedores brigando; ao mesmo tempo, com alívio, notaram a polícia que chegava, trazendo reforços, com os cassetetes em punho, prontos para enfrentar os rapazes. Nesse momento, um dos contendores tirou uma faca que trazia escondida na bota; um dos policiais percebeu a manobra e, imediatamente, sacou o revólver e mirou o rapaz, que se virou. O policial acompanhou seu movimento e atirou. À vista do perigo, Jairo segurou com força a mão do menino e, assustado, jogou-se no asfalto ao mesmo tempo que gritou:

– Pro chão, meu filho!

Tarde demais, porém. O projétil atingiu Carlinhos em pleno peito. O menino caiu, desamparado.

Num primeiro momento, Jairo não percebeu o que tinha acontecido. Depois, viu seu querido filho caído no chão, a seu lado, em meio a uma poça de sangue. Começou a gritar, desesperado:

– Socorro! Acudam! Meu filho foi atingido!

Os policiais ouviram os gritos, perceberam o drama ocorrido e apressaram-se a socorrer o garoto. Ambulâncias chegaram, atendendo ao alerta que fora expedido pelas autoridades. A primeira delas foi interceptada pelos policiais, e Carlinhos prontamente foi conduzido para o hospital mais próximo, inconsciente.

Jairo acompanhou-o na ambulância. Desnorteado, confuso, não conseguia entender o que havia acontecido. Carlinhos foi levado às pressas para o centro cirúrgico.

Só restava aguardar. Na sala de espera, Jairo lembrou-se da esposa. Fez uma ligação, e, não muito tempo depois, a esposa chegou apavorada.

Ao vê-la, Jairo abraçou-a com desespero.

– Perdoe-me, Marta. Foi culpa minha. Não devia ter levado nosso filho ao jogo.

– Como está ele? – ela balbuciou num fio de voz.

Limpando as lágrimas, Jairo respirou fundo e conseguiu responder:

– Não sei. Ninguém diz nada, nenhuma informação por enquanto. Temos de aguardar.

Marta entrou em estado de choque; nem pôde falar. Apenas os olhos retratavam a dor que estava sentindo. No fundo, durante todo o dia, ela tinha se preparado para o que ia acontecer.

Eles se acomodaram num banco e se dispuseram à longa espera. Duas horas depois, um médico se aproximou.

– E então, doutor? Como está nosso filho? – perguntou Jairo.

– Lamento. Ele não resistiu.

O mundo desabou sobre a cabeça dos pais. O filho querido, a luz de seus olhos, não existia mais. Uma bala perdida pusera fim a uma vida plena de esperanças e alegrias.

❖

Após o enterro, a vida do casal mudou radicalmente. Não tinham mais razão para lutar, para viver, para trabalhar, para nada.

Jairo e Marta, que eram tão ligados, que possuíam tantas afinidades, afastaram-se. Já não encontravam mais satisfação na companhia um do outro.

Na verdade, Marta não conseguia perdoar Jairo pela morte do filho. Considerava-o culpado por ter levado o menino ao campo, acusando-o diretamente pela morte do garoto.

Jairo, por sua vez, tentava conversar com a esposa, explicar em detalhes o que tinha acontecido, que ele fizera tudo para proteger o filho, que fora uma fatalidade, mas ela se recusava a falar com ele, a ouvi-lo. E, no íntimo, ele também se sentia culpado. Se não tivesse tido a infeliz idéia de levar Carlinhos para assistir àquela partida, tudo seria diferente. Acompanhariam o jogo pela televisão, como tantas outras vezes fizeram. Tranqüilamente acomodados no sofá da sala, comeriam pipocas, tomariam refrigerantes, e o filho querido ainda estaria vivo.

Lembrava-se das cenas de violência que presenciara; pessoas batendo em outras pessoas; jovens gritando, xingando e esmurrando outros jovens; mãos que surgiram portando pedras, pedaços de concreto, de madeira e de metal – provavelmente da queda do alambrado – e que atacavam indiscriminadamente criaturas indefesas, que não estavam envolvidas na briga, que apenas observavam a confusão, tal como ele.

Mas como as pessoas chegam a esse nível de violência?

Nos seus momentos de reflexão, Jairo lembrava-se dos dias em que ele também tinha dito palavrões, xingado a mãe do juiz e dado vazão a instintos brutais, colocando para fora tudo o que trazia dentro de si, enfim comportando-se exatamente como qualquer outro torcedor. E o mais grave é que até se vangloriava disso na roda de amigos, ou mesmo em família, afirmando que essa atitude era positiva porque descarregava as tensões. Dizia também que depois voltava para casa mais tranqüilo e em condições de enfrentar os problemas do dia-a-dia. Reconhecia que nesse último jogo fora diferente porque, como estava acompanhado de Carlinhos, não quis dar mau exemplo ao filho, comportando-se de maneira civilizada. Só por isso.

Agora, refletindo sobre o assunto, pensava se também não havia colaborado para que a violência eclodisse no campo. No fundo, todos haviam colaborado, inclusive ele. Talvez não nessa oportunidade, mas em muitas outras.

❖

E os cônjuges cada vez mais se afastavam um do outro, ficando em cantos diferentes da casa, entregues aos próprios pensamentos, chorando e lembrando do filhinho que tão cedo os tinha deixado.

Os amigos mais chegados se preocupavam com a situação, mas nada podiam fazer para ajudá-los.

E além de todo o sofrimento, ainda havia a imprensa, que não lhes dava tréguas, batendo à porta da casa, tocando a campainha, ou procurando Jairo na empresa onde ele trabalhava. Queriam detalhes, lembrar o acontecimento, expor ao público a dor dos pais.

Marta e Jairo não podiam sair de casa, que topavam com os repórteres. Já tinham dado entrevistas, falado do assunto, mas eles queriam mais, sempre mais.

Certo dia eles não conseguiram impedir que esses profissionais entrassem em sua casa. A moça que passara a ajudar Marta nos serviços domésticos – filha de uma vizinha que se condoera da situação dela, depressiva e incapaz de fazer serviço algum –, jovem e inexperiente, não conseguiu evitar a invasão. Diante do inevitável, Jairo e Marta aceitaram voltar ao assunto.

Sentaram-se na sala, lado a lado. Os repórteres, com microfones e câmeras funcionando, *flashes* espocando de todos os lados, começaram a entrevista.

– Como estão se sentindo? – perguntou um deles, mostrando total insensibilidade diante do sofrimento e da tragédia que se abatera sobre o casal.

Jairo devolveu a pergunta, irritado:

– Como acha que estamos nos sentindo?

– Por que acha que tudo isso aconteceu? Digo, a morte de Carlinhos e tudo o mais? – contra-atacou o repórter, sem parecer ter ouvido a pergunta do dono da casa.

Naquele instante, Jairo se lembrou de todas as reflexões que tinha feito desde a morte do filho e, com muita gravidade, considerou:

– Por falta de educação. Nossa sociedade não foi educada para a paz. As famílias não se preocupam em passar valores morais para os filhos, conscientizando-os de que devem agir de forma diferente, respeitando o próximo.

– De quem é a culpa, então? Do governo? – indagou outro.

– De todos nós. Do governo também, claro, por não fazer a parte que lhe cabe. Mas, a culpa é de cada um de nós, pelas atitudes que tomamos, pelo comportamento que assumimos perante o semelhante. Cada pessoa é uma potência em si mesma e dela depende modificar o mundo em que vive.

– Por que você levou Carlinhos àquele jogo?

– Ele nunca tinha assistido a uma partida no campo e gostava muito de futebol. Acreditando que fosse seguro, eu o levei, contra a opinião de minha esposa, que não desejava que ele fosse.

O repórter virou-se para Marta:

– É verdade que a senhora não queria que Carlinhos fosse ao campo?

– Sim. É verdade.

– Por que, dona Marta?

– Não sei ao certo. Não gosto de futebol. Mas não foi só por isso. Na verdade, tive a impressão de que alguma coisa iria acontecer. Estava com o coração apertado e sentindo uma angústia muito grande.

– A senhora acha que tudo isso já estava previsto, então?

– Não sei. Não posso responder a essa pergunta.

– Jairo, quais foram as últimas palavras de seu filho?

O pai ficou pensativo. Buscando na memória, voltou no tempo até o momento em que ele e Carlinhos estavam no campo, sentados na arquibancada, e ele percebia a emoção do filho diante do estádio repleto. Lembrou-se de que perguntou se Carlinhos estava gostando, e a resposta dele veio nítida à sua mente:

Papai, eu jamais vou esquecer este dia em toda a minha vida. Obrigado. Aconteça o que acontecer, papai, lembre-se de que este é o dia mais importante da minha vida.

Jairo enxugou uma lágrima e completou:

– Não me lembro quais foram as últimas palavras de meu filho, porém estas foram as mais significativas.

Marta olhou para o marido, espantada, e começou a chorar. O repórter ficou parado, sem ação. Depois, voltou a perguntar:

– Interessante. Novamente surge a idéia de que algo estava previsto. Como se Carlinhos soubesse o que estava para acontecer. Vocês acreditam nisso?

Jairo ergueu-se, irritado e descontente.

– Não acreditamos em nada! Agora, basta! Vejam o estado de minha esposa! Tenham piedade!

Os repórteres insistiram mais um pouco, porém Jairo e Marta deixaram a sala, e a mocinha indicou-lhes a porta da casa.

Nos aposentos do casal, Marta continuava chorando. Jairo, diante da janela, as mãos nos bolsos, olhava o céu que se descortinava sem dizer uma palavra. Afinal, rompendo o silêncio, ela indagou:

– Jairo, você nunca tinha me falado sobre as últimas palavras de Carlinhos.

Ele virou-se lentamente, fitando a esposa.

– Na verdade, não foram as últimas palavras dele, Marta, porém as mais importantes.

– Por que nunca me contou?

– Você nunca quis saber.

Marta enxugou os olhos, pensativa. Era verdade. Sempre que o marido tentava falar sobre aquele dia, relatar como tudo acontecera, ela se recusava a ouvir. Mas agora era diferente. Tinha de saber.

– Acredita que ele sabia que ia morrer?

– Não sei. Pode ser.

Permaneceram calados por algum tempo. Depois, Marta voltou a perguntar, um tanto constrangida:

– Você acredita em vida após a morte? Isto é, acha que nosso filho pode estar em algum lugar?... Ele era um garoto tão especial!

Jairo deixou-se cair na poltrona com a cabeça entre os braços. Nunca tinham falado sobre esse assunto. Ambos não eram ligados a religião.

– Eu não sei, Marta. Mas gostaria muito de poder acreditar.

– E se procurássemos saber?

– Como assim? Com quem?

– Bem, existem pessoas que acreditam que os mortos continuam vivos e se comunicam conosco, você sabe.

– Sei. Os espíritas. É uma possibilidade.

– Sim! Minha amiga Flora é espírita. Podemos procurá-la.

– Está bem. Faça o que achar melhor.

Aquela noite eles dormiram mais tranqüilos. Tinham resolvido buscar informações com Flora, e uma suave esperança começou a luzir em seus corações.

capítulo 11

Novos conhecimentos

"Aquele que concentra seus pensamentos na vida terrena é como um homem pobre que perde tudo o que possui e se desespera, ao passo que aquele que crê na vida futura é semelhante a um homem rico que perde uma pequena soma sem se perturbar."

(*O Evangelho Segundo o Espiritismo*,
Allan Kardec, cap. 2, item 6)

Na manhã seguinte, Marta telefonou para sua amiga Flora, e combinaram um encontro para aquela mesma tarde. Era sábado e teriam tempo livre.

Flora ficou muito satisfeita com a ligação de Marta. Por ocasião do falecimento de Carlinhos, condoera-se da tragédia que se abatera sobre o lar da amiga e, desde que recebera a trágica notícia e também durante todo o velório, não tinha se afastado do casal, procurando ajudá-los. Na impossibilidade de fazer alguma coisa, já que o fato era irreversível, tentava consolá-los com sua simples presença como se dissesse: *Se precisarem de mim, estou aqui*. Foi com profunda tristeza que acompanhou o féretro até a sepultura e que se despediu dos amigos, após o enterro, no cemitério já vazio.

Depois, nos dias subseqüentes, tinha tentado falar com Marta e Jairo, sem resultado. Sentiu que os amigos estavam fugindo dela, evitando sua presença; era como se a dor deles fosse tão grande, tão intensa, que precisavam ficar sozinhos, isolados de todos. Sabia que essa reação deles não era apenas com ela; outros amigos comuns reclamavam também. Então, Flora resolveu aguardar, consciente de que só o tempo poderia amenizar-lhes o sofrimento.

Assim, ao leve toque da campainha, foi com imensa alegria que abriu a porta para receber os amigos. Abraçaram-se, trocaram algumas palavras gentis e, depois, conduziu-os até a sala de estar.

Havia dois meses Flora não os via. Achou-os emagrecidos, pálidos; naquele breve período haviam envelhecido anos.

– Que satisfação recebê-los aqui em casa! Estava com saudades.

– Sabe como é, Flora, depois da morte de nosso filho, perdemos o chão – justificou-se Marta, com lágrimas.

– Entendo perfeitamente o que estão sentindo, Marta. Porém, a vida continua e precisam prosseguir vivendo. Tenho certeza de que Carlinhos não gostaria de vê-los tristes e desanimados.

Jairo trocou um olhar com Marta e disse:

– É exatamente por causa dele que estamos aqui hoje, Flora. Sabemos que é espírita e gostaríamos que, se possível, nos desse algum esclarecimento. Diga-me, o que acontece com aqueles que morrem? Você falou como se nosso filho continuasse vivo. Existe essa possibilidade?

Com firmeza e seriedade, Flora considerou:

– Sem dúvida, Jairo. Em primeiro lugar, a morte é uma ilusão. Não existe a morte. Aqueles que partem desta vida para outra realidade continuam vivos, mais vivos do que nós, uma vez que a verdadeira vida é a espiritual.

– Mas... como assim? – gaguejou ele.

– Normalmente, as pessoas pensam que o corpo físico é tudo. Na verdade, o corpo de carne é apenas uma vestimenta que o espírito usa durante um certo período e que abandona quando não serve mais.

Somos todos espíritos, ou almas, criados por Deus, transitoriamente vestindo um corpo. Não é o corpo que pensa, que aprende, que ama. É o espírito. O corpo material só tem vida orgânica.

Jairo estava perplexo.

– Mas, o que você está nos dizendo é impressionante!

– No entanto, é a mais pura verdade.

– E de onde lhe vem essa certeza? – indagou Marta.

– Da reflexão, do estudo, da análise dos fatos da vida e da própria natureza.

– Explique-se melhor – pediu Jairo.

Flora pareceu concentrar-se, como se estivesse procurando as palavras, e prosseguiu:

– Alguma vez vocês já pensaram por que teríamos sido criados? De onde viemos? Para onde vamos? O que estamos fazendo aqui na Terra? Sim, porque certamente o Criador deve ter um propósito. Se nós, meros habitantes deste planeta, seres imperfeitos, nada fazemos sem um objetivo, quanto mais Deus, que é todo amor, sabedoria, misericórdia, bondade, justiça e muito mais! Enfim, Ele, que é a suprema perfeição, teria criado o universo, e a nós, seres inteligentes, sem uma finalidade?

O casal trocou um olhar surpreso, como se jamais tivesse cogitado essas coisas. Jairo abriu um sorriso tímido.

– Flora, desculpe nossa ignorância. Marta e eu nunca fomos muito "ligados" em religião, você sabe. Somos católicos por tradição, porém raramente vamos à igreja. Agora, você nos abre um mundo novo no qual jamais pensamos. Quer dizer então que a vida continua depois da morte?!...

– Com certeza! Todavia, estranho seu espanto, Jairo, uma vez que a religião católica, à qual você afirma pertencer, prega a imortalidade! A única diferença, nesse caso, em relação à Doutrina Espírita, é que o Catolicismo admite um destino inexorável, sem possibilidade de mudança para as criaturas. Aqueles que morrem vão para o céu, para o inferno ou para o purgatório, segundo o bem ou o mal que plantaram aqui na Terra, enquanto nós acreditamos que aqueles que partem desta vida para outra apenas mudam de endereço. Continuam vivendo, mais ou menos da mesma maneira que o faziam aqui, uma vez que ninguém se transforma de repente. A vida espiritual é uma continuidade da existência terrena, na qual prosseguimos aprendendo e evoluindo rumo à perfeição. Carlinhos deve estar sendo muito bem amparado, recebendo amor e carinho de amigos e familiares que partiram antes. Provavelmente, está com a vovó Efigênia.

– Minha avó! – exclamou Marta.

– Por que não? Sua avó é uma criatura extraordinária, lembro-me bem dela, Marta. Sempre foi muito boa, de sentimentos elevados e ajudava a todos os que a procuravam. Só fez amigos, todos sentiram sua falta. Está no mundo espiritual há vários anos, e demonstrava um carinho especial pelo bisneto. Acho natural que tenha se preocupado em recebê-lo na nova vida e em ampará-lo, já que os pais ficaram na Terra. Não é o que fazemos quando alguém viaja para algum lugar e tem parentes nessa cidade?

Marta estava comovida com a lembrança da avó querida. Seus olhos brilhavam de emoção.

– É verdade! É verdade! Você faz com que as coisas pareçam tão simples e lógicas! E como eles vivem?

– Da mesma maneira que aqui. Lá existem cidades, com casas, jardins, escolas e tudo o mais. Carlinhos, após adaptar-se à vida espiritual, com certeza fará amigos, irá à escola, terá divertimentos, brincadeiras e passeios, como qualquer criança.

– Tem certeza? É tudo tão inusitado!

– Como você mesma disse, é lógico. Acha que Deus teria nos dado todo o conforto aqui na Terra e, no Além, não tivesse nada? Na realidade, nossa vida aqui é que é uma cópia imperfeita de tudo o que existe por lá. Porque, repito, a verdadeira vida é a espiritual.

Jairo e Marta estavam perplexos, mas animados. Era muita informação de uma só vez. Trocaram um olhar, depois Jairo respirou fundo e perguntou:

– Onde podemos encontrar esses conhecimentos? Gostaríamos de saber mais sobre o assunto.

Flora sorriu:

– É fácil. A Doutrina Espírita coloca à nossa disposição uma quantidade enorme de informações que nos foram trazidas pelos espíritos superiores, e que um emérito professor francês codificou, adotando o pseudônimo de Allan Kardec, para não influenciar as pessoas com seu nome verdadeiro, uma vez que ele era muito conhecido na França, tendo já várias obras publicadas. Afirmo-lhes, porém, que a Doutrina Espírita nada inventou, nada criou. Apenas nos trouxe verdades eternas e reconhecidas desde a mais remota Antigüidade, mas que os homens da nossa época ignoravam. Vou emprestar-lhes alguns livros.

Flora pediu licença e foi até o interior da casa, voltando em seguida com dois volumes, que entregou ao casal.

– Aqui estão as obras sobre as quais lhes falei. De início, *O Livro dos Espíritos* e *O Evangelho Segundo o Espiritismo*, ambos de Kardec. O primeiro, porque nele encontrarão o embasamento lógico para os fenômenos da vida, e o segundo, porque traz a consolação de que estão precisando por intermédio da parte moral do Evangelho de Jesus. Estarei à disposição de ambos para qualquer esclarecimento que precisarem.

Jairo, mais afeito a leituras, abriu *O Livro dos Espíritos* e correu a vista pelo índice. Cada vez mais surpreso, à medida que lia arregalava os olhos.

– Estou impressionado. Aqui trata de assuntos muito sérios.

– Exatamente. Tenho certeza de que vão gostar. Leiam, e depois que se inteirarem do conteúdo, voltaremos a conversar. Se desejarem, poderemos até estudar juntos. Eu freqüento um curso num centro espírita que fica aqui perto.

– Vocês têm cursos? Nunca pensei! – disse Jairo.

– Eu sei o que você pensava, Jairo – afirmou Flora, sorrindo. – Julgava que Umbanda, Candomblé e outras seitas, que representam o sincretismo afro-brasileiro, fossem Espiritismo. Puro engano. Apesar do respeito que temos por todas as expressões religiosas, o Espiritismo é a doutrina codificada por Allan Kardec no século dezenove, na França. Fazemos cursos, sim, porque nossa doutrina baseia-se na razão, e liberta nossa consciência pelo estudo, alargando-nos a visão.

Nesse momento, a criada entrou na sala e avisou que o lanche estava sendo servido. Flora conduziu seus amigos até a copa, onde passaram o resto da tarde conversando, tomando chá e se deliciando com as guloseimas que lhes tinham sido carinhosamente preparadas.

Quando se despediram da dona da casa, Jairo e Marta estavam completamente diferentes de quando haviam chegado. Tinham o semblante mais tranqüilo e o coração cheio de esperança. E uma constatação surpreendente: naquelas horas haviam esquecido completamente suas tristezas. Era a primeira vez que isso acontecia desde a morte de Carlinhos.

Dois dias depois, voltaram a se encontrar. Marta e Jairo mostravam-se encantados com os livros e, como não poderia deixar de ser, cheios de questionamentos.

– Há muitas coisas que não conseguimos entender direito, Flora, certamente porque nos falta embasamento no assunto. Pensamos bem e gostaríamos de freqüentar aquele curso sobre o qual você nos falou. Será possível?

– Sem problemas. Sempre temos novas turmas começando. Vamos combinar um dia para vocês conhecerem a casa espírita. Isso é importante para saberem onde irão estudar. Se gostarem do ambiente e sentirem afinidade pelas pessoas, tudo ficará mais fácil.

– Interessante! – exclamou Marta.

– E essencial também. Se não gostamos do ambiente nem das pessoas com as quais iremos conviver, o trabalho em conjunto fica difícil. Não nos sentiremos bem. Amanhã é dia em que teremos uma palestra e depois, a aplicação de passes. Gostariam de ir?

– Claro. Com prazer – concordaram ambos.

– Ótimo. Como a reunião começa às vinte horas, eu e o Ronaldo passaremos às dezenove e trinta para pegá-los. É bom chegarmos antes para vocês irem se adaptando ao ambiente.

No dia seguinte, Marta e Jairo, acompanhados de Flora e Ronaldo, foram ao centro. Estavam cheios de expectativa, ansiosos. Nunca tinham entrado numa casa espírita e não sabiam o que iam encontrar lá.

Logo, porém, se tranqüilizaram. Era um salão normal de palestras, com as cadeiras enfileiradas simetricamente; na frente, ao centro, uma mesa coberta por uma toalha limpa e clara, na qual se via um arranjo de flores, uma jarra com água e um copo, e alguns livros. Atrás da mesa, na parede, apenas um quadro negro. Portanto, como Flora afirmara, era um local de estudos. O ambiente sereno, a música suave que se espalhava no ar encheu-os de bem-estar e paz, induzindo à elevação mental.

Iniciando a reunião, um homem no verdor dos anos fez uma prece. Conclamou os presentes a elevar o pensamento e, com palavras singelas, buscou a figura meiga de Jesus de Nazaré e solicitou seu amparo para todos os presentes e suas famílias, o que aumentou sobremaneira o bem-estar que já sentiam. Nunca tinham ouvido uma prece tão simples e ao mesmo tempo tão bela, em que a intenção e o coração da pessoa extravasavam na súplica, emocionando-os.

O tema da palestra programada para aquela noite era a necessidade de transformação moral, à luz do Evangelho do Cristo, para alcançar a felicidade futura que todos almejam, abordado com bastante competência pelo expositor, um senhor de cabelos brancos e fisionomia afável.

Acompanharam com interesse a exposição. Depois, tomaram passe e água fluidificada. Quando as atividades terminaram, Flora apresentou-os ao dirigente da casa, Euclides, falando sobre o desejo de ambos de iniciar os estudos oferecidos. O simpático senhor deu-lhes as boas-vindas e passou-lhes o dia e horário do início do curso. Algumas outras pessoas se aproximaram, risonhas e simpáticas. Eram amigos de Flora e de Ronaldo, que foram apresentados para os recém-chegados. Alguns iriam começar o Curso Básico de Espiritismo, como introdução ao estudo de *O Livro dos Espíritos* e Marta e Jairo já se sentiram entrosados com os novos colegas. Passaram alguns minutos agradáveis conversando, depois foram até a livraria, cuja porta dava para a entrada do salão, gastando mais algum tempo a examinar os livros.

– Estou impressionado – afirmou Jairo. – Nunca pensei que existissem tantas obras espíritas!

Ronaldo sorriu:

– E você ainda não viu nada, meu amigo. Aqui temos uma pequena amostra de títulos, porque nossa livraria é pequena.

Jairo escolheu alguns livros que lhe tinham sido recomendados por Ronaldo e, em seguida, despediram-se dos companheiros do centro. Por sugestão dos maridos, foram a um restaurante jantar. Estavam com fome e seria oportunidade de continuarem juntos, conversando.

Era tarde quando se separaram. Marta e Jairo entraram em casa com os pensamentos elevados e com excelente disposição de ânimo.

capítulo 12

Superação do sofrimento

"Deus consola os humildes e dá a força aos aflitos que a imploram. Seu poder cobre toda a Terra e, por toda a parte, ao lado de cada lágrima, Ele colocou um alívio que consola. O devotamento e a abnegação são uma prece contínua e contêm um ensinamento profundo. A sabedoria humana reside nessas duas palavras. Possam todos os Espíritos sofredores entender esta verdade, ao invés de protestar contra as dores, os sofrimentos morais que aqui na Terra são a vossa herança."

(*O Evangelho Segundo o Espiritismo*, Allan Kardec, cap. 6, item 8)

Desse dia em diante, iniciou-se uma nova vida para o casal.

Vincularam-se ao centro espírita e passaram a freqüentar os cursos oferecidos, aprendendo cada vez mais. Um ano depois estavam envolvidos com a assistência social e participando do trabalho com crianças e jovens na periferia da cidade. Felizes, tinham muitos amigos e vida ativa e movimentada.

Lembravam-se sempre do querido filho, Carlinhos, sem dúvida, mas já não era com aquela dor e o desespero dos primeiros meses. Sentiam falta do filho, sim, no entanto tinham a convicção de que ele estava bem, feliz e adaptado à vida na espiritualidade e, consoante os conhecimentos recebidos, evitavam incomodá-lo com pensamentos negativos. Sabiam que, quando fosse possível, teriam notícias dele. Precisavam ter paciência e esperar.

Certo dia, Jairo começou a lembrar, mais do que nunca, de Carlinhos. Era como se ele estivesse ali na casa, com eles.

Era uma terça-feira, dia da semana consagrado ao Evangelho no Lar. Sentados em torno da mesa, após a leitura do texto evangélico, Jairo sentiu muita emoção e comentou com a esposa:

– Querida, hoje, de uma maneira muito forte estou sentindo a presença de Carlinhos aqui entre nós. É como se eu o estivesse vendo sentadinho naquela cadeira ali, participando da nossa reunião.

Marta, comovida, concordou com ele:

– Sinto a mesma coisa, Jairo. Tenho certeza de que nosso filhinho está aqui conosco.

Comentaram o texto do Evangelho e, depois, encerraram com uma prece, agradecendo o amparo do Alto e as visitas que porventura tivessem recebido naquela noite e, especialmente, a presença do filho querido.

Fizeram um lanche ligeiro e se recolheram mais cedo para dormir, continuando a sentir a mesma emoção.

Pouco depois, Jairo teve a sensação de ter passado por um sono e estar acordando. Levantou-se, olhou em torno e estranhou ao ver seu corpo deitado, adormecido. Viu o livro que estava lendo, e que escorregara de suas mãos, cair no chão. Ao seu lado, na cama, a esposa. Lembrou-se das informações que recebera e entendeu que estava desprendido em espírito, fora do veículo corpóreo. Não teve tempo, porém, de estudar a situação. Olhou para o lado direito e viu o filho parado, sorridente, se divertindo com a surpresa do pai.

– Carlinhos! Meu filho!

– Papai! Estou aqui, papai!

Aproximaram-se e trocaram um grande, um longo abraço, cheio de amor e saudade.

– Meu filho, que alegria! Bem que percebemos sua presença hoje à noite. Como você está? Está ótimo, posso ver. Mais crescido, mais bonito até.

Nesse instante, Marta, em espírito, aproxima-se também desprendida do corpo, surpresa. Entre lágrimas, abraça o filhinho com infinito amor:

– Meu filho! Meu querido filho! Quanta saudade! Deixe-me ver. Você está muito bem!

Conversam carinhosamente. Fazem perguntas e o garoto sorri:

– Estou muito bem mesmo, papai e mamãe. Estudo e aprendo bastante, como vocês. Vovó Efigênia é meu anjo bom e tem-me ensinado muito. Fico feliz com o rumo que as coisas tomaram. Vocês não imaginam quanto bem me fez se ligarem à casa espírita. Foi a vovó que se esforçou para que vocês buscassem ajuda com a tia Flora, porque minha situação aqui na espiritualidade era muito difícil. Eu estava sendo atingido pelo sofrimento de vocês. Tive várias recaídas, o que dificultou minha recuperação. Porém, tudo passou, estou bem e vocês também, isso é o que importa.

Num átimo, enquanto ouvia o filho falar, pelo pensamento de Jairo passou a idéia de que estava tudo bem, mas se não o tivesse levado ao campo nada teria acontecido e Carlinhos ainda estaria encarnado, com eles, em casa.

Passando a mão pelo braço do pai, Carlinhos considerou, mostrando que identificara o pensamento paterno:

– Paizinho, não se sinta culpado. Esqueça esses pensamentos porque ninguém teve culpa. O meu tempo tinha chegado ao fim. Eu precisava regressar à verdadeira vida. Por motivos que mais tarde saberemos, eu tinha de passar por isso. Não se sinta culpado. Tinha de acontecer.

Abraçam-se novamente. Fitando-os com muito amor, Carlinhos afirma, como que se despedindo:

– Papai! Mamãe! Continuem trabalhando e ajudando àqueles que precisam. Especialmente, se esforçando para divulgar a necessidade da paz e da fraternidade entre todas as pessoas. Vovó Efigênia contou que nós tivemos problemas em outras existências por incentivar a guerra, a violência. Agora, é o momento de reconstruir. Lembrem-se disso. Que Jesus os proteja sempre. Qualquer dia desses, eu levarei vocês para ver onde vivo. Até breve!

Carlinhos desapareceu com um aceno; Jairo e Marta acordaram no leito, debulhados em lágrimas, experimentando uma alegria intensa e indescritível, como nunca tinham sentido. Olharam um para o outro, e perceberam que ambos estavam se recordando de tudo o que tinha acontecido naquela noite memorável. Abraçaram-se e ficaram assim, mergulhados nas lembranças, sem trocar palavras desnecessárias.

Na manhã seguinte despertaram com a recordação clara do encontro com o filho querido, porém não conseguiram reter integralmente o teor da conversa que tiveram. Todavia, Jairo acordou com a convicção de que precisavam fazer alguma coisa para melhorar a sociedade.

Durante o café-da-manhã, comentaram sobre o encontro com Carlinhos, mantendo a mesma alegria e otimismo. Jairo, pensativo, falou para a esposa:

– Marta, depois de tudo o que aprendemos, das circunstâncias em que ocorreu a desencarnação de nosso filho, sinto que precisamos começar a conscientizar as pessoas da necessidade da paz. No íntimo, sinto que este é o desejo de nosso filho.

– Também penso assim, querido. No fundo, já trabalhamos nesse sentido, quando ajudamos crianças e jovens a vencer os vícios, quando orientamos as famílias a educar seus filhos com base nos preceitos evangélicos.

– Concordo com você. No entanto, sinto que nossa ação tem de ser mais direcionada por meio de palestras em escolas, em grupos da periferia, em clubes de mães e, também, aglutinando os jovens por meio do esporte, do lazer, da dança, da música e das artes de modo geral. É preciso dar-lhes também uma profissão, em que terão a oportunidade de ganhar seu próprio sustento, e crescer como pessoa. Estou com a cabeça repleta de idéias! É como se elas surgissem de repente, impulsionando-me para a frente, para o trabalho. Será importante criarmos um grupo de apoio e, para isso, teremos de contar com a Flora, o Ronaldo e com o pessoal da casa espírita.

O entusiasmo de Jairo era contagiante. Continuaram conversando. Na espiritualidade, Carlinhos, vovó Efigênia e outros amigos ali estavam satisfeitos e sorridentes. Com os pensamentos elevados ao Alto, agradeceram a Deus a nova oportunidade de trabalho que surgia e que seriam as sementes de bênçãos futuras.

❖

Diante das adversidades, dos problemas e dos obstáculos que a vida nos apresenta, gerando não raro tristezas, amarguras, dores e sofrimentos acerbos, busquemos o Pai Maior, sabendo que Ele deseja sempre o bem de seus filhos e procuremos analisar e entender o que essa situação significa para nosso crescimento espiritual.

Se acreditamos que Deus é perfeição infinita, não podemos concebê-lo sem a totalidade de seus atributos, ou pelo menos, aqueles que já temos condições de identificar, isto é, Deus é eterno, infinito, imutável, imaterial, único, onipotente, soberanamente justo e bom[14]. Se Deus é perfeito, tudo o que Ele faz é correto e está sujeito a leis naturais e imutáveis, porque provenientes do Criador. Então, tudo o que acontece se submete à Lei de Ação e Reação que vigora no universo.

Cristo ensinou que cada um receberá de acordo com as próprias obras. Plantando, colheremos. As sementes que lançarmos à terra do nosso coração produzirão as bênçãos ou os malefícios correspondentes às nossas ações.

A Doutrina Espírita nos ensina que nossas aflições podem ser de duas espécies: relativas à existência atual ou às existências anteriores. Quando não encontramos razões para nosso sofrimento na

14. *O Livro dos Espíritos*, Allan Kardec, questão 13, Petit Editora.

vida presente, é porque elas se vinculam a encarnação anterior, caso contrário Deus não seria justo.

Desse modo, podemos entender a importância do conhecimento espírita, que nos aclara a mente e dilata os horizontes. Compreendemos, então, a necessidade de observar a lei, admitindo nossos erros e entendendo que somente a reparação poderá nos libertar do sofrimento. Assim, os desafios da existência são oportunidades que o Senhor nos concede para aprendizado e elevação, permitindo-nos também refazer relacionamentos afetivos danificados pela mágoa, pelo rancor ou pelo ódio.

Somente a vivência dos postulados cristãos mostrará que, intimamente, já incorporamos os ensinamentos morais evangélicos. E, somente estando em paz com nós mesmos é que poderemos auxiliar a sociedade em que vivemos, repassando, com nossos exemplos, a verdadeira paz e tranqüilidade para todos os que convivem conosco. Começando no ambiente familiar, pela melhoria das relações com os entes queridos; pelo exercício da paciência, da tolerância e do diálogo amigável, tornando a vida de todos mais agradável e carinhosa, modificando o tônus vibratório do nosso lar e gerando o conseqüente bem-estar de todo o grupo. Do ambiente doméstico, passaremos a entender e a respeitar os vizinhos, os colegas de trabalho, os transeuntes das ruas, os outros motoristas no trânsito, e em todos os lugares onde nós formos chamados a colaborar, inclusive na casa espírita. Nela nos portaremos como cristãos e espíritas que temos a honra de nos considerar.

O exercício da fraternidade, da solidariedade e do amor, como Jesus exemplificou, fará com que o ambiente a nosso redor se transforme, gerando emanações de luz. As bênçãos se espalharão e, por nosso exemplo, seremos agentes de mudança da sociedade em que vivemos, modificando os grupos dos quais façamos parte e estendendo, por meio das nossas vibrações, a paz e o amor entre todas as pessoas.

Somente assim nossa sociedade poderá se transformar para melhor, e nós viveremos num mundo mais pacífico, fraterno e igualitário.

Para que isso ocorra, entretanto, é imprescindível que cada um faça a sua parte. *"O servo que souber da vontade do seu amo e que, entretanto, não estiver pronto e não fizer o que dele queira o amo, será rudemente castigado. Mas aquele que não tenha sabido da sua vontade e fizer coisas dignas de castigo menos punido será. Muito se pedirá àquele a quem muito se houver dado e maiores contas serão tomadas àquele a quem mais coisas se haja confiado"*[15], assevera Jesus, alertando-nos para a responsabilidade que assumimos perante o conhecimento adquirido e as conseqüências geradas por nossos pensamentos, palavras e atos.

A sabedoria divina tem nos envolvido com bênçãos sem fim, tornando-nos a existência mais fácil, protegendo-nos das dificuldades, aparando-nos os problemas, fortalecendo-nos em momentos de aflição, consolando-nos nas horas de sofrimento. Todavia, essas dádivas têm um preço. Deus nos ajuda para que, por nossa vez, possamos ajudar a outros que necessitam mais. Assim como recebemos, temos de aprender a doar de nós mesmos.

É dessa forma que a humanidade cresce, amadurece e se aperfeiçoa... pelos esforços daqueles que mais têm em conhecimento, criatividade, elevação moral, e que servem de parâmetros para os que vêm atrás. Por essa razão, em todas as épocas, Deus sempre enviou missionários à Terra, que pudessem servir de modelo à população, ajudando-a na absorção de conceitos mais elevados e proporcionando novos saltos para o progresso. Jesus Cristo foi o mais elevado espírito que veio ao planeta trazer as leis de Deus, a benefício da humanidade.

Na atualidade, pelas bênçãos da Doutrina Espírita e das informações dos espíritos superiores, que Allan Kardec codificou, possuímos condições de transformar a sociedade. Basta que o desejemos e nos esforcemos para isso.

Todos nós estamos sendo chamados a colaborar, executando nossa parte e disseminando os valores do Evangelho de Jesus e as importantes revelações que o Consolador Prometido trouxe à Terra.

---

15. Lucas, 12: 47 e 48.

Nosso planeta, no futuro, será um mundo de paz, sem violência, agressividade, maldade, sem miséria, sem doenças. Onde cada um se preocupará com o próximo, de modo que nada lhe falte, e onde o amor direcionará nossas atitudes para o bem.

Pense nisso.

capítulo 13

Momentos de decisão

"O aborto provocado é um crime, qualquer que seja a época da concepção?"
"Há sempre crime quando se transgride a Lei de Deus. A mãe, ou qualquer outra pessoa, cometerá sempre um crime ao tirar a vida de uma criança antes do seu nascimento, porque é impedir a alma de suportar as provas das quais o corpo devia ser o instrumento."

(*O Livro dos Espíritos*, Allan Kardec, questão 358)

Caminhando pelas ruas, Marina observava os edifícios. O local era o pior possível: ruas feias, sujas, construções velhas e prédios pichados, caindo aos pedaços. Olhou novamente o pequeno papel amassado que tinha nas mãos e confirmou o endereço: Rua Santa Marta, 225. Por onde passava, porém, não havia nenhuma placa ou indicação com o nome das ruas. Pediu ajuda a um moço, que a informou:

– Siga reto e, na terceira travessa, vire à direita e já estará na rua que procura.

Marina estava tão nervosa que nem se lembrou de agradecer a gentileza do rapaz. Apressou o passo e, em dez minutos estava defronte ao número. Parou. Era um sobrado velho e de pintura indefinível. Não havia placa na porta. Mas o endereço estava certo, era aquele mesmo. Enchendo-se de coragem, entrou.

Na sala, escura e abafada, a secretária atendia de má vontade, mascando chicletes. Aproximou-se do balcão.

– Sou Marina Cintra e tenho hora marcada com o doutor Adelmo.

– Todas aqui têm a mesma hora marcada, moça. O atendimento é pela ordem de chegada.

– Quanto devo pagar?

A atendente disse o valor, que Marina não discutiu. Qualquer que fosse o preço, ela pagaria. Estava preparada.

– Há muita demora?

– E isso importa? Vai demorar, sim. Sente-se e espere. A próxima!

Diante do pouco caso da arrogante secretária, Marina achou melhor não dizer mais nada. Procurou um lugar vago e sentou-se, apesar da repugnância que lhe causou o sofá sujo, malcheiroso e esburacado. Sempre tinha primado pela limpeza e aquele lugar deixava-a horrorizada.

Olhou em torno. Contou mentalmente: seis mulheres aguardavam naquela sala, fora ela. Todas eram jovens; duas mal tinham entrado na adolescência. Só então se deu conta de que em todos os olhares havia o mesmo desespero, o mesmo medo, a mesma ansiedade. Entendeu perfeitamente a intenção da secretária quando disse *e isso importa?*. Ela não ignorava que cada uma das infelizes que estava ali tinha urgência em resolver seu problema, e não sairia sem solucioná-lo.

Pegou os restos de uma antiga revista de páginas desfolhadas e tentou fixar-se na leitura, já que teria de esperar. A sala não tinha ventilação e o calor era insuportável.

Com a revista nas mãos, o pensamento vagava sem rumo e não conseguia fixar-se na leitura. Com extrema dificuldade havia se decidido pela interrupção da gravidez. Não tinha saída. O rapaz com quem ela estava se relacionando, assim que soube da novidade, desapareceu.

Seus pais jamais admitiriam uma filha em casa com um bebê sem pai e dependente deles. Marina era de uma família muito pobre e cada um cuidava de si. Quatro pessoas trabalhavam: a mãe, empregada doméstica; o pai, ajudante de pedreiro, e os dois irmãos, que nunca quiseram estudar e, na falta de coisa melhor, iam para a roça como bóias-frias; isso quando havia serviço. E mesmo com todos trabalhando a renda familiar era insignificante, pois recebiam uma miséria no final do mês. Sendo a caçula e mimada pelos demais, só ela havia estudado, o que a colocava num nível diferente dentro da família. Seus amigos eram todos da classe média, e talvez essa fosse a causa de seus problemas.

Para poder sair com as colegas e freqüentar lugares melhores, tivera de "se virar". Todos diziam que ela era bonita, elegante, atraente, e resolveu tirar partido disso. Se Deus havia lhe dado aquele corpo bem-feito e aquele rostinho bonito, era deles que iria tirar seu sustento. Passou a trabalhar, então, como "garota de programa", procurando manter o máximo sigilo. Ninguém poderia desconfiar. Na cidade grande, onde ninguém se conhecia, isso era coisa fácil, e ela era cuidadosa em ficar sempre bem distante do bairro pobre onde morava.

Desde que tinha entrado nessa vida dupla, sempre soube se cuidar e nunca tivera problemas. No entanto, quando apareceu Adriano, rapaz charmoso e simpático, deixou-se envolver sentimentalmente e descuidou-se. Estavam juntos havia quatro meses quando percebeu que estava grávida.

O que fazer? Tentou falar com o namorado, mas ele não quis nem saber. Ficou irritado e alegou com frieza: como pode afirmar que esse filho é meu, Marina? Pode ser de qualquer outro!

Sentiu profunda mágoa e humilhação. Desde que eles estavam juntos, ela só fora dele, de ninguém mais. Pensava que Adriano a amasse, porém percebia, tarde demais, que ele apenas tinha se aproveitado dela. E a família? Como contar aos pais que estava grávida? Justo ela que só estudava, por quem os pais e os irmãos tinham se matado de trabalhar para dar melhores condições de vida? O bebê seria mais uma boca para alimentar naquela casa. Além disso, seus irmãos eram bons, mas violentos. Se soubessem, lhe dariam uma grande surra e não descansariam enquanto não acabassem com Adriano. E ela? Como manter seu padrão de vida? Como comprar as roupas, os sapatos, os produtos de maquiagem que estava habituada a ter? Sempre que chegava com algo novo em casa, alegava ser presente de amigas ricas, e todos na família acreditavam.

Marina respirou fundo. Diante desses pensamentos, um suspiro abafado saiu-lhe do peito opresso. Lembrou-se da vida que se acostumara a levar: bons restaurantes, lanchonetes finas, comida e bebida da melhor. Tudo isso fatalmente acabaria, caso essa gravidez prosseguisse, e ela se habituara a viver assim. Não, não podia permitir. Pensou bastante e decidiu. Faria o aborto.

Para isso, começou a buscar informações com as colegas de ofício e descobriu esse endereço onde estava agora. Por mais alguns dias prosseguiu aceitando convites para "programas", e juntou uma boa quantia que iria precisar, tanto para pagar o *serviço* quanto para sua recuperação, remédios etc.

Preparou tudo. Depois que marcou hora no médico, avisou a família de que havia sido convidada por Natália, uma amiga, para um passeio; iriam para uma fazenda, distante uns 50 quilômetros da cidade. Que não se preocupassem, ela ficaria bem. Iriam acompanhadas pelos pais de Natália, e, como se tratasse de um final de semana prolongado, só voltariam na segunda-feira. Depois, reservou vaga numa pensão, em bairro distante para não ser reconhecida e deixou tudo certo, pagando adiantado.

Na véspera da pretensa viagem, arrumou sua bagagem, uma mochila pequena na qual colocou algumas peças de roupas e, no dia seguinte, despediu-se dos pais e dos irmãos, ouvindo mil recomendações.

Saiu de casa levando tudo. Dirigiu-se primeiramente à pensão, deixando a mochila no quarto; depois, foi para a clínica médica, cujo endereço tinha em mãos.

E agora ali estava ela, aguardando a sua vez. Observando o movimento, estranhou que as pacientes entravam, mas não saíam pela mesma porta. Deduziu que deveria ter uma outra saída dando para a rua.

A seu lado, uma mocinha, que deveria ter no máximo 13 anos, mostrava-se apavorada. Extremamente agitada e nervosa, esfregava as mãos. Vez por outra, enxugava discretamente uma lágrima. Marina se condoeu da situação da menina e puxou conversa com ela.

– Como demora, não é? Você está com medo?

A menina balançou a cabeça afirmativamente.

– Como é seu nome?

– Vanessa.

– Lindo nome, Vanessa. O meu é Marina. Quer conversar comigo? Talvez desabafar lhe faça bem.

A menina, de cabeça baixa, contou que seu padrasto abusava sexualmente dela todos os dias. Horrorizada, Marina indagou:

– E sua mãe sabe?

– Não. Nunca contei a ela.

– Por que, Vanessa? Ela é a única pessoa que pode ajudá-la!

– Minha mãe gosta muito desse homem e ele ameaçou-me, dizendo que, se contasse, ele jogaria a culpa sobre mim. E agora que engravidei, ele me deu dinheiro para fazer o aborto. Não quer que minha mãe perceba. Afinal, é ela que trabalha e sustenta a casa. Ele é um malandro que só vive pelos bares.

Marina estava perplexa. Notou que existiam problemas piores do que os seus. Vanessa parou de falar, continuando de cabeça baixa. Marina sentiu vontade de animá-la, de dar-lhe algum consolo, mas não sabia o que dizer. Afinal, ela também estava em situação semelhante.

Naquele instante, Marina sentiu vontade de pensar em Deus, pedindo ajuda para aquela menina, quase uma criança que estava ali, apavorada, sem ninguém da família para socorrê-la.

A emissão do seu pensamento foi suficiente para que nós, da espiritualidade, alertados para o que estava acontecendo, pudéssemos agir, procurando evitar um mal maior, isto é, que os crimes se perpetrassem naquela casa.

Aproximamo-nos, envolvendo Marina em emanações benéficas e tranqüilizantes, para que mantivesse a serenidade e a confiança em Deus. Ato contínuo, sugerimos que ela saísse da sala sufocante para respirar ar puro lá fora. E ela o fez, convidando Vanessa a acompanhá-la.

Marina e a companheira estavam havia cerca de quinze minutos na calçada conversando, quando chamamos sua atenção para uma das pacientes que saía por uma porta secundária, que dava para o quintal da casa. A adolescente tinha um aspecto abatido e lágrimas desciam pelo seu rosto. Amparada por uma mulher de branco, mal conseguia caminhar, praticamente sendo arrastada para um carro que aguardava ali perto. Da cintura para baixo, especialmente na região das coxas, suas roupas estavam sujas de sangue. Certamente estava tendo uma hemorragia.

Ao ver as duas moças na calçada, a paciente lançou um olhar aflito, mas cheio de compaixão, como se dissesse: *Não façam isso que eu fiz! Vejam como estou!*

Marina tentou aproximar-se dela, mas a mulher de branco, sua acompanhante, não deixou, dizendo com voz ríspida, mas não isenta de preocupação:

– Deixem-na. Ela precisa ir embora imediatamente.

Marina trocou um olhar com Vanessa. Com certeza, algo dera errado. A moça corria risco de morte, sem dúvida.

Naquele instante, envolvidas por nós, ambas sentaram-se no meio-fio e puseram-se a conversar. Não queriam arriscar a vida, não valia a pena. Mas o que fazer?

Marina, mais velha e mais experiente, rapidamente, amparada pela nossa equipe que a intuía, decidiu:

– Vanessa, nós não podemos fazer o aborto. Esse lugar é um açougue!

– Também sinto isso. E agora? Quanto a você não sei, mas eu não posso voltar para casa grávida. E, além disso, todo o dinheiro que eu tinha usei para pagar esse serviço.

– Resolveremos isso depois. Agora, venha comigo. Já sei o que fazer.

Entraram e se aproximaram do balcão. Marina, resoluta e fortalecida pela nossa presença, ordenou à secretária:

– Devolva nosso dinheiro. Não desejamos mais o atendimento.

Com ar arrogante, a secretária retrucou:

– Impossível. Já pagaram. Se não quiserem o serviço é problema de vocês, mas não posso devolver o dinheiro. Tenho ordens expressas do doutor.

Marina agarrou o braço da antipática atendente e ameaçou:

– Devolva nosso dinheiro ou chamo a polícia. Tenho certeza de que os policiais ficarão muito satisfeitos ao descobrir esta pocilga. Escolha. E rápido, porque não temos tempo a perder.

Ao ouvir falar na polícia, a arrogante atendente pôs-se a tremer de medo. Abriu a gaveta, pegou o dinheiro e entregou nas mãos de ambas.

– Calma! Está bem! Está bem! Não precisa brigar. Pode levar. Está tudo aqui.

Vanessa e Marina saíram da clínica de cabeça erguida. Antes, porém, Marina ainda virou-se para as pacientes que aguardavam e alertou:

– Acho melhor vocês não entrarem nesse consultório. Há pouco saiu daqui uma paciente muito mal. Esse lugar não é uma clínica, é um matadouro.

Mas as mulheres que ali estavam já conheciam a clínica e os serviços oferecidos e, mesmo arriscando a vida, preferiram permanecer.

Algo decepcionada, Marina fez um gesto largo com os braços, olhando para sua companheira, como se dissesse: *Bem, tentamos.*

Depois, voltando-se para as demais, desejou:

– Boa sorte!

Fora da clínica, andaram apressadas, desejando colocar a máxima distância entre elas e aquele lugar horrível. Ao chegar a uma praça, sentaram-se num banco para descansar um pouco. Estavam ofegantes. Vanessa, preocupada, perguntou:

– E agora, Marina? Conseguimos evitar o pior, e temos nosso dinheiro de volta, mas o que faremos? Nosso problema continua!

A outra, mais tranqüila, que intuitivamente sabia o que fazer, afirmou:

– Não se inquiete, Vanessa. Como você disse, agora temos o dinheiro que iria para os bolsos daquele médico. Venha comigo. Sei para onde podemos ir.

Pegaram um ônibus e em meia hora estavam na pensão. Marina pagou outra vaga para Vanessa e ficaram no mesmo quarto.

– Você mora aqui, Marina?

– Não, claro que não. Aluguei este cômodo para poder me recuperar após o *serviço*. Minha família pensa que estou viajando com uma amiga.

Estavam cansadas e deitaram para repousar, uma ao lado da outra. Enquanto descansavam, aproveitavam para conversar. Marina contou à Vanessa a sua história. Quando terminou, a outra suspirou:

– Gostaria de estar no seu lugar. Você pelo menos tem pais que a amam, irmãos... Se eu tivesse irmãos como você, nada disso teria me acontecido, Marina.

– Talvez não, Vanessa. Porém, você tem mãe e ela deve amá-la muito. Acho que deveria ter confiado mais em sua mãe e contado os abusos que tem sofrido.

– Pode ser. Não sei o que vai ser da minha vida agora...

– Fique calma. Tenho a íntima convicção de que tudo vai dar certo, pode crer.

– Invejo você, Marina. Parece tão segura de si, tão resolvida. Enfrenta tudo.

Marina levantou um pouco o corpo para olhar a outra.

– Você se engana, Vanessa. Sempre fui insegura. Também estou surpresa com meu comportamento. De repente, sinto-me forte, confiante e amparada, como se soubesse o que devo fazer!

– Fala sério? E quando houve essa mudança?

Marina pensou um pouco, puxando pela memória.

– Interessante. Parece que foi quando fiquei preocupada com você, que estava a meu lado, aflita e nervosa. Senti imensa compaixão por você e enorme desejo de ajudá-la. Até pensei em Deus – coisa que raramente faço –, pedindo que a amparasse.

– Verdade? E depois?

– Depois, as idéias começaram a vir a minha cabeça. Até a vontade de sair da sala parece que foi sugerida por alguém. Ouvi a voz suave de um rapaz e obedeci. Não é estranho?

– Estranho e providencial! Não fosse isso e ainda estaríamos lá naquele chiqueiro. Mas já ouvi falar dessas coisas. Tenho uma tia que é espírita e ela vê e ouve as almas daqueles que já morreram. Acho que é isso o que aconteceu com você. Ela diz que todo pensamento bom encontra ressonância na espiritualidade e nossa prece é atendida por amigos espirituais, pelo anjo da guarda, pelo santo da nossa preferência, enfim, por quem puder atender. Creio que foi isso o que aconteceu com você. Preocupando-se comigo, você deu oportunidade para que amigos do além ajudassem a mim e a você.

– É mesmo? Faz sentido.

Continuaram conversando até que, aos poucos, um sono benéfico passou a envolvê-las. Havia sido um dia difícil e precisavam repor as energias.

capítulo 14

Nuvens que se dissolvem

"Quando alguma coisa feliz nos acontece, é a nosso Espírito protetor que devemos agradecer?"
"Agradecei a Deus, sem cuja permissão nada se faz; depois, aos bons Espíritos, que são seus agentes."

(*O Livro dos Espíritos*, Allan Kardec, questão 535)

Marina e Vanessa estavam tão cansadas que dormiram a tarde toda.

Despertaram ao cair da noite e, após tomarem um banho, já refeitas, foram jantar. A refeição não era lá essas coisas, mas comeram com vontade. Estavam famintas.

Depois, voltaram para o quarto e retomaram o diálogo. Imprescindível decidir o que fazer. Como Marina tivesse tempo, uma vez que, para todos os efeitos estava viajando, o mais urgente era resolver o problema de Vanessa.

Após refletir um pouco, Marina perguntou:

– Vanessa, você tem alguém em quem possa confiar? Uma pessoa com quem poderia contar num momento de dificuldade?

A outra pensou um pouco e respondeu:

– Tenho uma tia, irmã de minha mãe, com quem sempre me dei muito bem. Acho que posso confiar nela. Por quê?

– Ótimo! E se falássemos com ela?

– Contar da minha gravidez? Nem pensar! – retrucou a outra, taxativa.

– Vanessa, nós temos de começar de algum ponto! Acho que ela precisa saber não apenas a respeito da gravidez, mas sobre toda a sua história.

Vanessa ficou pensativa por alguns instantes, depois considerou:

– O fato é que minha mãe a ouve muito. Talvez você tenha razão; pode dar certo. Além disso, talvez seja minha única opção.

– Muito bem. Você sabe o número do telefone dela?

– Sei.

– Então, o que estamos esperando? Vamos telefonar para sua tia. Tem um orelhão logo ali, na esquina.

Rapidamente saíram da pensão e se dirigiram ao telefone público. Vanessa discou, e logo uma voz de mulher atendeu.

– Oi, tia Amélia. É a Vanessa.

– Olá, querida! Estou com saudades! Como vai?

A garota titubeou um pouco, escolhendo as palavras para responder.

– Não muito bem... Preciso falar com a senhora o mais rápido possível.

– Ótimo! Estava mesmo pensando em ir amanhã à sua casa.

– Não, não, tia Amélia. Em casa não. Encontre-me na... na...

Marina pensou rápido, e assoprou o nome de uma lanchonete conhecida.

– Encontre-me na Lanchonete Recanto, no centro da cidade. Sabe onde fica?

– Sei. Quando?

– Amanhã cedo, às nove horas. Pode ser?

– Sem dúvida. Mas... aconteceu alguma coisa?

– Amanhã conversaremos, tia Amélia. Posso pedir-lhe mais um favor?

– Claro, querida, pode dizer. O que deseja?

– Que não conte a ninguém que falou comigo. Nem à mamãe.

– *Nem à sua mãe?* – indagou, preocupada.

– Especialmente a ela – respondeu a sobrinha com firmeza.

– Está bem. Fique tranqüila, Vanessa, ninguém ficará sabendo.

– Obrigada. Sabia que poderia contar com a senhora. Um beijo, tia Amélia. Até amanhã.

No dia seguinte, as novas amigas tomaram café e se dirigiram até o ponto de ônibus. Vanessa estranhou o fato de Marina ter marcado o encontro tão longe de onde estavam hospedadas, mas a outra, mais viva, explicou:

– Por enquanto, é bom ninguém saber onde estamos. E se sua tia não quiser nos ajudar e contar onde você está? Melhor prevenir.

– Você não a conhece e não confia nela. Mas verá que está errada. Minha tia é muito boa. Se ela prometeu que não contaria a ninguém, não contará.

– Bem, nunca se sabe. Afinal, ela e sua mãe são irmãs!

Chegaram mais cedo ao local combinado, acomodaram-se e pediram um pingado. A lanchonete estava quase deserta àquele horário.

Dez minutos depois, Amélia chegou. Era uma simpática senhora de uns 50 anos, bem vestida e fisionomia afável. Aproximou-se da mesa, sorridente, espalhando delicioso perfume de flores:

– Como vai, Vanessa?

– Apesar de tudo, vou bem, tia Amélia. Esta é Marina, uma amiga.

Aquele *apesar de tudo* preocupou ainda mais a recém-chegada. Trocaram cumprimentos e se acomodaram. Após pedir um café, Amélia perguntou:

– Estou curiosa, Vanessa. O que está acontecendo? Por que quis conversar comigo longe de sua casa?

Algo temerosa, gaguejando, Vanessa começou a falar:

– Tia Amélia, eu não dormi em casa esta noite.

– Eu sei. Sua mãe me telefonou, aflita. Queria saber se você estava em minha casa.

– A senhora contou que falou comigo? – indagou a menina, trêmula.

– Não, claro que não. Como percebi sua voz bastante tensa ao telefone, deduzi que tinha acontecido alguma coisa e não disse nada, aguardando nossa conversa de hoje. Mas agora preciso saber. O que houve? Você e sua mãe brigaram?

– Não, não brigamos. Vou explicar tudo, tia Amélia. É uma longa história.

Fez uma pausa, respirou fundo e, ganhando coragem, começou a falar:

– Desde que aquele homem entrou em nossa casa, tudo mudou. A senhora sabe como minha mãe é louca por ele. Não admite que se diga nada contra aquele safado. Estou numa situação muito difícil, quero abrir meu coração, porém nem sei como lhe dizer...

Nesse ponto, ela começou a chorar e não conseguiu continuar. Marina resolveu a situação, tomando a dianteira:

– A verdade, dona Amélia, é que Vanessa tem sofrido muito. Vou direta ao ponto: o padrasto tem abusado dela sexualmente todos os dias.

– Não é possível! – exclamou a senhora, com olhos arregalados, perplexa.

– Contudo, é a mais pura verdade. E tanto é possível que ele engravidou Vanessa.

Atônita, a tia olhou para a sobrinha, incapaz de acreditar naquela monstruosidade, enquanto uma palidez marmórea invadia-lhe o rosto:

– Vanessa, você está grávida?

A garota recomeçou a chorar, concordando com um gesto de cabeça. Marina prosseguiu:

– E tem mais. Quando Vanessa falou ao padrasto sobre o problema, ele deu-lhe dinheiro para fazer um aborto. Mas vou lhe contar tudo...

Diante da estarrecida senhora, Marina relatou o encontro que teve com Vanessa na clínica e falou sobre a decisão de ambas de não se submeterem ao atendimento daquele médico. Quando terminou, Amélia estava ainda mais perplexa. Todavia, precisava de uma confirmação desses absurdos da boca da própria sobrinha:

– Tudo isso é verdade, Vanessa? E sua mãe, por que não lhe contou?

Levantando a cabeça, a garota limpou as lágrimas e explicou com expressão de profunda tristeza:

– A senhora conhece mamãe melhor do que ninguém, tia Amélia. Sabe bem como ela é. Em relação àquele homem, mamãe é completamente cega, surda e muda. Todas as vezes que tentei fazê-la enxergar o comportamento dele, foi em vão, não me deu crédito. Além disso, João ameaçou dizer à minha mãe que era eu que dava em cima dele. Ele tem uma arma, e ameaçou até me matar se eu abrisse a boca.

– Que absurdo! O que pretende fazer agora, Vanessa?

– Não sei, tia Amélia. Achei que a senhora talvez pudesse, de alguma forma, me ajudar a resolver.

Amélia, já readquirindo o controle das emoções, tirou da bolsa um lencinho de papel e entregou-o à sobrinha lavada em lágrimas. Depois, assumindo o lado prático, perguntou:

– Bem. Onde você dormiu essa noite, Vanessa?

– Numa pensão, junto com Marina.

A senhora pensou um pouco e depois disse:

– A primeira providência será levá-la para a minha casa. Depois, decidiremos o que fazer. Chamarei sua mãe e conversaremos. Ela me escuta e me respeita, e nessa hora isso é fundamental.

Lançando um olhar para Marina, a mocinha considerou:

– A senhora tem razão, tia Amélia. No entanto, ficaria mais tranqüila se encontrasse minha mãe num lugar neutro. Tenho medo de que ela não aceite a realidade e conte para o marido. Ele me mataria se soubesse que abri a boca, como me ameaçou várias vezes. Se minha mãe o colocar para fora de casa e ele perder as mordomias que tem, com certeza me matará, e eu acredito, porque aquele homem é capaz de tudo.

– Quanto a isso você tem razão, Vanessa. Também tenho certeza de que João não quer perder essas facilidades. Afinal, ficar o dia inteiro em casa sem trabalhar, ser sustentado pela mulher e ainda abusar da filha, não é para qualquer um. Porém, acho que você se engana, Vanessa, em relação à sua mãe. Ela adora você e se souber de tudo a protegerá, fique certa disso. Ponho minha mão no fogo por ela.

– Está bem. Então, vamos fazer o que a senhora sugeriu, tia Amélia. Marque com minha mãe um encontro para hoje à tarde na sua casa e conversaremos. Só faço uma exigência.

– Qual é?

– Que Marina venha conosco. A presença dela é muito importante para mim, tia Amélia. Ela tem me ajudado bastante e sinto-me segura com ela ao meu lado, apesar de só a ter conhecido ontem e em circunstâncias tão difíceis.

Marina ficou emocionada. Não imaginou que Vanessa se tivesse ligado tanto a ela a ponto de sentir-se segura a seu lado. Abraçou a amiga e considerou:

– Agradeço suas palavras, Vanessa, mas não sou tão segura como você pensa. E também tenho um problema para resolver, lembra-se?

Amélia olhou a outra e, penalizada, mentalmente considerou que Marina teria apenas alguns anos a mais que sua sobrinha. Também era uma adolescente com o mesmo grande problema nas mãos.

No carro, a caminho de casa, Amélia delicadamente indagou:

– E você, Marina, como é sua história?

A jovem relatou por alto, falando apenas do namorado que tinha desaparecido ao saber da gravidez, e da família, à qual não tinha coragem de contar a verdade.

Amélia pensou um pouco, em seguida considerou com voz serena:

– Compreendo que vocês estejam apavoradas diante da situação. Na posição de vocês, eu igualmente estaria. No entanto, acredito também que, tanto Vanessa quanto você, Marina, estão subestimando o amor de seus pais. Pensem nisso.

Chegaram. A casa era simples e acolhedora, cheia de plantas e de árvores. Amélia explicou à Marina que morava sozinha desde que o marido faleceu. Não tiveram filhos, e a sobrinha, na verdade, era a filha que sempre sonhara ter.

O ambiente da casa foi um bálsamo para as moças. A decoração, a música suave que tocava invadindo todos os ambientes e um agradável odor de incenso que se espalhava no ar. Tudo transpirava serenidade e bem-estar.

Depois de instalar as jovens num quarto agradável e aconchegante, Amélia telefonou para a irmã; a voz, do outro lado da linha, soou desesperada pela ausência da filha.

– Neide, fique tranqüila. Vanessa está bem. Venha tomar um café comigo à tarde e conversaremos.

A mãe de Vanessa, mais aliviada, prometeu que iria.

Depois do almoço, simples, mas muito apetitoso, Amélia sugeriu fazerem um bolo para esperar Neide, a mãe de Vanessa. Alegremente, as três ficaram na cozinha preparando o lanche.

Quando Neide chegou, sentiu um cheiro agradável de bolo recém-assado. Era uma mulher de tez clara, cabelos e olhos castanhos, miúda, magra, de traços regulares bem parecidos com os de Vanessa, e gestos nervosos e mãos trêmulas.

Recebida com alegria pela dona da casa, a irmã nem tinha colocado os pés dentro da porta e já perguntava:

– Amélia! E então, tem notícias de minha filha? Sei que tem! Estou quase louca, sem saber o que fazer! Não me deixe nessa agonia. Nem dormi a noite passada preocupada com minha filhinha.

Abraçando a recém-chegada, que falava sem parar, Amélia tranqüilizou-a:

– Acalme-se, Neide. Vanessa está aqui comigo.

Ao ouvir falar no seu nome, Vanessa entrou na sala. Ao vê-la, Neide correu ao seu encontro.

– Vanessa, minha filha! Por que fez isso com sua mãe? Desaparecer sem deixar recado, sem uma palavra, nada!

A mocinha, tímida por natureza, estava trêmula diante da mãe e não conseguia abrir a boca. Amélia, notando o constrangimento da sobrinha, interferiu:

– Neide, sente-se. Temos muito o que conversar. Você ficará sabendo de tudo.

– Tudo? Tudo o quê? O que aconteceu? Falem de uma vez! Não estão vendo meu estado, como estou nervosa? E essa moça aí, quem é? – indagou com rispidez.

Amélia abraçou a irmã, conduzindo-a ao sofá como se fosse uma criança. Depois apresentou:

– Marina é uma amiga de Vanessa. Agora, acalme-se, Neide. Tenha paciência, já vamos conversar.

Em seguida, virando-se para a sobrinha, notou-lhe os olhos arregalados de medo e condoeu-se do seu estado.

– Vanessa, querida, melhor você aguardar lá dentro com Marina enquanto falo com sua mãe, está bem?

Vanessa concordou imediatamente, aliviada e agradecida. Não queria mesmo enfrentar a mãe. Preferia que a tia contasse tudo para ela.

Depois que as jovens saíram, Amélia começou a falar:

– Neide, existe muita coisa que está acontecendo debaixo do seu nariz e que você ignora.

– Pode falar. Estou ouvindo.

– Tem a ver com seu marido.

Neide quase deu um pulo, assustada:

– João? O que o João tem a ver com isso?

– Tudo. Vou lhe contar.

Procurando elevar o pensamento ao Alto para obter ajuda, Amélia começou a falar, medindo bem as palavras. Quando terminou, Neide estava lívida, trêmula da cabeça aos pés e em lágrimas.

– Não acredito! Como você soube de tudo isso? – murmurou.

– Vanessa me contou.

– Por que ela não disse nada a mim, a mim que sou sua mãe?

– Por motivos óbvios, Neide. Você acabou de dizer que não acredita! A verdade é que sua filha é uma criança ainda e está apavorada. Temos de procurar ajudá-la da melhor maneira possível. Especialmente você, que é mãe.

– Se isso é verdade, como foi acontecer debaixo do meu teto, sem que eu percebesse, minha irmã? Não é possível!

Amélia pensou um pouco e lentamente ponderou:

– A paixão que tem por seu marido deixou-a cega, Neide. Confiou demais nesse homem. Saía para trabalhar deixando sua filha desamparada nas mãos de alguém que não conhece realmente. E ele, criatura sem princípios morais, não teve dúvidas em abusar da sua confiança.

– Não pode ser! Isso só pode ser mentira! Quero falar com ela. Ouvir da sua boca a confirmação dessa história sórdida.

– Vou chamá-la. Mas, acalme-se. Veja bem o que lhe vai dizer. Lembre-se de que ela é a vítima – alertou a irmã.

Amélia saiu por alguns instantes, voltando com Vanessa e Marina.

Neide, descontrolada, olhou para a filha com expressão grave; depois para Marina, sem conter a irritação, e perguntou à irmã, com arrogância:

– Temos que falar de coisas tão íntimas diante de uma estranha?

Vanessa, tomando as dores da amiga, retrucou incisiva:

– Essa *estranha* como a senhora diz, mamãe, foi a única pessoa que me amparou quando mais precisei. Ela fica.

– Tudo bem. Creio que hoje devo beber o cálice da amargura até o fim.

Fez uma pausa e, olhando a filha nos olhos, indagou:

– É verdade o que sua tia me contou, Vanessa?

– Sim, mamãe. A mais pura verdade.

– Por que nunca me disse nada?

– Mamãe, eu creio que está enganada... ou esquecida. Por várias vezes tentei abrir-lhe os olhos, mas a senhora não quis me ouvir.

– É verdade que está grávida e que ia fazer o aborto?

– Sim, é verdade.

– Onde arrumou o dinheiro? Essas coisas custam caro. Você roubou de minha bolsa, como fez tantas outras vezes?

Ao ouvir palavras tão duras, Vanessa teve que se controlar para não chorar. Embora tivesse os olhos úmidos, ergueu a cabeça, com altivez e dignidade, e respondeu:

– Engana-se novamente. Apesar de ser minha mãe, a senhora não me conhece, se me julga capaz de um ato como esse. Quem rouba da senhora não sou eu. É seu marido. Foi ele que me deu o dinheiro necessário para pagar o médico e fazer o aborto. Como foi ele também que me passou o endereço da clínica, uma vez que eu desconhecia completamente a existência desses lugares. A prova aqui está.

A mocinha tirou do bolso da calça jeans um papel onde havia um endereço, escrito pelo punho de João. Neide, vendo a caligrafia tão conhecida do marido, abaixou a cabeça, arrasada, chorando copiosamente.

Naquele momento, compreendeu a imensidão do seu erro, trazendo para dentro do próprio lar um homem desconhecido por quem tinha se apaixonado perdidamente. Com voz entrecortada, confessou em voz baixa:

– Reconheço que errei muito. Sabia que aquele miserável não me era fiel. Várias vezes eu tive a prova de que ele mantinha relacionamentos com mulheres do nosso bairro, vizinhas até, mas sempre lhe perdoei. Todavia, jamais o julguei capaz de abusar da minha própria filha, aquela que ele afirmava amar e considerar como sua filha também.

Nessa altura, todas tinham os olhos úmidos. Afinal, Neide levantou o olhar para Vanessa, implorando:

– Minha filha, você pode me perdoar?

A garota aproximou-se da mãe, ajoelhando-se a seu lado e abraçando-a com emoção.

– Perdôo, mamãe, perdôo. A senhora desconhecia meu sofrimento. Vamos começar uma nova vida. Só eu e a senhora. Promete?

– Prometo, minha querida. Mas, o que vou fazer agora? Você, minha filha, que criei com tanto amor, está esperando o filho de um celerado. Como suportar isso? Talvez seja melhor fazer o aborto mesmo – murmurou mais para si mesma.

Nesse momento, Amélia interferiu:

– Não, mana. Não podemos consertar um erro cometendo outro maior ainda. Quando um óvulo é fecundado, uma nova vida começa a surgir e um espírito vem habitar aquele corpo em formação. O aborto é crime perante as leis dos homens e perante as Leis Divinas. A criança não tem culpa pelo acontecido e merece nascer.

– E quanto ao João? O que vou fazer com esse miserável? Ele não aceitará sair de casa sem criar problemas.

– Seja firme, Neide. Coloque-o diante da enormidade do crime que ele praticou e expulse-o de seu lar, uma vez que a casa é sua. Se insistir em ficar ou criar dificuldades, ameace chamar a polícia. Creio que ele desaparecerá. Mesmo porque, penso até que João já é procurado pela polícia. A informação que ele tinha sobre essa clínica abortiva e o endereço pronto, à mão, indicam que já fez uso desse expediente. Talvez outros pais estejam atrás dele pelo mesmo motivo, ou outras mulheres por terem sido enganadas.

Neide balançou a cabeça, concordando:

– Amélia, como eu pude ser tão cega? Deixar minha filhinha à mercê daquele infame? Não me conformo!

Amélia ponderou com tranqüilidade:

– Minha irmã, agora é hora de reconstrução. Não pense mais no que passou. Sua filha precisa de atenções e cuidados que só você pode lhe dar. Vamos ajudar nossa querida Vanessa a superar essa etapa e, tenho certeza, o bebê será uma bênção em nossa vida.

– Tem razão, Amélia. Bem, agora vou para casa. Preciso acertar as contas com João o mais rápido possível. Vanessa ficará com você.

– Sim, minha irmã. Antes, porém, vamos fazer uma oração agradecendo a Jesus a ajuda que recebemos hoje, que permitiu esclarecer tudo da melhor maneira.

Fecharam os olhos e acompanharam mentalmente a prece singela, mas cheia de emoção, que Amélia proferiu, e da qual nós, da espiritualidade, participamos comovidos. Ao término, todas estavam sentindo grande bem-estar.

Depois, Vanessa lembrou:

– Mamãe, antes que vá embora, vamos tomar um chá com bolo que preparamos com muito carinho para recebê-la.

Tomaram lanche e o clima se desanuviou por completo. Mais tarde, Neide despediu-se da irmã, da filha, abraçando-a mais uma vez, e de Marina, agora em clima mais cordial, agradecendo tudo o que ela tinha feito por Vanessa até aquele momento.

Ao abraçar a irmã, Amélia sugeriu:

– Vá com calma e em paz, Neide. Prepare-se para conversar com João; eleve o pensamento em prece pedindo ajuda, e terá o equilíbrio necessário para enfrentar essa situação tão espinhosa. Tenho certeza de que tudo vai se resolver bem, com o amparo de Deus.

Depois que Neide saiu, elas trocaram um olhar satisfeito pelo resultado do encontro. Amélia, sorridente, considerou:

– Não disse que precisamos confiar mais nas pessoas? Graças a Deus, conseguimos dissolver as nuvens que se acumulavam sobre Vanessa, ao mesmo tempo resolvendo o problema da gravidez e da presença do famigerado João em sua vida.

Fez uma pausa, fitou com carinho a outra e afirmou:

– Agora, Marina, nós temos de pensar no seu caso.

capítulo 15

Solucionando problemas

"O mérito consiste em suportar sem lamentação as conseqüências dos males que não se podem evitar, em continuar na luta, em não se desesperar se não for bem-sucedido (...)"

(O EVANGELHO SEGUNDO O ESPIRITISMO, ALLAN KARDEC, CAP. 5, ITEM 26)

Marina permaneceu hospedada na casa de Amélia, a pedido desta, junto com Vanessa. Assim, logo na manhã seguinte a adolescente foi até a pensão, ordenou o fechamento da conta, pagou e retirou sua bagagem. Depois, já instalada no quarto que passaria a dividir com Vanessa, as três mulheres puderam conversar e estudar qual a melhor atitude a ser tomada com respeito à nova hóspede.

Chegaram à conclusão de que o mais urgente era informar a família de Marina. Amélia prontificou-se a procurar os pais dela e explicar-lhes a situação. A adolescente aceitou a medida, com a condição de a família não saber seu novo endereço, e justificou:

– Tenho medo de meus irmãos. São rapazes de coração boníssimo e me querem muito bem, porém são impulsivos e violentos.

– Não se preocupe, Marina, direi apenas o suficiente – tranqüilizou-a Amélia.

Ao entardecer, a dona da casa convidou as moças para orar. Fizeram uma prece pedindo o amparo divino para que sua tarefa fosse coroada de êxito. Antes de sair rumo ao endereço da casa de Marina, orientou as jovens para que mantivessem o pensamento elevado de forma que tudo desse certo.

Entrando no bairro humilde de periferia, sem grande dificuldade Amélia localizou o endereço que tinha em mãos pelas informações de Marina. Como todos os membros da família passavam o dia trabalhando, aquele era o melhor horário para encontrá-los em casa.

Antes de descer do carro, Amélia novamente pediu a Jesus que a orientasse, e envolveu igualmente os moradores da casa em vibrações positivas, de modo a ter as melhores condições para expor o problema sem criar obstáculos.

Percebeu luz acesa, sinal de que já haviam chegado. Bateu palmas e esperou. Não pôde deixar de notar que a casa era velha e pobre, com a pintura descascando; que a cerca necessitava de reparos; porém, apesar do aspecto de abandono da moradia, plantas viçosas alegravam e coloriam-na pela beleza das flores. Depois de alguns minutos, uma mulher de aspecto cansado e sofrido abriu a porta. Com um sorriso, Amélia cumprimentou-a:

– Boa noite! A senhora é dona Antônia?

– Isso mesmo.

– Gostaria de falar com a senhora. Meu nome é Amélia.

A mulher, que segurava a porta com o pé demonstrando certo receio, com ar de dúvida respondeu:

– Se for para vender alguma coisa dona, não tenho dinheiro.

Amélia sorriu discretamente.

– Não se preocupe. Não estou vendendo nada. Gostaria de lhe falar sobre sua filha.

– Marina? O que tem ela? Olha, se andou aprontando...

– Não, fique tranqüila. Posso entrar?

A dona da casa finalmente abriu a porta, convidando:

– Entre, dona, entre. A casa é de pobre, não repare a bagunça. Acabei de chegar do serviço agorinha mesmo.

Amélia entrou. A sala limpa e arrumada, quase sem mobiliário, tinha apenas um sofá e duas cadeiras.

A recém-chegada respirou aliviada. Pelo jeito, os irmãos ainda não tinham voltado do serviço. Melhor assim.

– Antônia, posso chamá-la assim? Afinal, temos quase a mesma idade, não é? Vim aqui para lhe falar de Marina.

– A senhora conhece minha filha?

– Conheço e gosto muito dela. É uma boa moça, simpática, muito bonita...

– E estudada. Olha, dona Amélia, aqui em casa vivemos com dificuldade e ninguém pôde freqüentar a escola direito, mas com Marina foi diferente. Fazemos questão de que ela tenha o melhor. É muito inteligente e prendada. Por isso, todos nós trabalhamos para dar um futuro melhor a ela. A senhora vê, já é noite e os *meninos* ainda nem voltaram do serviço!

– O que eles fazem?

– Trabalham na roça, são bóias-frias.

– É serviço pesado! – exclamou Amélia.

– É verdade. Mas eles não se incomodam não. Querem trabalhar e fazem questão de ajudar a irmã, pagando a escola dela.

A mãe falava com tanto orgulho dos filhos que Amélia ficou comovida. Marina era muito amada por todos, não havia dúvida. Lembrando-se da moça, do seu porte, das suas maneiras delicadas, sua elegância, das roupas boas, entendeu que ela se beneficiava do amor da família. Mas como conseguia comprar roupas de marcas como aquelas? A família era muito pobre e os recursos, escassos. Era evidente que todos se sacrificavam por ela, para dar-lhe melhores condições de vida.

Imediatamente, Amélia sentiu um carinho enorme por aquelas pessoas que nem conhecia, mas que passou a admirar.

Estava um pouco emocionada e Antônia percebeu.

– Aconteceu alguma coisa com minha filha? Ela está viajando e, a senhora sabe como é, a gente se preocupa. Ela nunca tinha viajado antes sozinha.

– Não. Marina está bem, fique tranqüila.

Fez uma pausa e, percebendo a aflição da mãe, começou a falar:

– Marina é uma boa moça, Antônia. Ela é muito jovem, ainda adolescente, tem a cabecinha cheia de sonhos, e a vida muitas vezes prega peças na gente. Bem... a verdade é que sua filha está grávida.

– Grávida? Está de barriga? Como assim? – indagou a mãe, aflita.

– Marina estava namorando um rapaz que ela amava muito e que também dizia amá-la. Sem experiência da vida, inocente, Marina confiou nele, por amor. Depois, quando ele ficou sabendo da gravidez, a abandonou, foi embora.

Antônia estava em estado de choque, sem querer acreditar no que estava ouvindo. Cobriu o rosto com as mãos, incapaz de digerir a informação. Depois, com voz sumida, perguntou:

– Onde está Marina agora? Se a conheço bem, deve estar escondida por medo da reação da família.

– Marina está em lugar seguro no momento, posso lhe garantir, Antônia. Mas correu grave risco. Vou contar-lhe tudo.

Respirando fundo, com tato e delicadeza, Amélia relatou a história toda: o medo que a filha sentira de enfrentar a família, de confessar o seu erro aos pais e aos irmãos, a decisão de livrar-se do bebê, o episódio da clínica e como Marina ajudara sua sobrinha Vanessa, mais jovem e ainda mais inexperiente do que ela.

Atônita, a pobre mãe indagou, mostrando a confiança que depositava na filha:

– Tem certeza? Mas, quando foi isso? Porque minha filha – talvez a senhora não saiba –, este final de semana foi viajar com a família de uma amiga de escola!

Procurando as palavras certas para não machucar ainda mais aquele confiante coração de mãe, Amélia considerou:

– Marina incumbiu-me de pedir o seu perdão, Antônia. Mas não é verdade que ela esteja viajando. Lamento informá-la de que Marina inventou essa história da viagem para ter tempo de fazer o aborto e de se recuperar, de modo que ninguém ficasse sabendo.

Com a cabeça entre as mãos a mãe chorou amargamente, incapaz de acreditar na realidade.

– Pobre da minha menina. Onde está ela agora?

– Fique tranqüila. Marina está comigo, e está bem. Apenas não veio por medo, o que é perfeitamente compreensível.

Naquele momento, o pai saiu do banho e entrou na sala, ao mesmo tempo em que os dois rapazes chegavam. Vendo a mãe com os olhos vermelhos e uma estranha dentro de casa, ficaram assustados. Um deles, Jesiel, o mais velho, foi logo perguntando:

– Que houve, mãe? Quem é essa mulher?

Os rapazes eram bem como Marina tinha descrito: fortes, grandes e de temperamento impulsivo. Amélia teve vontade de rir, mas não o fez porque a situação não estava para brincadeira. Apresentou-se, estendendo a mão para cumprimentá-los:

– Meu nome é Amélia. Sou amiga de Marina.

Antônia contou ao marido e aos filhos o que estava acontecendo. Eles ficaram agitados, queriam brigar. Amélia deixou que colocassem para fora toda a dor, a indignação e a revolta que estavam sentindo. Aos poucos, eles foram se acalmando.

Os rapazes desejavam saber da boca de Amélia a história toda.

Mais uma vez, ela relatou os fatos, falando do sofrimento de Marina, que era apenas uma adolescente pura e ingênua, e que depois de confiar cegamente no rapaz, fora abandonada por ele. Contou-lhes como ela tinha ajudado sua sobrinha de apenas 13 anos, nas mesmas condições, e como ficaram amigas.

A ira dos rapazes foi aumentando à medida que as informações chegavam.

– Eu vou matar esse cara. Ninguém desgraça minha irmã e fica vivo para contar. Quem é ele? Onde está esse verme? – indagou Jesiel, que parecia ser o mais violento.

– Não sei nem o conheço. Deve estar longe – afirmou Amélia, serena.

Fez uma pausa, analisando a reação dos rapazes. Depois, ponderou:

– O importante agora, me parece, é ajudar Marina. Ela está precisando de ajuda, de amparo, e é isso que conta. É apenas uma menina assustada, confia em vocês e precisa do amor da família. O resto não interessa.

Amélia percebeu que suas palavras tinham surtido o efeito desejado, que tinha conseguido tocar o coração de todos. Concluiu:

– Posso assegurar-lhes que Marina está muito triste com essa situação, sente muita saudade de todos e da casa. Ela os ama imensamente.

Foi a gota d´água que faltava. Imediatamente, Jairo, o mais novo dos irmãos, perguntou comovido:

– Onde está ela? Queremos vê-la!

– O lugar de Marina é aqui com a gente. Nós vamos tomar conta dela. Podemos buscá-la? – indagou Jesiel.

Sorridente, Amélia sugeriu:

– Fico feliz que pensem assim. Podem buscá-la sem problema. Contudo, se vocês preferirem, posso trazê-la. Estou de carro e será um prazer acompanhá-la até seu lar e entregá-la a vocês, que tanto a amam.

A família aceitou sem problemas a sugestão.

– Então, amanhã logo cedo trarei Marina. Acreditem, ela ficará muito feliz ao saber que vocês lhe perdoam e a querem de volta – confirmou Amélia.

A senhora despediu-se. O ambiente agora era bem diverso. Os rapazes tinham os olhos mansos e meigos como os de crianças. Sem dúvida eles eram bondosos como a irmã afirmara, no entanto, também impulsivos e temperamentais.

Ao retornar, Amélia informou o resultado da missão para as jovens, que ficaram aliviadas pelo bom êxito obtido. Vanessa, apesar de contente pela amiga, lamentou separar-se de Marina, à qual tinha se apegado bastante.

Na manhã seguinte, após arrumar a mochila, Amélia e Vanessa levaram Marina para sua casa. Com surpresa, viram que toda a família estava reunida para esperá-la. Ninguém tinha ido trabalhar naquele dia!

O encontro de Marina com a família foi comovente. Todos choravam de emoção por tê-la novamente em casa com eles. Ao se despedirem, Marina percebeu que Vanessa estava tristonha, embora procurasse disfarçar. Com carinho, ela abraçou a amiga e afirmou:

– Vanessa, agora que somos amigas, nada vai nos separar. Poderei ir visitá-la e você também, sempre que quiser, poderá vir aqui, não é? Mesmo porque teremos muita coisa para conversar a respeito dos bebês, do enxoval...

– É verdade. Não posso ser egoísta e querer você só para mim. Virei mesmo, muitas vezes, pode aguardar.

Amélia e a sobrinha despediram-se da mãe, do pai e dos irmãos de Marina. A gratidão que sentiam pela ajuda daquela bondosa mulher, que até o dia anterior era uma estranha, deixava-os comovidos. Um clima de paz e de harmonia pairava no ar. Todos estavam satisfeitos e cheios de esperança no futuro.

As crianças que estavam a caminho com certeza iriam proporcionar momentos de grande felicidade para todos.

Antônia, pegando as mãos de Amélia, agradeceu sensibilizada:

– Obrigada, Amélia. Jamais poderemos pagar tudo o que fez por nossa filha e por todos nós.

– Não agradeça a mim, Antônia, mas a Jesus.

Ao deixarem a casa, Amélia e Vanessa estavam com o coração leve e um bem-estar imenso inundava-lhes o íntimo.

Sabiam que teriam ainda muitos problemas e dificuldades pela frente. Estavam, porém, no caminho certo e Deus não iria desampará-las.

❖

A Doutrina Espírita nos orienta sobre a importância da preservação da vida, considerando o aborto um crime que se comete contra outro ser, de danosas conseqüências para quem o faz.

Espíritos em evolução, ora estagiamos no planeta Terra com objetivo de aprendizado e de aprimoramento moral, como parte de um processo educativo que nos leva à perfeição e que nos concede as condições e as oportunidades imprescindíveis para alcançar nossos objetivos.

Desse modo, quando uma vida se inicia no ventre materno, não é um fato desprovido de importância. Ao contrário. Representa o retorno de um espírito que aceitou renascer naquele lar e que foi aceito por aqueles que serão seus pais. Já existe vida, portanto, e qualquer ameaça à continuidade daquela vida representa uma contravenção às leis divinas.

O que as pessoas de modo geral não entendem é que ali está não apenas um embrião que ganha aos poucos aspecto de um ser humano, mas um espírito, uma individualidade com longo trajeto realizado, que volta ao mundo terreno trazendo suas experiências; alguém que já obteve vitórias, mas que também teve muitos fracassos; que fez afetos e desafetos, prejudicou e foi prejudicado. É um espírito que retorna com uma programação de vida para a qual se preparou exaustivamente, comprometendo-se, perante si mesmo e perante seus Maiores, a ser melhor, esforçando-se para aprender cada vez mais, reparar os erros cometidos no passado, ajudar aqueles a quem prejudicou e perdoar àqueles que o prejudicaram.

Com certeza, encontrará dificuldades pelo caminho. Até na própria família, uma vez que Deus colocará o reencarnante perto das pessoas com as quais precisará se reajustar. Poderá enfrentar rejeição da própria mãe, mas o desejo de vencer o ajudará a continuar preso ao feto. Em virtude do campo energético de um e de outro estarem mais próximos, as vibrações misturadas poderão interferir na gestação. A mãe enfrentará sintomas diversos como mal-estar, náuseas, desejo de chorar e muitos outros, porque é um outro ser que ali está grudado nela, uma outra individualidade, que chega trazendo suas emanações mentais, seus sentimentos, sua alegria ou sua tristeza. Natural que a mãezinha sinta o reflexo de tudo isso, uma vez que a convivência é a mais estreita possível, mas o feto também experimentará essas dificuldades, especialmente se sentir rejeição por parte da futura mãe.

Desse modo, imprescindível a maior boa vontade de parte a parte, para vencer esses empecilhos naturais no início da gestação. Aos poucos, à medida que seus laços com o corpo físico se intensificam, o espírito vai perdendo a consciência e tudo fica mais fácil, a adaptação se faz sem maiores problemas para o bebê e para a mãe, que deixa de sentir os incômodos iniciais da gravidez, passando a curtir a gestação e se preparando para a chegada do filho.

Entretanto, quando as coisas não correm bem e, apesar dos esforços da espiritualidade maior, o aborto acontece, uma sensação de tristeza e de desapontamento toma conta de ambos. Se a interrupção da gravidez se deu por motivos físicos, por exemplo uma enfermidade ou alguma falha no organismo da gestante – certamente ambos teriam de passar por essa experiência frustrada –, haverá a possibilidade de o espírito candidato à reencarnação retornar em outra oportunidade, naquela mesma família, sanado o problema.

Se porventura o aborto aconteceu por desejo e ato da própria mãe, incapaz de suportar a presença do espírito reencarnante, normalmente um inimigo do passado, as conseqüências são graves e duradouras. O candidato a filho não aceitará a rejeição, o que aumentará a distância entre ambos, predispondo-se a mãe a sérios problemas de saúde orgânica, emocional e espiritual. Inclusive, existe caso, acompanhado por nossa equipe, em que o filho – rejeitado mas desejando desesperadamente a continuidade da vida, oportunidade valiosa para ele –, no momento em que estava sendo expulso do claustro materno, agarrou-se fortemente ao corpo da mãe, tentando evitar o pior, e acabou ocasionando a ruptura de um vaso sanguíneo, provocando grave hemorragia. Dessa maneira, retornaram à espiritualidade mãe e filho, imantados um ao outro, tendo a futura mãezinha de suportar o ódio e a revolta daquele que seria seu filho, numa obsessão terrível e de longo curso.

Esse caso, ainda em andamento, só irá ter um desfecho favorável quando ambos entenderem a necessidade do perdão recíproco. Certamente, terão de retornar ao mundo terreno para, em nova encarnação, se reajustarem mutuamente, aprendendo a se amar, o que ainda não foi possível.

De qualquer maneira, mesmo que o reencarnante, em melhores condições espirituais, não lhe guarde rancor, a distonia causada pela interrupção da gravidez e a consciência da mãe não vão dar paz a ela própria, em virtude da gravíssima infração cometida contra as leis divinas. Não raro, a mulher começará a apresentar distúrbios emocionais e, pela insistência da mente criminosa em conservar pensamentos negativos, também apresentará problemas orgânicos.

Que se livrem as futuras mães de cometer tamanha insensatez se não quiserem sofrimentos acerbos sobre sua cabeça. Afirma-se na atualidade que o sexo é livre e que a mulher tem direitos sobre o seu corpo e pode fazer dele o que desejar. Todavia, desde que seja atingido o direito de outrem, cometemos um crime. Ninguém desrespeita o direito do próximo sem assumir séria responsabilidade com seu ato. Se o fato ficar impune perante as leis humanas, o mesmo não acontecerá diante das leis de Deus, que são justas, sábias e perfeitas.

Entretanto, sempre existirá uma nova oportunidade para os faltosos. Qualquer que seja o erro que tenhamos cometido, inclusive o aborto, Deus nos concederá novas ocasiões de repararmos o prejuízo que causamos ao próximo, quando teremos a bênção de nos reajustarmos perante aqueles que prejudicamos. Em encarnação futura, a mulher poderá renascer estéril, sentindo a dor de desejar ardentemente um filho e não poder gerá-lo; poderá resgatar seus erros, porém, adotando crianças órfãs, ou amparando outras, em creches, sempre necessitadas, ou ajudando famílias carentes a cuidar de seus filhos, dedicando-lhes atenção e amor.

Falamos aqui de reencarnações planejadas e acompanhadas com carinho pelo trabalho intercessório de benfeitores espirituais, quando o reencarnante faz jus a essa ajuda pela condição espiritual e serviços prestados ao próximo. Muitas vezes, porém, o espírito que necessita reencarnar não está em situação de decidir o seu futuro, muito menos de auxiliar no planejamento reencarnatório. Em virtude dos compromissos assumidos, dos erros praticados, a volta ao corpo físico lhe é imposta por Deus.

Em uma infinidade de casos, a reencarnação se dá em processos naturais, obedecendo às determinações da própria natureza – como a semente que caindo em solo fértil germina em condições adequadas –, pela vinculação do espírito à futura mãe ou ao futuro pai. Não raro, acompanhante pertinaz por processo obsessivo, gerado na afinidade moral que possibilita a sintonia vibratória, é atraído para o ventre materno, dando-se a concepção. Apesar de não haver uma programação prévia, não se creia que o espírito reencarnante seja um estranho ao casal. De alguma forma, se ele é ligado ao psiquismo do homem ou da mulher, é sinal que faz parte do passado de um ou de outro, ou de ambos, com quem tem compromissos cármicos.

Assim, diante da maternidade, que as mulheres não fujam ao seu dever, aceitando a determinação divina com coragem e boa vontade, mesmo em situações adversas. Muitas vezes, aquela criança, a princípio indesejada, é a resposta para suas necessidades de regeneração e seu esteio no futuro.

As nossas homenagens às mães que, desprovidas de recursos, sem um companheiro que lhes dê amparo, muitas delas mal entrando na adolescência, enfrentam a oposição das famílias, as dificuldades e problemas e assumem a gravidez decidindo ter o filho, com uma coragem e determinação verdadeiramente extraordinárias. Se todas as futuras mães gozam de um amparo especial, aquelas certamente terão um acréscimo de proteção do Alto para poderem levar adiante a gravidez, trazendo ao mundo mais um espírito necessitado de nova experiência na carne.

capítulo 16

Assédio sexual

"Todas as paixões têm seu princípio num sentimento ou necessidade natural. O princípio das paixões não é, portanto, um mal, uma vez que repousa sobre uma das condições providenciais de nossa existência. A paixão, propriamente dita, conforme habitualmente se entende, é o exagero de uma necessidade ou de um sentimento. Está no excesso e não na causa; e esse excesso torna-se mau quando tem por conseqüência um mal qualquer.
Toda paixão que aproxima a pessoa da natureza primitiva a afasta de sua natureza espiritual."

(*O Livro dos Espíritos*,
Allan Kardec, questão 908)

A chuva que caía desde a noite anterior continuava agora ainda mais forte. Nas ruas encharcadas, a enxurrada aumentava sempre, obrigando os transeuntes, para atravessar a via pública, a procurarem os locais em que o volume de água fosse menor.

De tempos a tempos, faíscas elétricas cortavam os ares, seguidas do barulho de trovões, assustando as pessoas. Eram nove horas da manhã, mas as luzes dos postes estavam acesas, tal a escuridão que se abatera sobre a cidade.

Encontrando uma marquise protetora, Valéria resolveu se abrigar da tempestade, visto que lhe era impossível prosseguir. O guarda-chuva mostrava-se insuficiente para protegê-la daquele verdadeiro dilúvio. Olhou para os sapatos que engraxara pouco antes, agora encharcados; para a roupa, que passara cuidadosamente e que agora estava toda molhada. Descontente, ela levou a mão aos cabelos que penteara com capricho, de onde a água escorria pelo pescoço, penetrando em sua roupa.

Faria uma triste figura chegando ao escritório daquele jeito. Sua aparência estava péssima.

Se pelo menos eu tivesse um carro!, pensou, tremendo de frio.

Agora, protegida da chuva, olhava os grossos pingos que caíam lavando as calçadas. Profunda preocupação a dominava. Sabia que estava muito atrasada para o trabalho, e o patrão, ríspido e prepotente, talvez não entendesse seus motivos, ainda mais que ele estava sempre procurando desculpas para despedir os empregados. E Valéria sabia que ele não simpatizava nada com ela. *Ou talvez simpatizasse muito*, pensou com ironia.

Respirou fundo, enquanto uma dor quase física atingia-lhe o coração. Se perdesse esse emprego, não saberia o que fazer da sua vida, já tão complicada.

Lembrou-se da família, distante. Não podia contar com ela. Seus pais residiam no Ceará, numa cidadezinha que nem aparecia no mapa, e eram muito pobres. Mauro, seu marido, homem bom e trabalhador, desempregado havia um ano e cinco meses, não podia contribuir financeiramente para a manutenção da casa, e as duas filhas, Marcela e Roberta, de quatro e cinco anos, tinham necessidades básicas que precisavam ser atendidas: alimentação, roupas, calçados, remédios e a creche, entre outras. Além disso, o aluguel (o senhorio não costumava esperar) e as contas de água, luz e telefone eram alguns itens que a afligiam sobremaneira nessa manhã chuvosa. O que fazer?

Valéria deixou que as lágrimas rolassem, aproveitando o rosto molhado pela chuva. Certamente ninguém iria notar. Cada um estava preocupado com os próprios problemas.

E não era só isso. Tudo parecia estar ruindo à sua volta. Tinha consciência de que, se aceitasse as propostas do patrão, tudo seria diferente. Repugnava-lhe, todavia, ceder aos caprichos daquele homem asqueroso e lascivo e, por isso, ele passou a mostrar-se hostil para com ela. No entanto, sua honestidade e sua honra estavam acima de tudo, e conservava-se digna e de cabeça erguida. E era exatamente isso que aquele homem não suportava.

Nesse momento, pelo movimento de pessoas que voltavam a transitar, notou que a chuva diminuíra de intensidade. Deixando também a proteção da marquise, abriu o guarda-chuva e, caminhando tão rápido quanto suas pernas o permitiam, tomou o rumo da empresa.

Ao aproximar-se do grande prédio, o coração começou a bater mais rápido. As luzes estavam todas acesas e o movimento era intenso. Tomou o elevador que a levaria ao andar onde ficava sua sala, intimamente suplicando ajuda divina. Quando o elevador parou e a porta se abriu, respirou fundo. Enchendo-se de coragem, caminhou pelos corredores da grande fábrica de confecções, deixando-se envolver pelo cheiro característico dos tecidos, das tintas e pelo barulho das máquinas que trabalhavam a pleno vapor. Dirigiu-se primeiramente à toalete, onde deixou o guarda-chuva molhado. Rapidamente se arrumou, compondo melhor a aparência; enxugou o rosto e os cabelos, prendendo-os na nuca, ajeitou a roupa e fez uma maquiagem discreta. Depois, olhando-se no espelho e considerando-se mais apresentável, dirigiu-se ao escritório.

Preparava-se para começar a trabalhar, quando ouviu uma colega sussurrar:

– Hoje a coisa está preta. *Ele* já perguntou por você, Valéria. O "homem" parece uma fera. De *carneiro* não tem nada, está mais para lobo! – comentou com ironia, fazendo um trocadilho com o nome do proprietário, José Carneiro.

Apesar da aflição, Valéria não pôde deixar de rir. A colega, sempre bem-humorada, tinha os cabelos compridos, lisos e avermelhados.

– Infelizmente, a chuva fez com que me atrasasse, Janete.

– E eu não sei? Muita gente não conseguiu chegar no horário hoje. Mesmo quem tem carro ficou preso no trânsito. Também, que dilúvio! Quer um café? Vou pegar para mim e trago para você também.

Valéria respondeu com sorriso agradecido:

– Obrigada, amiga. Estou mesmo precisando de um café bem quente.

Não quis dizer que nada havia tomado antes de sair de casa. Na verdade, havia um pouco de chá, que ela deixou para as crianças. Nesse dia, Marcela e Roberta não iriam à creche em virtude da chuva e, infelizmente, não teriam a alimentação que lá era servida, uma bênção nesses tempos de crise.

Atendeu ao telefone, tomou o café que a colega lhe trouxe, arrumou a mesa, tirou o material das gavetas e começava a trabalhar nos relatórios quando recebeu um chamado. O chefe queria falar com ela. Muniu-se de coragem, ergueu a cabeça e foi até a sala do senhor Carneiro. Bateu delicadamente, e entrou.

– O senhor mandou me chamar? – perguntou polidamente.

O homem que ali estava era troncudo, baixo, de pescoço curto e grosso enterrado nos ombros. Carneiro olhou-a de alto a baixo, com seus olhinhos apertados, e respondeu:

– A senhora atrasou-se bastante hoje, dona Valéria.

Tentando não demonstrar seus verdadeiros sentimentos em relação a ele, a funcionária respondeu:

– O senhor tem razão. Peço-lhe desculpas. Mas a chuva...

Interrompendo-a, ele não permitiu que ela continuasse:

– Desculpas, sempre desculpas. Deveria ter previsto que com a chuva, levaria mais tempo para chegar aqui e que, por isso, tinha de sair mais cedo de casa.

– Concordo com o senhor. Errei, com certeza. Mas, quando saí de casa não estava chovendo tanto e resolvi vir a pé. Esse foi meu erro. Peço-lhe mais uma vez que me perdoe, senhor Carneiro. Isso não acontecerá mais. Prometo-lhe – justificou-se, sem dizer que, na verdade, não tinha vindo de ônibus por falta de dinheiro.

Vendo-a compungida e medrosa à sua frente ele sentiu uma satisfação toda especial. Gostava de espezinhá-la e vê-la entregue em suas mãos; sentia um prazer quase físico. Considerou, porém, que por agora, era suficiente.

– Está bem, dona Valéria. Aceito suas escusas. Mas que isso não se repita. De outra vez, talvez não seja tão generoso. Pode ir.

– Obrigada, senhor. Prometo-lhe que o problema não voltará a ocorrer.

Virou-se e saiu da sala pisando firme. Ao chegar em sua mesa, desabou sobre a cadeira. Lágrimas silenciosas corriam-lhe pelo rosto.

– Como foi? – quis saber Janete, curiosa e preocupada ao ver o estado da amiga.

– Você pode imaginar. Insinuou que chego tarde constantemente e que vivo dando desculpas. Logo eu, que procuro chegar sempre antes do horário.

– Ele quer pisá-la o máximo que puder, você sabe – considerou a colega.

– Sim, eu sei. Humilhei-me, pedi perdão, fiz tudo o que precisava. Não posso correr o risco de perder este emprego, minha amiga. Nossa situação em casa já está complicada o suficiente sem isso. Mas, vamos trabalhar. Não quero que ele passe, nos veja conversando e tenha outros motivos para reclamação.

Envolvida no serviço, Valéria não viu o tempo passar. Quando soou a campainha, ela levou um susto. Hora do almoço.

Janete veio buscá-la. Sempre almoçavam juntas. Era o tempo que tinham para colocar a conversa em dia.

No refeitório, havia um burburinho diferente no ar.

– O que será que aconteceu? – indagou Valéria para a amiga.

– Não sei. Mas vejo Ruth chorando. Vou me informar e já volto com notícias.

Janete voltou com uma bomba:

– Você não vai acreditar. Ruth foi demitida!

– Demitida? Qual o motivo?

– O mais usado quando não se tem motivo: contenção de gastos.

– Ah!...

– Agora vai começar uma corrida. O cargo de secretária do chefe atrairá o interesse de muita gente – considerou Janete, pensativa.

Naquele instante Valéria sentiu uma fisgada no coração. Uma luz vermelha de alerta começou a piscar dentro dela indicando perigo. Nada havia que justificasse sua preocupação, no entanto, a partir daquele momento, passou a sentir-se tensa e inquieta. Por que demitir Ruth, reconhecida e elogiada pela sua competência? Não fazia sentido.

O resto do dia passou sem incidentes. Ao chegar em casa, o marido já tinha feito uma sopa de legumes com a ajuda das meninas, que estavam felizes por poder mostrar sua boa vontade à mamãe, que voltava cansada do serviço.

– Boa noite, minhas queridas! Como passaram o dia? E você, meu amor? Sua sopa está com um aroma que a gente pode sentir lá da rua!

O clima era de alegria e paz. Valéria sentiu-se recompensada pela canseira do dia. Estar com os familiares queridos no ambiente do seu lar era uma bênção de valor inestimável.

Sentaram-se e jantaram, enquanto Marcela e Roberta comentavam o que tinham feito naquele dia.

– Ainda bem que parou de chover, mamãe. Amanhã vamos poder ir à creche, não é?

– Claro, filhinha. Mesmo porque, não é bom perder aula.

Conversaram animadamente por algum tempo, depois a mãe ordenou que fossem colocar o pijama e escovar os dentes para dormir. Colocou as meninas no leito, contou-lhes uma história e em seguida fez uma oração com elas. Beijou-as, apagou a luz e saiu, deixando a porta encostada.

Retornando à sala, sentou-se no sofá ao lado do marido. Mauro abraçou-a com carinho.

– Você tenta disfarçar, mas está preocupada. O que houve?

Sem desejar afligir o marido, que ignorava o assédio do chefe a ela, explicou:

– Nada de importante. Hoje foi um dia difícil. Levei uma bronca do patrão por ter chegado tarde e isso me deixou chateada.

– Você não se justificou, minha querida?

– Claro. Ele aceitou minhas desculpas.

– Então? Esqueça o incidente.

– Tem razão. Não vou pensar mais nisso. Vamos dormir? Estou exausta.

– Vamos. Amanhã não posso perder a hora. Tenho uma entrevista logo cedo. É uma proposta de emprego.

– Mauro, que bom! Você não tinha me contado!

Com jeito meio constrangido, ele comentou de cabeça baixa:

– Não queria dar-lhe falsas esperanças, querida. Vamos ver como me saio na entrevista. Não quero nem posso me decepcionar novamente.

Abraçando o marido, Valéria o animou:

– Confie em Deus, meu bem. Tenho certeza de que desta vez dará tudo certo.

– Deus a ouça!

❖

Na manhã seguinte estavam todos animados. As crianças porque iriam para a escola, e Valéria e Mauro pela expectativa de um bom emprego para ele.

Despedindo-se do marido, Valéria desejou-lhe boa sorte. Em seguida, tomou o rumo da empresa. Chegou bem antes da hora e poucas pessoas ali estavam. Foi para sua mesa e começou a trabalhar. O tempo passou rapidamente.

Na hora do almoço, sentou-se com Janete numa mesa de canto. Sentia-se feliz e queria compartilhar suas esperanças com a amiga, contar-lhe sobre a possibilidade de um bom emprego para o seu marido.

Nisso, notou, com estranheza, que os outros colegas a olhavam e cochichavam.

– O que está acontecendo, Janete? O ambiente está estranho!

A amiga abaixou a cabeça, pensou um pouco e depois disse, lentamente:

– Corre um boato de que a nova secretária do chefe será você, Valéria.

Perplexa, ela se defendeu:

– Eu?! Mas, por quê? Se há alguém que não deseja esse cargo sou eu, você sabe!

– Eu sei, amiga, mas os outros não.

– Você sabe quanto gosto da Ruth. Seria a última pessoa a trabalhar contra ela. Além disso, tenho outros motivos que você não ignora.

– Certo. Nossas colegas, porém, pensam que você se utilizou exatamente da queda que o nosso "carneirinho" tem por você para subir.

Indignada, Valéria ameaçou levantar-se e tomar uma atitude, mas Janete a impediu.

– Isso é um absurdo! Vou lá falar com elas, Janete.

– Não faça isso, Valéria. Não vai adiantar. Aja de forma normal e, se for consultada para o cargo, não aceite. É a melhor resposta que poderá dar-lhes.

– Tem razão. Quem não deve não teme. Bem, vamos voltar ao serviço porque este ambiente está me incomodando.

Retornaram e mergulharam no trabalho. Por volta das cinco horas da tarde, Valéria foi chamada à sala do patrão.

Pedindo licença, entrou e ficou em pé aguardando suas ordens.

– Sente-se – ordenou ele.

– Não, obrigada. Estou bem assim. O senhor deseja alguma coisa?

– Sente-se, já disse.

A contragosto, Valéria sentou-se.

– Com certeza a senhora já sabe que dona Ruth foi demitida.

Ela permaneceu impassível, sem confirmar ou negar.

– Preciso de uma nova secretária. Estive analisando cada funcionária da empresa e cheguei à conclusão de que a senhora, dona Valéria, é a mais indicada.

Tentando manter a tranqüilidade e o equilíbrio, ela respondeu:

– Creio que se engana, senhor Carneiro. Outras funcionárias existem com mais condição do que eu. Além disso, não poderia aceitar o cargo porque tenho um marido e duas filhas pequenas que dependem de mim. Não poderia ficar além do horário habitual, como muitas vezes acontece nesse caso – considerou com um pouco de ironia.

– Pense bem, dona Valéria. O cargo que estou lhe oferecendo representa um salário bem melhor, além de outras vantagens.

Ele fez uma pausa, analisando a reação dela. Como Valéria continuasse calada, prosseguiu ardiloso:

– Por falar nisso, como vai seu marido? Ainda desempregado? Não creio que possa se dar ao luxo de recusar um salário mais atraente e que representa o sonho de todas as nossas funcionárias. Pense bem.

Valéria, nervosa, levantou-se, respondendo grave e digna:

– Já pensei, senhor Carneiro. Prefiro ficar onde estou. Gosto do meu serviço.

– Infelizmente, devo dizer-lhe que se não aceitar minha proposta não poderá permanecer nesta empresa. Será demitida. Então, não me dê a resposta agora. Reflita até amanhã, pelo menos. Consulte o travesseiro, pese os prós e os contras, ouça seu esposo, e depois voltaremos a conversar. Está bem?

Valéria concordou, quase desfalecendo. Reunindo as poucas forças que lhe restavam, caminhou até a porta, deixando a sala. Sem condição de voltar para sua mesa, dirigiu-se à toalete. Ali, sozinha, desatou em pranto convulsivo.

Janete, percebendo que a colega tinha saído do gabinete do chefe e se dirigido diretamente à toalete, foi atrás dela, encontrando-a lavada em lágrimas.

– O que houve, Valéria?

– Aquele homem terrível ofereceu-me o cargo de sua secretária.

Janete esteve a ponto de pronunciar um "eu não lhe disse?". Todavia, conteve-se a tempo, vendo o desespero da amiga.

– E você, aceitou?

– Claro que não! Mas aquele sádico colocou-me diante de um impasse: ou aceito ou sou demitida. Percebe?

Em grande desespero, Valéria deixou-se escorregar pela parede caindo estatelada no piso.

– Então, como vai ficar? Você disse que não aceitava?

– Isso mesmo. Mas ele insistiu para que eu não desse uma resposta hoje. Que pensasse até amanhã. Minha esperança é que o Mauro consiga o emprego que tem em vista.

– Viu? Acalme-se. Sempre tem uma saída, amiga. Deus sempre nos ampara.

– É verdade. Entretanto, Janete, mesmo que Mauro consiga o emprego, preciso do salário que ganho aqui. Meu dinheiro não está dando, temos passado necessidades.

– Confie em Deus. O amanhã nos reserva sempre novas oportunidades.

– Espero que o Mauro tenha conseguido aquele emprego.

Tentando parecer mais serena, Valéria lavou o rosto, recompôs a fisionomia e voltou para sua mesa. Felizmente estava quase na hora de encerrar o expediente.

Janete tem razão. Necessário ter confiança. Amanhã será outro dia, cheio de novas esperanças. Elevando o pensamento a Jesus, Valéria suplicou:

– Senhor, me ajude!

capítulo 17

Tomada de decisão

"Pela prece, o homem atrai para si o auxílio dos bons Espíritos que o vêm sustentar nas suas boas resoluções e lhe inspirar bons pensamentos. Ele adquire assim a força moral necessária para vencer as dificuldades e voltar ao bom caminho, se dele se afastou."

(*O Evangelho Segundo o Espiritismo*, Allan Kardec, cap. 27, item 11)

Entrando em casa, Valéria encontrou Mauro na cozinha preparando um lanche. Ao mesmo tempo, ouviu o barulho do chuveiro e a risada das meninas, que tomavam banho, o que lhe deu um agradável sentimento de paz e aconchego.

Aproximou-se do marido, ansiosa:

– E então, querido? Como foi a entrevista?

Coando o café, ele respondeu sem se virar:

– Nada feito. Ainda não foi dessa vez. Infelizmente.

– Mas, como? Você estava tão cheio de esperanças, parecia ser o emprego sob medida!

– Pois é. Eu fui muito bem na entrevista, mas chegaram à conclusão de que não tenho o perfil ideal para aquele cargo.

– Mas...

Valéria caiu sentada numa cadeira. Naquele instante, viu suas esperanças se escoarem pelo ralo. *E agora? Teria que aceitar a proposta daquele infame?*

Colocando o café na mesa, Mauro percebeu quanto sua esposa estava decepcionada. Abraçou-a com carinho, consolando-a:

– Não se preocupe, querida. Trouxe o jornal para examinar os classificados, e amanhã mesmo voltarei às ruas. Não é possível que não surja algo. Não sou exigente. Qualquer coisa serve!

Viram as meninas que saíam do banheiro enroladas em toalhas, e pararam de falar. Evitavam sempre que as filhas participassem de seus problemas. Valéria colocou um sorriso no rosto e elas beijaram a mãe, alegres. No quarto, enquanto as ajudava a vestir o pijama, Marcela e Roberta tagarelavam contando tudo o que tinham feito na creche, o que aprenderam, o passeio a um bosque, ali perto. Prontas para dormir, sentaram-se para tomar o lanche.

Roberta estava sem fome. Marcela comeu com satisfação o sanduíche que a mamãe preparou, acompanhado de um copo de leite com café.

– Por que não quer comer, minha filha? – perguntou à maior.

– Comi muito na creche hoje, mamãe. Tinha arroz-doce, que adoro!

– Ah, então entendo porque Marcela está com fome. Você não gosta de arroz-doce, não é querida?

– É. Mas na creche tomei dois pratos de sopa, mamãe.

– É que ela é esfomeada mesmo! – retrucou Roberta, fazendo todos caírem na risada.

Acabaram de tomar lanche, e as meninas puderam ficar na sala assistindo a um desenho de que elas gostavam muito. Depois, Valéria colocou-as para dormir.

Voltando para a sala, sentou-se junto do marido, que assistia a um jornal na televisão. Ela precisava falar com Mauro, mas não sabia como. Precisava resolver, com a ajuda dele, se aceitaria o cargo de secretária do chefe. Porém, como fazer isso sem contar-lhe sobre o assédio sexual que estava enfrentando no serviço?

Mauro diminuiu o volume do aparelho e abraçou-a.

– Fique tranqüila, querida. Você está triste porque não consegui o emprego hoje, mas amanhã poderá ser diferente. Precisamos ter esperança! – consolou ele, julgando fosse esse o motivo de Valéria estar tão calada.

Como ela continuasse com ar preocupado, ele olhou-a, sorridente, e concluiu:

– Vamos, querida, ânimo! Afinal, nada mudou de ontem para cá. Tudo continua da mesma maneira. É apenas uma expectativa que não se concretizou. Só isso. Felizmente, podemos contar com seu salário. Enquanto não arrumo serviço, continuo levando e buscando as crianças na creche, fazendo as tarefas domésticas e procurando trabalho. Deus tem sido bom para nós. Não podemos nos queixar, não é?

Valéria tinha um nó na garganta e um imenso desejo de chorar e de abrir seu coração ao marido. Todavia, não podia deixar que ele percebesse seu estado de espírito. Assim, respirou fundo, contendo as lágrimas. Estava decidido. Não poderia desistir do emprego agora. Precisava enfrentar a situação, custasse o que custasse.

– Você tem razão, querido. Felizmente, não nos faltam recursos. Não é muito, mas o que ganho na empresa dá para nos mantermos.

Fez uma pausa e, com os olhos úmidos, deu a notícia:

– Hoje recebi uma proposta da empresa: o cargo de secretária do chefe. O salário é maior e terei outras regalias. Fiquei de dar a resposta amanhã. Não queria decidir sem ouvir sua opinião.

Mauro arregalou os olhos, radiante.

– Querida, mas isso é ótimo! Mas parece que você não está muito contente. Por quê?

– Bem, talvez tenha que trabalhar mais, fazer horas extras, e você...

– Entendi. Está preocupada com as meninas, caso eu comece a trabalhar também. Porém, se você ganhar mais, poderemos contratar alguém para ir buscá-las na creche e ficar com elas até voltarmos para casa. Veja! As coisas estão melhorando! Tudo vai dar certo – disse o marido todo animado.

– Você tem razão, Mauro. Tudo vai dar certo.

Valéria tinha o coração apertado, mas não podia jogar balde de água fria no entusiasmo do marido. Teria de enfrentar a situação.

Deitada, não conseguia conciliar o sono. Sentia medo do futuro, medo do que poderia acontecer. Estava sem ânimo e desejando que o novo dia não chegasse nunca. Amanhecia quando conseguiu cochilar. O despertador, porém, acordou-a, lembrando-a de seus deveres.

Levantou-se com o corpo todo dolorido. Tomou banho, acordou Marcela e Roberta, arrumou-as, enquanto Mauro preparava o café-da-manhã.

Depois do lanche matinal, saíram juntos, tomando rumos diferentes: Mauro com as filhas a caminho da creche, e ela, para a empresa.

Entregue a si mesma, Valéria ia pensando em seus problemas. Gostaria de ter a fé de sua amiga Janete, mas não conseguia. Ensinava as filhas a rezar, por tradição, porém não se sentia próxima de Deus. Passando perto de uma igrejinha, aquilo lhe pareceu um sinal. Ainda tinha tempo. Resolveu entrar.

O ambiente tranqüilo da igreja reagiu favoravelmente sobre seu ânimo. Sentiu-se melhor, mais serena. Ajoelhou-se, pedindo a Jesus que a ajudasse a resolver seus problemas. Rezou um pai-nosso e saiu.

Reconhecia que estava melhor. A tensão diminuíra e o coração já não batia descompassado. Por que se preocupar tanto? Aceitaria a proposta. Uma mulher sempre tem meios de se defender, escapando do assédio do patrão. Resolveu que levaria a situação em banho-maria, dando tempo para que Mauro encontrasse um emprego. Depois, nesse período, ela mesma poderia ir sondando espaço em outras empresas. Sabia de pelo menos duas que estavam contratando funcionárias para escritório. Como isso não lhe passara antes pela cabeça?! Era uma boa solução.

Cheia de novas esperanças, chegou ao prédio da empresa.

O burburinho era grande. Percebia pelos olhares e cochichos que estavam falando dela. Era o assunto do dia. Entrou calada, agindo normalmente; cumprimentou a todos e fingiu não notar o que estava acontecendo.

Acomodou-se em sua mesa e, baixando a cabeça, concentrou-se no trabalho. Não daria o primeiro passo. Ficaria esperando que o patrão a chamasse, rezando para que ele tivesse mudado de idéia.

Conquanto procurasse manter uma atitude serena e equilibrada, no fundo estava tensa e angustiada. O coração batia forte e, ao menor ruído, estremecia.

Em torno das dez horas, Janete, que tinha ido até o gabinete do chefe entregar um relatório, passou por sua mesa e avisou:

– Valéria, o patrão quer vê-la. Coragem!

Ela levantou-se de pernas trêmulas, respirou fundo e caminhou até a sala do senhor Carneiro, acompanhada pelos olhares dos demais funcionários.

Bateu delicadamente e entrou.

– Mandou me chamar, senhor?

– Sim, dona Valéria. Sente-se. Conforme conversamos ontem, aguardo sua resposta. Aceita o cargo como minha secretária?

Tentando ganhar tempo, Valéria ponderou:

– O senhor acha que vou dar conta do serviço? Afinal, existem pessoas aqui dentro da empresa mais qualificadas para o cargo.

– Não concordo, dona Valéria. A senhora é a pessoa ideal. Tem presença, sabe tratar as pessoas, se expressa bem. Quanto ao mais, o que não souber, aprenderá com o tempo. E então?

– Bem, se o senhor pensa assim, aceito.

Carneiro fingiu não perceber o ar acabrunhado dela.

– Ótimo. Então, a partir de hoje, seu lugar é aqui na sala ao lado. Pode ir buscar suas coisas.

Ao sair, Valéria percebeu que havia um silêncio estranho na grande sala, quase palpável; todos haviam parado de trabalhar. De repente, ao vê-la, todos recomeçaram a trabalhar ao mesmo tempo, disfarçando.

Se seu ânimo fosse outro, teria começado a rir. Sem olhar para os lados, caminhou pelo corredor até sua mesa, onde começou a arrumar seus pertences.

Janete aproximou-se:

– E então, amiga?

– Não teve jeito. Ou eu aceitava ou ia para o olho da rua, e com marido desempregado em casa não posso me dar a esse luxo.

– Entendo. E agora?

– Agora tenho de enfrentar a fera. A partir de hoje, todavia, começo a procurar outro emprego.

Com uma caixa nos braços, cruzou de novo o corredor sob os olhares irônicos e atentos dos demais. Contendo as lágrimas, tomou posse da sala contígua à do chefe.

Tensa, permaneceu todo o dia tentando aprender o serviço e nem viu o tempo passar. Aos poucos, foi relaxando ao ver que Carneiro portava-se com delicadeza e correção. Não tendo motivo para medo, Valéria ficou mais tranqüila.

No dia seguinte, menos tensa, ela enfrentou os problemas normais do cargo, atendendo às pessoas, visitantes, credores e fornecedores, com naturalidade. No final do expediente, ao passar por sua mesa, o chefe a cumprimentou:

– Parabéns, dona Valéria. Hoje só recebi elogios à sua pessoa. Todos foram unânimes em gabar-lhe a eficiência e finura de trato.

– Obrigada, senhor.

– Pode ir agora.

Valéria estava começando a achar que se equivocara. Afinal, ele não era tão terrível assim como diziam.

capítulo 18

Ajuda providencial

"Pedi e se vos dará; buscai e achareis; batei à porta e se vos abrirá; porquanto, quem pede recebe e quem procura acha e, àquele que bata à porta, abrir-se-á."

JESUS (MATEUS, 7: 7 E 8)

Uma semana depois, Valéria estava adaptada à situação, segura e confiante. Na sexta-feira, quase no encerramento do expediente, o chefe chamou-a:

– Dona Valéria, infelizmente surgiram problemas urgentes que tenho de resolver ainda hoje. Preciso que me faça algumas correspondências, pode ser?

– Claro, senhor Carneiro. Pode ditar.

Depois de fazer as anotações, a secretária sentou-se defronte do computador para digitar as correspondências, visto que teriam de ser enviadas no mesmo dia, por meio de portador.

Quando Janete veio chamá-la para irem embora, Valéria explicou:

– Não posso, Janete. Ainda tenho serviço urgente para fazer. Pode ir, irei quando terminar.

Janete despediu-se e saiu. Dentro em pouco, não havia mais ninguém no prédio. Só o pessoal da limpeza. Todo o barulho cessara.

Carneiro assinou os documentos e disse:

– A senhora trabalhou muito hoje. Precisa relaxar um pouco. Aceita um copo de vinho?

Valéria ficou constrangida, julgando que seria indelicadeza recusar.

– Aceito. Só um pouquinho. Mas, e as correspondências?

– Não se preocupe. Eu mesmo entregarei em mãos. Tenho um jantar ainda hoje com empresários e pessoas do governo.

Carneiro entregou-lhe uma taça de vinho enquanto falava de como estava satisfeito com seus serviços, quanto era eficiente e como gostava dela. Valéria, nesse momento, percebeu que ele já tinha bebido.

Delicadamente, ela tomou um gole de vinho e respondeu:

– Agradeço-lhe, senhor, mas não faço mais do que cumprir minhas obrigações. Preciso ir agora – disse, fazendo menção de levantar-se.

O chefe, que se erguera para servir-se de nova dose de bebida e passava por detrás da poltrona onde Valéria estava sentada, impediu-a, inclinando-se e cheirando seus cabelos:

– Seu perfume é delicioso, Valéria.

Estendeu os braços para envolvê-la; mas quando ela sentiu o resfolegar dele no seu pescoço, seu hálito quente e o odor de bebida que tresandava, foi mais ágil. Levantou-se de um pulo e fugiu do abraço dele.

– Senhor Carneiro, é tarde e preciso ir para casa.

– Não, fique. Vamos jantar juntos para comemorar.

– Não posso. Lamento. E comemorar, o quê? Além do mais, o senhor disse que já tem um compromisso para esta noite – lembrou-o, como secretária eficiente, pensando que ele já tinha bebido demais e poderia se esquecer.

Assim dizendo, pegou a bolsa e saiu correndo do escritório. O coração batia forte no peito. Só ficou mais tranqüila ao ver-se em plena rua. Andou apressadamente por muitas quadras até que, cansada, resolveu parar um pouco para descansar.

Valéria sentou-se numa pequena praça. O que fazer? Não podia voltar para casa naquelas condições: completamente desequilibrada, nervosa, angustiada, lágrimas correndo pelo rosto, mãos trêmulas. Como justificar seu estado perante o marido e as filhinhas?

Estava entregue a si mesma, sem saber o que fazer, sem coragem para voltar para casa, quando uma senhora chegou de mansinho e sentou-se a seu lado no banco. Com delicadeza, ofereceu-lhe um lencinho:

– Posso ajudar, moça?

Valéria virou-se, viu uma mulher desconhecida e sentiu vergonha de estar chorando em plena praça. Aceitou o lenço, assoou o nariz e enxugou as lágrimas, depois murmurou:

– Obrigada. Agradeço sua atenção. Estou realmente desesperada, mas ninguém pode me ajudar.

– Quem sabe? Não há problema sem solução, minha filha. Confie em Deus. Olhe, está vendo aquele pequeno portão, ali na frente?

Valéria olhou e viu um portãozinho de ferro.

– Sim.

– Pois bem. Nesta noite, ali mesmo, temos um trabalho de ajuda aos sofredores e aflitos. Quer participar? Asseguro-lhe que se sentirá muito bem. Sua privacidade será respeitada. Se não quiser falar, não será obrigada. Terá, no entanto, um ambiente tranqüilo para se acalmar e depois voltar para sua casa. O que acha?

Valéria, que não queria mesmo retornar para o lar naquelas condições, aceitou.

Adélia, a nova amiga, conduziu-a. A casa era antiga, com paredes brancas e as janelas com detalhes em azul. Na frente, uma placa com o nome: "Centro Espírita Amor e Paz".

Valéria gostou do nome e pensou que sempre tivera curiosidade de entrar num centro espírita, sem nunca ter coragem. Tinha chegado a hora.

Atravessaram a rua e entraram. Além do portão, surpreendente e lindo jardim surgiu cheio de arbustos e flores. Uma música suave tocava, levando Valéria a sentir inusitado bem-estar.

No salão, que caberia no máximo uma centena de pessoas, tudo era serenidade; os que ali já se encontravam mantinham-se em recolhimento íntimo. Tudo transpirava tranqüilidade e paz.

Adélia, em voz baixa, explicou à nova amiga que haveria uma palestra e, depois, o trabalho de aplicação de passes; em seguida, ela poderia, se assim o desejasse, conversar com alguém do Serviço de Atendimento Fraterno.

Durante a prece inicial e a palestra, Valéria sentiu grande emoção, sentimento esse que aumentou na hora do passe. Como se as comportas de sua alma não suportassem mais a pressão, chorou copiosamente.

Encerrada a reunião, como sentisse vergonha de conversar com uma pessoa estranha, foi introduzida numa pequena sala, no fundo, abrindo seu coração para Adélia, sua nova amiga e trabalhadora da casa. Quando terminou de falar, suplicou de forma comovente:

– Ajude-me, Adélia. Não sei o que fazer.

Com serenidade, a senhora, que a ouvira de forma atenta e respeitosa, considerou:

– Você me disse que nunca foi ligada a religião e que não tem o hábito de orar. No entanto, reconhece que o ambiente da nossa casa, a prece, a palestra e a aplicação de energias por meio do passe lhe fizeram muito bem. Tudo isso, Valéria, é o resultado da fé.

Prosseguiu falando, calmamente, de forma concisa e clara, do amparo de Deus que nunca abandona seus filhos e que grande parte das vezes as pessoas não percebem essa ajuda. Explicou sobre a necessidade de elevação do pensamento para sentirmos a proteção divina. Considerou que, provavelmente, seu patrão também estaria necessitado de ajuda, o que demonstrava com suas atitudes, e orientou-a a orar por ele.

– Quando pensar em seu patrão, ao invés de mandar-lhe pensamentos negativos, de desprezo, raiva e rancor, ore por ele. Ao entrar na empresa envie pensamentos bons para todos, especialmente para seu chefe, desejando-lhe um bom dia e o amparo de Deus para ele e sua família. Você verá a diferença, Valéria.

– Será? Justo para esse homem que me atormenta? – considerou.

– Experimente. Você vai se surpreender.

E, para completar, sugeriu:

– Como você disse que nada conhece sobre Doutrina Espírita, se tiver interesse, venha estudar conosco. Garanto-lhe que vai gostar.

Despediram-se e Adélia deu-lhe de presente um exemplar de *O Evangelho Segundo o Espiritismo*. Valéria agradeceu a gentileza e prometeu voltar.

Estava ótima. Uma sensação de bem-estar, de otimismo e de confiança a dominava por inteiro. Sentia-se fortalecida, segura, e com a sensação de que poderia resolver qualquer problema. Entrou em casa e todos perceberam que estava alegre e bem-disposta. Naquela mesma noite, antes de dormir, leu um trecho do novo livro e encantou-se. O Evangelho de Jesus surgia-lhe renovado e as explicações falavam-lhe de uma maneira que nunca tinha lido antes.

No dia seguinte, agiu como se nada tivesse acontecido. Conforme Adélia tinha sugerido, entrou fazendo uma prece e enviando bons pensamentos ao chefe e a todos os funcionários. Então, no escritório as coisas começaram a mudar como conseqüência da sua própria mudança de atitude.

Um fato novo aconteceu, que Valéria julgou ser obra do "acaso". Ao atender uma ligação telefônica, uma mulher desejava falar com o senhor Carneiro. Como ele não estivesse, perguntou o nome para ligar de volta assim que ele chegasse.

– Diga-lhe apenas que Norma telefonou. Sou a esposa dele.

– Ah! Pois não, dona Norma. Darei o recado.

Trocaram algumas palavras e houve uma imediata simpatia entre elas.

A partir daquele dia, Norma voltou a telefonar outras vezes; gostava de conversar com Valéria. Um dia, convidou-a para tomarem um lanche após o serviço. Valéria aceitou e, no horário combinado, encontraram-se na porta da empresa.

Dirigiram-se a uma elegante casa de chá, e conversaram bastante. Norma abriu o coração:

– Tenho muitos problemas com meu marido, Valéria. Ele gosta de beber e faz coisas que não deve. Não gosta que eu telefone, nem vá à empresa, talvez para se considerar mais livre. Não quer que eu veja as mulheres com as quais se relaciona.

Norma parou de falar, tomou um gole de chá, depois prosseguiu:

– Vou lhe confessar uma coisa, Valéria. Quando telefonei a primeira vez, e perguntei por meu marido, queria na verdade falar com você. Tinha ouvido alguns comentários maldosos, que afirmavam que meu marido estaria tendo um relacionamento com a secretária.

Valéria empalideceu. Abriu a boca para explicar-se, mas Norma não permitiu:

– Não, minha amiga, não se preocupe. Sei que meu marido não é um modelo de fidelidade conjugal. Sei que já manteve casos com várias das funcionárias da empresa. Por intermédio da sua voz, porém, aprendi a conhecê-la. Percebi a sinceridade de suas intenções, o carinho com que se refere ao seu marido, Mauro, e o amor que dedica às duas filhinhas.

– Asseguro-lhe, Norma, que entre o senhor Carneiro e mim nunca houve nada – afirmou Valéria.

– Eu sei, minha querida. Conheço, porém, meu marido de sobra para saber que ele não deixaria passar uma bela moça como você, sem tentar seduzi-la. Confesso que, antes de conhecê-la, fiquei com ciúmes. Depois, senti que poderia ter confiança em você, o que hoje se confirmou com nosso encontro. Você não me parece o tipo que aceita esse gênero de relação, Valéria.

– Tem razão, Norma. Jamais aceitaria uma situação ambígua como essa. Fui educada segundo padrões morais rígidos. Além disso, já tenho problemas suficientes na vida. Pode confiar em mim.

Norma percebeu uma expressão preocupada no rosto da outra e teve vontade de conhecer seus problemas. Queria ajudar, contudo

Valéria não parecia disposta a abrir-se. Resolveu deixar que o tempo se encarregasse de mostrar à nova amiga que ela também era digna de confiança.

Continuaram conversando. Norma contou como era sua vida ao lado do marido, e Valéria encheu-se de compaixão por aquela mulher tão rica e tão infeliz. Reconheceu que ambos estavam precisando de ajuda. Com delicadeza e "pisando em ovos", sugeriu:

– Norma, não sei o que você pensa sobre o assunto, mas estou freqüentando um lugar que me tem feito grande bem. É um centro espírita. Acho que tanto você quanto seu esposo estão precisando de ajuda.

Fez uma pausa, e perguntou:

– Você acredita "nessas coisas"?

– Não sou preconceituosa, se é o que você quer saber, Valéria. Estou aberta a tudo que possa mudar nossa vida. Devo dizer-lhe, inclusive, que já freqüentei outras religiões, sem encontrar o que procurava. Aceito qualquer coisa. O ambiente em casa é péssimo e meus filhos não suportam ficar dentro de casa. E eu, sinto enorme solidão. Conheço muita gente, mas não tenho amigas. No fundo, todos nós estamos sofrendo bastante. Sim, concordo que precisamos de ajuda.

– Então, a reunião é sexta-feira, às vinte horas.

– Ótimo. Passarei para buscá-la na saída do serviço. Tomamos um lanche e vamos para a reunião. Combinado?

– Combinado.

capítulo 19

Mudanças importantes

"(...) somente é inabalável a fé que pode encarar a razão face a face, em todas as épocas da Humanidade."
(*O Evangelho Segundo o Espiritismo*, Allan Kardec, cap. 19, item 7)

Valéria e Norma chegaram à casa espírita meia hora antes do horário marcado para início da reunião.

Ao entrar, Valéria logo procurou sua amiga Adélia, que a abraçou com imenso carinho. Depois, fez as apresentações:

– Norma, esta é Adélia, a amiga sobre a qual lhe falei e que tanto me tem ajudado. Adélia, esta é Norma, esposa do senhor Carneiro, o dono da empresa onde trabalho.

Adélia, gentil e sorridente, cumprimentou a nova freqüentadora, abraçando-a e dando-lhe as boas-vindas.

– Espero que goste da nossa casa, Norma. Fiquem à vontade. Tenho tarefa urgente e peço-lhes desculpas. Conversaremos após a reunião.

E, antes de se afastar, sugeriu:

– Valéria, deixo-lhe o encargo de orientar Norma e explicar-lhe como funciona a reunião. Mostre-lhe nossas instalações, com as quais você já está bem familiarizada, não é?

– Claro, Adélia. Deixe por minha conta.

Visitaram o salão de palestras, as salas de cursos, de atendimento, de aulas de moral cristã infanto-juvenil, a biblioteca, a livraria. Nesta última permaneceram mais tempo, pois Norma se encantou com os livros.

Dez minutos antes do início das atividades, dirigiram-se ao salão. Norma, assim como tinha acontecido com Valéria, também se encantou com a música suave que tocava, incentivando a elevação do pensamento, o bem-estar e a paz que o ambiente proporcionava.

Ao terminar a reunião, Norma estava fascinada com tudo: a palestra, o passe, o ambiente fraterno e aconchegante. Pela primeira vez, tinha podido encontrar realmente Jesus. Lembrava-se das muitas igrejas que tinha freqüentado. Em todas elas havia o culto exterior da religião, sem o apelo à razão. Entrara em templos cujo objetivo primordial era o dinheiro, nos quais a atenção que se recebia era proporcional aos recursos que se tivesse; em alguns, a gritaria era tamanha que a deixava aturdida, como se, para conversar com Deus, fosse necessário elevar o tom de voz para fazer-se ouvido; em outros, sentiu ambiente de paz, de harmonia e a elevação das intenções, contudo, como as orações fossem realizadas em língua estranha ao seu entendimento, reconheceu-se incapaz de acompanhá-las; em muitos desses templos utilizavam recursos exteriores para atingir o bem-estar e a paz que desejavam, como indumentárias, incensos perfumados, gestos estudados e repetição de palavras e frases. Nunca, porém – mesmo em suas viagens pelo mundo –, tinha deparado com uma reunião tão singela, tão desprovida de aparatos e ao mesmo tempo tão pródiga de resultados e com tal apelo à razão. A mensagem de Jesus Cristo surgia diferente; ao mesmo tempo que falava de coisas velhas, já bastante conhecidas, vestia-se com uma roupagem nova, encantadora, fascinante. Incrível! Era como se nunca tivesse ouvido as lições evangélicas antes. Por isso, estava maravilhada; experimentava enorme bem-estar e tranqüilidade, alimentados por bons pensamentos e pelo desejo de melhorar e de aprender.

A palestra tinha sido tão esclarecedora, que nem sentiu necessidade de conversar com alguém. Entendeu que a felicidade depende da própria pessoa, que pode fazer-se infeliz ou venturosa, conforme seu comportamento. Que era necessário aprender a aceitar o próximo, exercitando a compreensão, a tolerância, a paciência e o amor. Estava disposta a fazer tudo isso. Queria estudar e aprender. Começaria a freqüentar o grupo de estudos junto com Valéria.

Depois da reunião, dirigiram-se à livraria. Norma tinha visto alguns livros que desejava adquirir. Comprou várias obras, algumas por orientação de Valéria, que, por sua vez, a tinha recebido de Adélia, e outras cujos títulos e assuntos a interessaram.

Ao deixar Valéria em seu lar, Norma estava completamente diferente.

– Agradeço-lhe, Valéria, a oportunidade que você me proporcionou hoje de conhecer algo diferente. Como lhe afirmei antes, já li bastante sobre religião e freqüentei muitos templos. Nunca, porém, encontrei o que senti hoje, naquela casa simples e despojada. Obrigada, amiga, pela sugestão. Valeu a pena. Olhe, pretendo participar do grupo de estudos com você!

– Ótimo. Iremos juntas. Quer entrar um pouco? Faço um café e apresento-lhe minha família.

– Adoraria. Mas fica para outro dia. Hoje, sinto que preciso ficar quieta num canto para pensar, colocar em ordem meus pensamentos. Amanhã conversaremos. Além disso, tenho muita coisa para ler. Boa noite!

Valéria estava feliz. A satisfação de Norma era muito gratificante. Ela tinha a sensação de que estava no caminho certo e que suas vidas iriam mudar, para melhor.

Alguns dias depois, Valéria estava trabalhando, entretida na leitura de um documento, quando Norma entrou na sala. Surpresa, Valéria cumprimentou a amiga:

– Bom dia, Norma! Você por aqui? O que a trouxe tão cedo à empresa?

– Bom dia, minha querida! Vim conversar com meu marido, e desejo que você esteja presente.

A secretária "tremeu nas bases". Não sabia o que Norma tinha em mente.

– Norma, o que você vai fazer? – indagou-lhe, cheia de medo.

– Não se preocupe. Relaxe!

Norma piscou um olho e, sorridente, entrou na sala do marido, que a recebeu com estranheza.

– O que houve, Norma? Você não costuma vir ao meu ambiente de trabalho.

– É verdade. Porém, José, hoje é um dia diferente. Lembra-se daquela conversa que tivemos ontem à noite?

– Lembro. Mas o que tem a ver nossa conversa com sua vinda aqui?

– É que tomei a liberdade de trazer, para que você conheça, a pessoa da qual lhe falei, que me tem ajudado muito, o que melhorou nosso relacionamento.

– Sim! Terei imenso prazer em conhecê-la. Mande entrar.

– Ela já está aqui, querido. É Valéria, sua secretária.

Carneiro, ao perceber a presença da funcionária, que se mantivera discretamente no fundo da sala para não incomodá-los, sentiu-se constrangido. O sangue afluiu em seu rosto.

Norma notou que ele não estava à vontade e fingiu não ter percebido, mostrando-se alegre e descontraída:

– Tinha certeza de que ia surpreendê-lo, querido. Mas... não nos convida para sentar?

Recompondo-se, ele tomou pé da situação, tratando as duas como visitas.

– Sem dúvida! Sentem-se, senhoras. Desejam tomar alguma coisa? Um café, um suco, uma água?

– Eu quero uma água e um café – pediu Norma.

Valéria fez menção de se levantar para atender ao pedido, como de hábito, porém o chefe a interrompeu:

– Não, dona Valéria. Sente-se. Pedirei pelo telefone.

Levantou o fone e pediu à copeira que trouxesse água e três cafés. Depois, virando-se para Valéria, indagou-lhe:

– Mas então é a senhora que está acompanhando minha esposa ao centro espírita? Não conhecia essa sua inclinação, dona Valéria. Nunca me disse nada.

– Porque aqui só tratamos de assuntos de serviço, senhor Carneiro.

– É verdade, é verdade. Norma fala maravilhas desse lugar que tem freqüentado!

– E você prometeu me acompanhar, querido, na próxima reunião. Lembra-se? – disse Norma.

– Prometi e irei, querida, não se preocupe. Mas, dona Valéria, o que a fez interessar-se por *essas coisas*?

– Bem, senhor Carneiro, eu estava com muitos problemas e precisando de ajuda. Aconteceu, simplesmente. Encontrei uma senhora que me ajudou e sugeriu-me freqüentar o centro. Aceitei, e estou ótima.

– Muito bem. Muito bem. Temos bastante o que conversar. Quem sabe marcaremos uma ocasião para isso?

Visivelmente incomodado, fez uma pausa e depois, dirigindo-se à esposa, suplicou:

– Agora, querida, infelizmente preciso trabalhar. Se me der licença, tenho ligações urgentes a fazer. Desculpe-me.

Norma entendeu a mensagem e ergueu-se. Apesar da pressa do marido em livrar-se delas, no fundo sentia-se muito satisfeita.

– Estou indo, querido, tenha paciência. Só vim mesmo para apresentar-lhe Valéria, minha melhor amiga. Eu o verei na hora do jantar. Até mais tarde!

Saíram as duas e Valéria a acompanhou até a outra sala, fechando a porta. Depois, abraçaram-se, sorridentes:

– Então, você conseguiu mesmo falar com seu marido! E se ele não tivesse aceitado? – considerou Valéria.

– Conversamos bastante ontem, Valéria. Ele reconhece que, desde que comecei a freqüentar o centro espírita, as coisas em casa melhoraram muito. Tenho feito prece por ele quando dorme, conforme aprendi no centro. José reduziu a ingestão de bebidas alcoólicas e o relacionamento dele com nossos filhos, que não toleram bebida, melhorou bastante também. Meu marido reconhece que não está bem e que precisa de ajuda, aceitando acompanhar-me na próxima reunião. É tudo o que mais quero!

– Vou orar para que tudo dê certo! – disse Valéria, animada.

– Confio em Deus. Vai dar certo, Valéria. Até outro dia! – despediu-se Norma, contente.

Ao ficar sozinha, a secretária tentou trabalhar, voltar sua atenção para o documento que estava lendo, entretanto a conversa que tinham tido não lhe saía da cabeça.

Meia hora depois, o senhor Carneiro a chamou.

– Pois não, senhor. Deseja alguma coisa?

– Dona Valéria, por obséquio, traga-me a pasta de contratos.

Ela saiu e voltou com uma volumosa pasta, depositando-a sobre a mesa do patrão. Ele a abriu e começou a folhear os documentos. De repente parou e, fitando-a, observou:

– Jamais pensei que a senhora pudesse se interessar por esses assuntos, dona Valéria.

– Por que, senhor Carneiro?

– Bem, não me parece o tipo. É centrada, equilibrada, racional. Ao contrário de minha esposa, que é dada a misticismos e que vive à cata de novidades.

Com leve sorriso, Valéria retrucou:

– Pois Norma me parece bastante racional e equilibrada, senhor Carneiro. O fato de ter-se interessado anteriormente por várias religiões é positivo, pois indica um desejo imenso de encontrar a verdade, a razão de ser da existência do ser humano e o porquê de todas as coisas.

– Não creio. Conheço-a muito bem e sei que está sempre em busca de coisas novas. Norma é fútil, e o interesse dela pela Doutrina Espírita não vai durar muito, acredite.

Valéria ficou pensativa durante alguns momentos, depois ponderou:

– Certamente o senhor deve conhecê-la bem mais do que eu. No entanto, tenho opinião bem diversa a respeito de sua esposa. Vamos ver. Só o tempo vai mostrar quem tem razão. Deseja mais alguma coisa, senhor?

– Sim. Explique-me a senhora, que julgo tão séria. Por que se interessou por essa doutrina? Vocês acreditam na reencarnação, segundo ouvi dizer. Só isso?

– De forma alguma. A reencarnação é um dos fundamentos do Espiritismo, que nos mostra a justiça e a bondade do Criador. Nossa doutrina abrange ciência, filosofia e religião. Melhor, porém, seria se o senhor mesmo lesse *O Livro dos Espíritos*, obra que contém toda a base da Doutrina Espírita. Nele poderá verificar a verdade do que lhe afirmo.

– Onde posso encontrar esse livro?

– Nas boas livrarias da cidade. A propósito, tenho aqui comigo um exemplar e poderei lhe emprestar, se o senhor quiser.

– Aceito seu oferecimento. Obrigado.

Valéria saiu por instantes e retornou com um livro nas mãos.

– Aqui está, senhor Carneiro. Leia, e depois, se o senhor desejar, conversaremos a respeito. Ainda não sou grande conhecedora da Doutrina Espírita, mas posso indicar-lhe alguém que tire suas dúvidas.

– Obrigado.

Valéria retornou para sua sala, mergulhando no serviço. Naquele dia, o chefe não a chamou mais, e nos dias seguintes não tocaram mais no assunto, mantendo relações estritamente profissionais.

Na sexta-feira, dia da reunião no centro espírita, Valéria e Carneiro estavam no escritório estudando as modificações que seriam implantadas nas cláusulas de um contrato, quando Valéria notou que o chefe a olhava de forma diferente. Aliás, percebera que ele a estava tratando de maneira mais cortês, mais delicada e com mais respeito.

Sentiu-se um pouco constrangida, porém se manteve calada. Ao encerrar aquele serviço, antes que ela saísse para digitar o novo texto, Carneiro comentou:

– Dona Valéria, não conversamos mais sobre aquele assunto, mas asseguro-lhe que tenho lido o livro que me emprestou e que estou realmente impressionado pela lógica, pela seriedade e pela grandeza com que são abordados todos os temas. Estou modificando meus conceitos antigos e agradeço-lhe por ter-me aberto os olhos. É toda uma proposta de mudança de vida e de comportamento que se nos depara naquelas páginas.

– Sem dúvida. À medida que nossa visão se alarga, podemos identificar nossos erros, e tentar mudar – concordou ela.

Ele abaixou a cabeça, contrafeito.

– Agora percebo melhor como tenho errado na vida. Tem razão a senhora em dizer que temos de mudar. Peço-lhe perdão pela maneira como agi com a senhora, dona Valéria, tratando-a de maneira grosseira e tentando seduzi-la.

Também constrangida, ela se justificou:

– Desculpe-me, senhor Carneiro. Quando falei da necessidade de mudança, não queria em absoluto referir-me ao senhor. Pensava em mim mesma e nos erros que tenho cometido. Não me cabe julgar os atos de outrem. A responsabilidade pelos seus atos é da sua estrita competência.

– Essas palavras denotam sua generosidade. Sei que não contou à Norma o que aconteceu entre nós. Poderia tê-lo feito e não o fez. Por quê?

Valéria fitou-o com serenidade, explicando:

– Por que o faria? Não vejo motivo para isso. Todos nós temos fraquezas e reconheço que aquele foi apenas um momento de invigilância, em razão de o senhor ter bebido um pouco mais. Só isso.

– Obrigado, dona Valéria. É generosa. Sinto que não guardou ressentimento por mim. Agradeço-lhe profundamente. Bem, hoje à noite também irei à reunião. Peço-lhe apenas um favor: não conte à minha mulher que estou lendo sobre Espiritismo. Quero surpreendê-la.

– Claro. Pode ficar descansado, senhor Carneiro.

Saindo da sala do chefe, Valéria sentia-se emocionada e envolta em intensa sensação de bem-estar e tranqüilidade. Agradeceu mentalmente a Jesus o amparo que estava recebendo. Tudo caminhava melhor do que poderia esperar.

Após o expediente, Valéria foi até uma lanchonete nas imediações da empresa e tomou um lanche rápido. Ela também tinha combinado com o marido e as filhas irem todos à casa espírita.

Mauro estava curioso para conhecer o local que Valéria vinha freqüentando ultimamente, o qual ela reconhecia como responsável pela mudança que se operara no seu comportamento. Tornara-se mais tranqüila, mais paciente, mais equilibrada. Então, convidou-o para acompanhá-la.

– E as meninas? Não temos com quem deixá-las! – lembrou Mauro, pesaroso.

– Não há problema, querido. Marcela e Roberta ficarão junto com outras crianças em uma sala especial, onde receberão aula de moral cristã, que se realiza no mesmo horário, enquanto assistimos à palestra. Como não terei tempo de ir para casa, você e as meninas me aguardarão na pracinha; o endereço já lhe entreguei. Certo?

Afastado o obstáculo, no horário aprazado Mauro e as garotas tomaram o ônibus que os levaria ao endereço indicado. Quando chegaram à pequena praça, Valéria já os esperava. Abraçaram-se com amor e alegria por estarem juntos.

– Aonde vamos, mamãe? É longe? – indagou Roberta, curiosa.

– Não, filhinha. É ali mesmo! Olhe, é naquele portão de ferro pintado de azul.

Atravessaram a praça e entraram nas instalações do centro. Pouco tempo depois, Norma e Carneiro chegaram. Foi com imensa satisfação que se cumprimentaram. Valéria apresentou o chefe e a esposa dele ao marido e às filhas.

Os homens não estavam à vontade. O ambiente era novo para eles, estavam ali pela primeira vez e sentiam-se deslocados. Logo, porém, começaram a conversar entre si, encontrando pontos em comum.

Após a reunião, sentiam-se ótimos. As crianças adoraram a aula. Os homens igualmente estavam com expressão diferente: mais tranqüilos e serenos.

O ambiente estava tão bom que Carneiro sugeriu que fossem comer uma pizza.

– Vocês aceitam? Será bom conversarmos mais um pouco, Mauro.

– Sem dúvida. Acho que será ótimo para todos nós. Além disso, amanhã é sábado e as meninas não têm aula. Portanto, hoje, excepcionalmente, podem dormir mais tarde.

As garotas vibraram com o novo programa.

No restaurante, puderam trocar idéias, conversando sobre o tema da palestra e seus desdobramentos no cotidiano de cada um. Carneiro mostrava um conhecimento sobre Doutrina Espírita que deixou Norma perplexa.

– Você está me surpreendendo, José! Onde foi que aprendeu tudo isso?

Ele deu risada, respondendo com bom humor:

– Há muito tempo conheço Espiritismo – afirmou, lançando para Valéria um olhar cúmplice.

Norma, com ar de incredulidade, retrucou:

– Conte a verdade, José! Você tinha preconceito contra essa doutrina. Não podia nem ouvir falar. Confesse!

– Está bem. Está bem! Andei lendo alguma coisa no escritório, graças à dona Valéria que me emprestou *O Livro dos Espíritos*.

– Ah, bom! Agora posso entender essa sabedoria repentina.

Todos caíram na risada. O ambiente era fraterno e amigo.

Ao saírem do restaurante, lamentaram ter de se separar. Assim, combinaram que, na semana seguinte, repetiriam a dose.

Naquela noite as duas famílias tiveram sono tranqüilo e cheio de paz.

E nós que, da espiritualidade, havíamos trabalhado intensamente para que tudo se resolvesse de maneira benéfica para todos os envolvidos, vibramos de satisfação.

capítulo 20

Novos tempos

"E sucedeu que, estando ele em casa, à mesa, muitos publicanos e pecadores vieram e tomaram lugares com Jesus e seus discípulos. Ora, vendo isto os fariseus, perguntavam aos discípulos: Por que come o vosso Mestre com os publicanos e pecadores? Mas Jesus, ouvindo disse: Os sãos não precisam de médico, e, sim, os doentes."

JESUS (MATEUS, 9: 10 A 12)

Novos tempos se descortinavam trazendo prenúncios de paz.

Com certeza, toda mudança pede confiança e determinação, esforço e perseverança.

Nossos amigos, amparados pelos servidores do bem que, da espiritualidade, velavam por eles, puderam dar novo impulso à vida que levavam.

Despertando para a realidade maior, acrescentavam conhecimentos e responsabilidades, que precisavam aproveitar, mostrando-se dignos da ajuda recebida.

Vários adversários desencarnados, ligados às duas famílias, foram socorridos, instalando-se uma nova era de paz, em que teriam condições de sedimentar os valores conquistados, as informações recebidas e, por intermédio da terapêutica espírita, adquirir maior dose de equilíbrio e maturidade emocional e espiritual.

Nessa nova fase, uma das primeiras preocupações de Carneiro, conhecendo as dificuldades de Mauro, seu novo amigo, foi de providenciar-lhe uma oportunidade de emprego. Não em sua empresa, naturalmente, já que, de modo geral, evitava vincular amizade com negócios profissionais. Não que fosse errado, longe disso. Visava com essa atitude preservar o relacionamento, uma vez que não desejava que o beneficiado se sentisse preso a ele por gratidão. Desse modo, julgou mais conveniente mandar o currículo de Mauro para um velho amigo, proprietário de uma indústria, para que, na medida do possível, o encaixasse entre seus funcionários. Tudo isso sem o conhecimento de Mauro para não gerar expectativas que poderiam não se confirmar. E tal manobra deu tão certo que o amigo lhe respondeu afirmando que precisava exatamente de alguém com o perfil de Mauro, e tanto isso era verdade, que entraria imediatamente em contato com ele.

Alguns dias depois, Mauro telefonou para Carneiro, radiante. Após os cumprimentos e troca de amabilidades, disse:

– Carneiro, estou ligando para fazer-lhe um convite: aceita almoçar em nossa casa no domingo?

– Sem dúvida, Mauro! Com o maior prazer. Tenho certeza de que Norma também ficará encantada. Mas, existe algum motivo especial?

– Sim. Muito importante. Arrumei um emprego!

– Excelente! Então, temos mesmo de comemorar.

– Com certeza! É numa indústria de componentes eletrônicos e, como você sabe, essa é minha área. Estou muito feliz!

Mauro falou o nome da empresa e perguntou:

– Carneiro, você conhece o proprietário? Estranhei ser chamado porque não mandei meu currículo para essa empresa.

– Ah, compreendo. Mas Valéria enviou, Mauro! Ela não lhe contou? Sua esposa trouxe alguns exemplares de seu currículo aqui no escritório e, de passagem, eu vi sobre a mesa dela. Pediu-me algumas sugestões, que eu dei, e uma das empresas de que me lembrei naquele momento foi a de Paulo Evaristo, que é amigo de muitos anos e excelente pessoa. Parabéns, meu caro! A empresa é sólida, bem conceituada e o proprietário considerado um bom patrão. Você está muito bem colocado, acredite.

– Então, devo a você essa alegria, Carneiro. Obrigado.

– Não, não. Você não me deve nada. Conseguiu o emprego por seus próprios méritos. Nada tive a ver com isso.

– Pois então, temos mais a comemorar: a sua sugestão! Estaremos esperando você e toda a sua família no domingo. Certo? Antes disso, porém, nos veremos na reunião de sexta-feira. Um abraço, amigo. Tenha um bom dia!

Carneiro despediu-se. Sentia-se intimamente bastante satisfeito. Não sabia o que fazer para agradar aos novos amigos. Em relação à Valéria, reconhecia-se um pouco culpado pela sua conduta passada, no entanto sabia que ela não pensava mais no assunto. Generosa, ela lhe havia perdoado, com isso demonstrando superioridade moral. Curioso que, vez por outra, vinham-lhe à mente algumas cenas estranhas: via-se, satisfeito, entrando com seu exército em uma aldeia devastada pela guerra; entre os sobreviventes que ali estavam cheios de ódio e de humilhação, e que se curvavam à sua passagem, notava uma jovem de tez morena, bastos cabelos negros que lhe caíam em cascata até a cintura. Parava o cavalo e ela erguia a fronte altiva; imediatamente sentia-se mergulhar naqueles olhos negros e profundos que o fitavam com repugnância, enquanto grande atração o dominava. Poderoso, tomou-a a seu serviço, conquanto lhe notasse a rejeição. O interessante é que nessa jovem, embora o envoltório fosse diferente, reconheceu Valéria, por quem sentira idêntica atração desde o primeiro momento. Com o conhecimento espírita já adquirido, entendeu perfeitamente que esse fato fazia parte de um passado distante; ao mesmo tempo, sentia, inconscientemente, que ele e Valéria tinham tido outros encontros em épocas diferentes, criando elos e compromissos que geraram responsabilidade de parte a parte. Agora, surgia a oportunidade de reparar os erros cometidos e terem um relacionamento saudável e equilibrado. Carneiro estava consciente disso e da importância de se regenerar. Deus lhe havia concedido essa nova aproximação, que ele pretendia aproveitar. Até entendia que, embora o relacionamento entre ele e Valéria fosse cortês, ela procurava manter sempre certa distância, como se, temerosa, aguardasse que as mudanças fossem corroboradas pelo tempo.

Carneiro sabia que tinha errado muito, por isso aceitava tudo com humildade e resignação, esperando que o tempo pudesse modificar o relacionamento entre eles. Com relação a Mauro, de quem se sentia devedor, e em quem reconhecia o chefe daquela pequena aldeia destroçada, incomodava-o o desemprego. Agora sentia alívio por ter ajudado a resolver esse problema, com a graça de Deus.

Também a situação em seu lar se acomodara. Seu relacionamento com a esposa melhorara bastante, e os filhos – em quem reconhecia valentes moradores da aldeia mortos no combate – mostravam-se mais acessíveis depois que ele abandonara o vício de beber. É bem verdade que o fumo ainda se lhe constituía num problema. Mais do que da bebida, sentia falta do cigarro, mas procurava, apesar de tudo, manter-se firme em seus propósitos de parar de fumar, reduzindo gradualmente a dependência.

Tudo tinha ficado muito claro em sua mente e ele agora conseguia entender perfeitamente as dificuldades de relacionamento que tivera a vida toda com a esposa, com os filhos e com os empregados.

A existência não tinha se transformado num céu sem nuvens, todavia Carneiro enfrentava os desafios da vida com firmeza, escorado nas lições evangélicas e nos conhecimentos espíritas.

Dentre os que mais estranharam sua mudança estavam seus subordinados. Ele tornara-se menos grosseiro e arrogante, mais afável e cortês; procurava ser justo e evitava demissões. De modo geral, o pessoal passou a relacionar o início das atividades de Valéria no cargo de secretária com as mudanças do patrão. Mesmo porque, quando em dúvida sobre alguma decisão, Carneiro sempre solicitava a opinião de Valéria, que respeitava bastante, não fazendo segredo da influência dela em suas decisões. Ainda aqui o passado se fazia presente. Espírito forte e combativo, ela sempre o havia influenciado, muitas vezes de maneira negativa, gerando compromissos graves para ambos. Agora, tinham a oportunidade de reparar uma parte desses erros, ajudando aqueles mesmos comandados que ora surgiam como operários da fábrica.

Dessa forma, a situação de todos, como um todo, melhorou muito, e, em vista disso, os colegas passaram também a respeitá-la, reconhecendo-lhe o equilíbrio, a ponderação das atitudes e a justeza nas decisões, quase sempre a favor dos empregados.

Carneiro tinha muitas outras imperfeições íntimas para trabalhar, porém uma das mais difíceis para ele era a sexualidade. Temperamento fogoso e sensual, até essa época vivera pensando prioritariamente nisso. Diga-se de passagem, não deixava passar oportunidade de um relacionamento mais íntimo quando a ocasião se apresentava. Toda mulher bonita e atraente era, potencialmente, sua presa.

O fato de conhecer a Doutrina Espírita, felizmente, fê-lo começar a pensar diferente, a analisar a responsabilidade que assumia perante seus atos e a temer-lhe as conseqüências, segundo a Lei de Causa e Efeito. Sempre utilizara o livre-arbítrio sem qualquer limite, usando e abusando de suas condições em busca do prazer puramente instintivo e material. Agora, tinha aprendido que todo relacionamento gera vínculo e comprometimento, por menor que seja.

Passava em revista seu comportamento anterior e sentia-se envergonhado. Desejava mudar, crescer, melhorar. Não que tivesse se libertado do problema, de forma alguma. A tendência ainda era muito forte nele, mas agora, ao ter um mau pensamento em relação a uma mulher, imediatamente tentava se corrigir.

Todos na fábrica percebiam sua mudança, pois parara de assediar as funcionárias.

Como conseqüência, a convivência com a esposa tornou-se muito melhor e mais agradável. Norma reconhecia-lhe o esforço e ajudava-o, dando-lhe sustentação e confiança. Através do Evangelho no Lar, que passaram a fazer semanalmente, o ambiente doméstico modificou-se sensivelmente, o que atraiu os filhos para a pequena reunião, intuitivamente compreendendo os jovens que dali provinham os recursos que geravam a harmonização da família.

Também na residência de Valéria e Mauro, com o amparo e a assistência dos benfeitores espirituais, tudo caminhava bem. Afastado o fantasma do desemprego, ganhando bem e suprindo as necessidades da família, Mauro tranqüilizou-se, passando a dedicar-se mais à área do labor no bem, que tanto apreciava. Dessa forma, a casa espírita ganhou excelentes trabalhadores na pessoa dos novos amigos, que se engajaram no serviço com boa vontade, determinação e amor aos sofredores.

Certamente, os problemas desse grupo de espíritos não estavam resolvidos, porque viriam outros em conseqüência de necessidades regeneradoras que a vida se encarregaria de lhes apresentar no momento propício, em virtude dos compromissos assumidos ainda na espiritualidade, por ocasião do planejamento reencarnatório. Todavia, o conhecimento espírita mostrava-se poderosa alavanca que lhes possibilitaria melhores condições para vencer.

Esses personagens, que não se reuniram por acaso na esfera terrena mas foram aproximados pela vida, que busca juntar afetos e desafetos do passado para o devido entendimento e harmonização, estavam aparelhados para o sucesso da encarnação.

Graças à bondade divina, nossos amigos teriam uma fase de tranqüilidade e paz, para fixação dos novos conhecimentos, e oportunidade de crescimento espiritual, amadurecendo os sentimentos.

❖

A área sexual, das mais antigas e importantes conquistas do ser imortal a caminho da evolução, também é a que lhe propicia maiores dificuldades.

Com a finalidade de procriação para o povoamento do planeta, Deus concedeu ao homem também o prazer no ato sexual, de modo a ganhar-lhe o interesse e a colaboração necessária a seus propósitos.

Com o passar do tempo e o progresso conquistado, o ser humano saiu da área puramente instintiva, desenvolvendo as sensações e lançando-se ao prazer puramente material.

Longo período decorreu até que aprendesse, no despertar da consciência, a distinguir o bem do mal, sublimando as sensações e transformando-as gradativamente em sentimentos.

Nessa época, passou a dar maior valor aos vínculos afetivos. Despertou-se nele o interesse pela família, passando a proteger a prole.

Dentro desse processo evolutivo, a sexualidade sempre desempenhou importante função, ajudando o homem, mas também sendo motivo de quedas fragorosas, gerando-lhe profundos comprometimentos na área afetiva.

Pouco a pouco, o ser imortal se espiritualiza, ganhando novas luzes e amadurecendo emocionalmente. De forma lenta e gradual, liberta-se da canga das paixões inferiores que o prendem ao solo, buscando as alturas pela elevação dos sentimentos, especialmente o amor em sua maior pureza, que lhe constitui a meta sublime de ascensão. E a evolução, que atinge todas as áreas do conhecimento humano, influencia a ciência, a filosofia e a religião. Esse avanço ético-moral, que foi plantado pelo Cristo há dois mil anos, permanece como bússola norteadora para o homem, indicando o rumo que lhe compete trilhar.

Os nobres valores evangélicos instalam-se, pouco a pouco, mudando os usos, costumes e tradições, regendo a legislação dos países, transformando socialmente os povos, gerando sociedades mais livres, mais fraternas e mais justas.

O avanço é lento, gradativo, mas constante.

No esforço ascensional, o maior desafio do espírito é vencer a si mesmo, dominando suas tendências inferiores e transformando imperfeições em virtudes.

A modificação moral é obra que se realiza no íntimo de cada ser, pelo esforço constante, em que a vontade de vencer a si próprio surge como condição prioritária e indispensável.

Para alcançar essa vitória, porém, podemos contar sempre com o amparo de Deus, que por meio de seus mensageiros – generosos benfeitores que nos orientam, protegem e fortalecem no curso das existências –, oferece-nos o necessário estímulo para as mudanças que precisamos realizar em nós.

Assim, diante das imperfeições, dos defeitos ou dos vícios, jamais desanimar, trabalhando sem cessar para vencer a si mesmo.

A sensualidade é um dos grandes problemas que ainda conservamos como espíritos imperfeitos, o qual pode ser equacionado ao influxo do amor e da elevação dos sentimentos.

Desse modo, diante de relacionamentos que envolvam a área dos sentimentos, notadamente a sexualidade, mantenhamos o maior equilíbrio possível, lembrando que a regra sempre é a do respeito ao semelhante, consoante a advertência de Jesus de que devemos fazer aos outros tudo o que gostaríamos que os outros nos fizessem.

Dramas comoventes e dores indescritíveis campeiam atualmente na sociedade pelo desrespeito ao direito do próximo. Imensa quantidade de pessoas se comprometeu na área afetiva, através do tempo, criando elos que não podiam manter, fazendo promessas que não pretendiam cumprir, enganando, espoliando e traindo seres que confiavam cegamente nelas. Em razão desse comportamento desequilibrado, infinidade de seres sofre hoje na Terra pelos desregramentos de ontem: muitos apresentam enfermidades adquiridas em virtude da inconseqüência dos relacionamentos fortuitos; outros voltam ao palco do mundo mostrando as condições do corpo espiritual danificado, trazendo no veículo físico as marcas de um passado de degradação e de erros, seja no aparelho genésico seja em qualquer outra parte do corpo, inclusive no cérebro, comprometido pelas loucuras de antanho.

Outros mais renascem desajustados com o meio em que vivem, com sérias inversões da polaridade sexual para aprenderem a respeitar o sexo oposto.

Os que não valorizaram o instituto familiar retornam para uma vida de solidão, desejando ardentemente um lar que não conseguem obter.

Mulheres que desvirtuaram a sublime função da maternidade cometendo aborto nascem desejando ardentemente uma maternidade, sem conseguir concretizar seu anseio. Em outros casos, são obrigadas a passar pelo mesmo sofrimento que geraram, ficando grávidas, não conseguindo levar a termo a gestação e sofrendo o processo abortivo que tanto buscaram no passado.

Ainda outras, dependendo da gravidade e das condições que trazem no perispírito, são levadas a sofrer elas próprias o aborto, na frustração de serem despejadas do claustro materno, sentindo na própria pele a dor que geraram anteriormente a seus filhos.

E as marcas emocionais permanecem por longo tempo, provocando também remorso lancinante, só amenizado com o reconhecimento da própria culpa e conseqüente arrependimento. Depois, partirão para a reparação dos erros cometidos, ajudando aqueles que prejudicaram no pretérito, o que lhes trará a regeneração perante a própria consciência, perante o semelhante e perante Deus. Só assim conseguirão a paz que tanto buscam, candidatando-se a um futuro mais feliz.

Desse modo, diante de um problema que envolva a sexualidade, lembrar-se de manter o equilíbrio das emoções, não se deixando levar pelas tendências instintivas, e procurar sempre a elevação do pensamento, pela prece, pela leitura edificante, pelo estudo e pelas boas obras, para ter o amparo dos bons espíritos.

Perante qualquer relacionamento que se delineie, colocar-se no lugar do outro e pensar: se isso estivesse acontecendo comigo ou com minha irmã, eu gostaria?

Em caso de dúvida, sempre remeter o pensamento a Jesus e ao seu Evangelho, procurando refletir: qual seria a atitude do Mestre em idêntica situação?

Dessa maneira, encontraremos a medida exata do que podemos e do que não devemos fazer, comportando-nos como pessoas dignas e úteis à sociedade em que vivemos.

21 capítulo

Preparativos

"O homem nem sempre é punido, ou completamente punido em sua existência presente, mas nunca escapa às conseqüências de suas faltas. A prosperidade do mau é apenas momentânea; se não for punido no hoje, o será no amanhã, e, sendo assim, aquele que sofre está expiando os erros do seu passado. A infelicidade, que à primeira vista nos parece imerecida, tem, pois, sua razão de ser, e aquele que sofre pode sempre dizer: "Perdoai-me, Senhor, porque errei."

(O EVANGELHO SEGUNDO O ESPIRITISMO,
ALLAN KARDEC, CAP. 5, ITEM 6)

Abrindo os olhos, ainda sonolenta, Juliana reconheceu o próprio quarto. Espreguiçou-se, feliz. Ansiosa, fez mentalmente as contas. Faltavam exatos trinta dias para seu casamento. Nesse instante, deu-se conta de que o tempo era curto e havia muitas providências a tomar.

Levantou-se rápido e foi para o banheiro cantarolando. Tomou banho, arrumou-se cuidadosamente e, após conferir com satisfação a imagem no espelho, pegou a pequena lista de prioridades para o dia, organizada na noite anterior, colocou-a na bolsa e saiu do quarto.

Agradável aroma de café recém-coado inundava a casa toda. Na cozinha, a mãe acabava de arrumar a mesa. Cumprimentou-a com um beijo:

– Bom dia, mamãe!

– Bom dia, minha filha. Dormiu bem?

– Otimamente! Demorei um pouco a adormecer procurando lembrar tudo o que precisava fazer hoje.

– Então se apresse ou chegará atrasada ao serviço. Faltam quinze minutos para as oito.

– É verdade, mamãe. Vou comer algo rapidinho.

Sentou-se, preparou uma xícara de café com leite, passou manteiga na metade de um pãozinho e comeu com prazer.

Olhou o relógio e levantou-se, apressada. Foi até a estante, pegou a bolsa, as chaves do carro e, dando um beijo na testa da mãe, despediu-se:

– Tenha um bom dia, mamãe. Ah! Não se esqueça de falar com a costureira. Ela precisa marcar a prova do meu vestido de noiva.

– Não esquecerei, filha. Vá com Deus!

Juliana tirou o carro da garagem e tomou o rumo da empresa onde trabalhava. O fluxo de veículos era intenso naquele horário e o exercício da paciência no trânsito, uma necessidade. Quando isso acontecia, para não se estressar, procurava lembrar-se de coisas boas, dos momentos felizes e, sempre, como era natural, do noivo, Renato. Era a solução que encontrara para não ficar nervosa e irritada com os engarrafamentos, tão comuns na grande capital, e, assim, nem ver o tempo passar.

Com o trânsito parado, fez uma ligação no celular para o noivo. Conversaram um pouco e ela explicou que estava retida no trânsito. Renato, felizmente, já estava no escritório de engenharia que dividia com um amigo, Danilo.

– Já lhe disse que eu a amo, querida? Não concebo mais a vida sem sua presença. Você é a luz do meu caminho. Não vejo a hora de estarmos casados e unidos para sempre – dizia ele, carinhoso e bem-humorado.

– Eu também, meu amor. Só vivo para você e aguardo com ansiedade a hora de estarmos finalmente juntos, aproveitando as nossas merecidas férias. Por falar nisso, já conseguiu escolher o terno?

– Ainda não. Estou me esforçando, pode crer. Não se preocupe.

– Olha lá, não vá me deixar esperando na porta da igreja por não saber que roupa usar – brincou ela.

– Pode ter certeza de que estarei na igreja na hora combinada. Quanto a você, só Deus sabe! O atraso das noivas é conhecido.

– Chegarei no horário, garanto. Não correrei o risco de perder você. Vou desligar, querido. Os carros estão começando a se movimentar. Ainda bem! Até mais tarde. Um beijo.

– Outro. Tenha um bom dia, querida.

Realmente os veículos tinham começado a rodar, e Juliana desligou o aparelho. Contente, ria sozinha. Nada podia alterar seu bom humor nessa fase que antecedia o casamento.

Meia hora depois, estava na empresa. A financeira localizava-se bem no centro da cidade, o que dificultava seu acesso.

Juliana teve dia agitado e cheio de serviço. Mal teve tempo de engolir alguma coisa na hora do almoço. Para não perder tempo, pediu um sanduíche e um suco numa lanchonete ali perto. À tarde, ao encerrar-se o expediente, estava cansadíssima e irritada. O bom humor, que ela julgava eterno, fora para o espaço. Não tinha feito nada do que programara fazer; as providências que ia tomar, aproveitando a hora do almoço, ficaram somente no papel.

Tirando o carro do estacionamento, lembrou-se de que precisava passar numa loja e comprar alguns materiais que estavam faltando para terminar de confeccionar as lembrancinhas do casamento. Lembrou também que essa loja costumava ficar aberta até mais tarde em virtude do grande movimento de fregueses.

Um pouco mais animada, estudando o trajeto, resolveu estacionar o carro numa avenida, cortando caminho por uma pequena rua transversal, pouco conhecida e sem movimento, que daria acesso à loja aonde pretendia ir. Esse expediente economizaria tempo e dinheiro, pois chegaria rapidamente à loja atravessando a viela, e não teria de gastar combustível dando uma grande volta.

Satisfeita com sua esperteza, chegando ao local, ela estacionou o carro, e entrou na pequena rua deserta.

Ao dar os primeiros passos, sentiu um calafrio de medo. A viela era escura, quase sem iluminação. Teve desejo de desistir, deixando a compra para o dia seguinte. Juliana, porém, tinha temperamento forte, era corajosa, decidida, e não se intimidou, continuando a caminhar. Apressou o passo. À sua frente, para incentivá-la, como no final de um túnel, via as luzes da avenida e da loja que ficava bem na esquina.

Que bom! Como imaginei, está aberta!

Juliana não percebeu que um rapaz, na avenida, encostado num poste, perto do local onde deixara o carro, a observava, interessado. Quando ela entrou na pequena rua, ele a seguiu. Não tinha andado muito, quando se sentiu agarrada por um braço forte enquanto a outra mão lhe tapava a boca, arrastando-a para um canto escuro, entre dois prédios.

Apavorada, sem poder reagir, ouviu alguém murmurar:

– Não grite nem faça nenhum movimento, ou morre aqui mesmo. Estou armado.

Ele apenas sussurrava no seu ouvido. A jovem sentiu seu hálito, o cheiro de tabaco, de suor, de sujeira e um cheiro estranho, que não sabia precisar, extremamente desagradável. Sentiu nojo.

Nisso, o frio do metal tocou seu pescoço. Com os olhos arregalados de pavor e o coração disparado, sentiu que ia morrer. O homem segurou-a com brutalidade e, juntando-lhe as mãos, a amarrou. Em seguida, arrastou-a pela viela de volta para o carro, ameaçando matá-la se fizesse um gesto, um grito ou se chamasse atenção de qualquer modo. Já na avenida, pegou as chaves, abriu a porta e empurrou-a para dentro do veículo.

Ele olhou em torno, vigilante. Ninguém tinha percebido nada. Deu partida no carro e saíram.

– Sabe que esses vidros escuros são uma boa? Ninguém vê o que se passa dentro de um carro – comentou irônico.

Juliana olhou para o homem. Somente agora podia vê-lo melhor. Era um rapaz novo, de boa aparência, embora malvestido e sujo. Os olhos injetados pareciam os de um louco. Deveria estar drogado.

Ele não me parece estranho. Onde já o teria visto?

Tentou conversar enquanto ele dirigia:

– Por favor, moço. Deixe-me ir! Pode ficar com o carro, mas solte-me. Tenho algum dinheiro na bolsa, relógio, anéis. Pode ficar com tudo, mas solte-me, por piedade!

– Cale a boca! Não pretendo machucá-la. Se for boazinha, não correrá perigo algum.

– Meus pais estão me esperando. Eles ficarão preocupados se eu não chegar, e chamarão a polícia.

O rapaz soltou uma gargalhada.

– A polícia não poderá fazer nada por você. Agora, cale-se. Deixe-me dirigir em paz. O trânsito está infernal.

Juliana achou melhor ficar quieta. O rapaz parecia muito nervoso com o movimento do trânsito naquela hora do *rush.*

Levou-a para fora da cidade. Estavam rodando, pelos cálculos de Juliana, havia uma hora, quando, chegando perto de um bosque de pinheiros, ele parou o carro, desceu e, dando a volta, abriu a porta, agarrou-a pelo braço e obrigou-a a descer sem se impressionar com o pavor estampado nos olhos dela.

– Agora, gatinha, vamos dar uma volta.

– Não! Por caridade! Deixe-me ir! – implorava ela, aos gritos, chorando.

– Pode gritar. Aqui ninguém vai ouvi-la.

Com o coração aos saltos, desesperada, Juliana gritava, esperneava, mas ele continuava a arrastá-la para o bosque, em meio à escuridão da noite.

Naquele momento, Juliana não conseguia pensar em nada. Só em si mesma. Olhou para o céu, onde infinidade de estrelas luzia à distância, indiferentes à sua situação e ao perigo que estava correndo. As únicas testemunhas não podiam socorrê-la.

❖

Tomando consciência, a um leve movimento, sentiu o corpo todo doer. Abriu os olhos lentamente. Só viu galhos de árvores e achou que estava sonhando. Tentou levantar-se, mas uma dor lancinante obrigou-a a deitar-se de novo. Apalpou o chão e pegou folhas secas. Estranhou. Não estava em sua cama. Procurou refazer mentalmente seus passos e, finalmente, se lembrou de tudo.

Não estou sonhando!

Caiu novamente em pranto convulsivo. As imagens brutais voltaram-lhe à mente, trazendo humilhação, medo e dor.

Depois de algum tempo, foi se acalmando e reconheceu que estava com vida, graças a Deus. Olhou em torno. Estava sozinha no meio do mato e não sabia quanto tempo teria transcorrido, mas era muito tarde, pois as primeiras luzes da manhã surgiam clareando levemente o lugar.

Refletindo sobre sua situação, decidiu procurar ajuda. Precisava sair dali. O criminoso poderia voltar e concluir o que não tinha feito, isto é, tirar-lhe a vida. Lembrou-se de uma frase que ouvira na televisão: todo criminoso volta sempre ao local do crime.

Definitivamente, não poderia continuar ali, mesmo porque tinha medo de animais, de bichos e de insetos que com certeza haveria em grande quantidade naquele lugar.

Com grande esforço, tentou colocar-se de pé. Despencou novamente. A dor era insuportável, como se estivesse ferida por dentro. Apalpou-se e percebeu que estava se esvaindo em sangue. Não poderia perder tempo. Já que não conseguia ficar de pé, resolveu arrastar-se no meio do mato. Felizmente, ele a desamarrara.

Assim, com grande dificuldade, gemendo e chorando, arranhando-se nas pedras e nos galhos caídos no chão, conseguiu aproximar-se da estrada. Ao ver o asfalto, muniu-se de coragem e, num esforço inaudito, colocou-se de pé, caminhando alguns passos, escorada nos troncos das árvores.

Quando chegou ao acostamento, viu as luzes de um carro que se aproximava. Levantou o braço, gritando por socorro. Todavia, o esforço foi demais para ela. As forças lhe faltaram e não viu mais nada, mergulhando novamente na inconsciência.

❖

Despertou num leito de hospital. Olhou em torno e viu duas pessoas estranhas: um rapaz e uma moça. Tentou movimentar o braço e não conseguiu. Gemeu e, em seguida, viu o rosto de sua mãe, surpreso e aliviado, inclinado sobre ela:

– Oh! Minha filha, que bom que acordou! Como está se sentindo?

– O que aconteceu?

Os dois jovens se aproximaram do leito, satisfeitos e emocionados. A mãe respondeu, perguntando com suavidade:

– Você não se lembra?

Juliana fez um gesto negativo com a cabeça.

– Você sofreu uma violência, minha filha, mas está tudo bem. Foi encontrada numa estrada por Leandro e Meire, que a socorreram trazendo para este hospital. Desde esse dia, eles têm sido incansáveis em nos ajudar. São grandes amigos nossos.

Juliana olhou os dois jovens, agradecendo.

– Há quanto tempo?...

– Quinze dias, minha filha.

– Tudo isso? Por quê?

A mãe olhou para os jovens, indecisa. Não sabia se podia contar toda a verdade para a filha.

– Bem, minha querida, você estava machucada e passou por uma cirurgia. Entrou em coma e... Enfim, seja bem-vinda, minha filha!

– Estou começando a me lembrar. E meu carro?

– Não se preocupe com ele, Juliana. Isso é o de menos. A polícia está procurando o criminoso, mas até agora nada. Não existe pista alguma.

Meire aproximou-se, lembrando com carinho:

– Você terá tempo para saber de tudo, Juliana. Agora, seria melhor descansar um pouco. Está muito debilitada.

Os demais acompanhantes concordaram. Leandro, com senso prático lembrou:

– Vou avisar a enfermeira que Juliana acordou.

Ele apertou a campainha e, em seguida, uma enfermeira entrou no quarto.

– Chamaram?

– Sim, temos novidades. Veja! Juliana acordou! – disse a mãe, emocionada.

– Que bom! Como está, Juliana?

– Bem.

– Ótimo. Vou avisar o médico.

Quando uma enfermeira chegou para verificar a pressão e a temperatura da paciente, Juliana já estava dormindo de novo.

O médico entrou no quarto, sorridente.

– Ora, então nossa Juliana acordou, dona Helena?

– É verdade, doutor Bruno. Conversou conosco, só que já caiu de novo no sono! – informou a mãe, lamentando.

– Não se preocupe, dona Helena, é natural que isso aconteça. Ela está muito fraca, sem energias. Esse fato, porém, denota que está se recuperando. Quando acordar, me chamem sem falta.

Despediu-se. Após a saída do médico, Leandro, Meire e Helena lembraram que precisavam comunicar a novidade aos familiares, parentes e amigos. Helena telefonou para o marido, dando-lhe a boa-nova.

Quinze minutos depois, Antero entra no quarto de hospital, ansioso. Cumprimenta os jovens, aproxima-se do leito onde Juliana ainda dorme e, passando a mão pelos cabelos da filha, pergunta para a esposa:

– Como ela está, Helena?

– Muito bem. Conversou conosco e agora está dormindo de novo, mas o doutor Bruno disse que é normal. Estamos esperando-a acordar.

Duas horas depois, Juliana desperta e logo vê o rosto do pai inclinado sobre ela.

– Papai...

– Minha filhinha! Que bom que você voltou para nós.

Ela sorriu de leve, balançando a cabeça:

– Vocês não se livrarão de mim tão fácil.

Nesse momento, a porta abriu e o médico entrou. Tratava-se de um senhor de cabelos grisalhos, fisionomia simpática e olhos serenos.

– Ora, vejam! Resolveu acordar, não é? Seja bem-vinda ao nosso mundo, Juliana – brincou, já pegando o estetoscópio para examiná-la. – Podem dar licença?

Os demais saíram deixando-o a sós com a paciente.

– Meu nome é Bruno, Juliana. Você não me conhece, mas eu a conheço bem. Estivemos juntos todos estes dias.

– Como estou, doutor?

– Diga-me você. Como se sente?

– Acho que estou bem. A cabeça está um pouco confusa...

– É natural. Aos poucos voltará ao normal. Sente dor?

– Sim. Doutor, o que aconteceu comigo? Ninguém quis dizer nada.

O médico sentou-se na beirada da cama e explicou de maneira sucinta:

– Vou lhe contar a verdade, pois você irá se lembrar mesmo. Quando a trouxeram, seu estado era muito grave, Juliana. Você ficou muitas horas sem receber socorro. Tinha perdido muito sangue e seus sinais vitais estavam em franco declínio. Foi submetida a uma cirurgia reparadora.

– Cirurgia reparadora?

– Sim, você ficou bem machucada. Teve um problema após a cirurgia e entrou em estado de coma, ficando na Unidade de Terapia Intensiva por vários dias. Mas melhorou e foi trazida para o quarto, onde poderia ficar com a família. Em relação à cirurgia, você está bem, tenho-a examinado diariamente. Um pouco de dor é normal, especialmente quando quiser se levantar. Enfim, está em franca recuperação, especialmente agora que voltou à consciência. Mas, teremos tempo para conversar. Está com fome?

– Um pouco.

– Ótimo. Vai uma feijoada?

Ao ver a surpresa e o sorriso que aflorou no rosto dela, retificou:

– Estou brincando! Queria mesmo ver como fica sorrindo. Parabéns! Tem um sorriso lindo! Vou mandar trazer-lhe um caldo leve. Amanhã logo cedo estarei aqui. Até logo.

Antes que o médico saísse, uma cara diferente e gorda assomou à porta.

– Bom dia, doutor. Soube que a *nossa* paciente acordou e vim tomar-lhe o depoimento.

Assustada, Juliana repetiu:

– Depoimento?

Ao mesmo tempo, o médico recusou de maneira firme:

– Impossível, delegado. A *minha* paciente não está em condições de falar sobre o acontecido.

– Voltarei amanhã, então.

Apavorada, Juliana perguntou ao médico:

– Por que depoimento?

– Você foi vítima de um estupro, roubaram seu carro, e a polícia precisa conhecer a sua versão dos fatos, como as coisas se passaram, já que não há ninguém de testemunha.

– É verdade. Não disse ao senhor que estou confusa?

– Isso passa. Fique certa, porém, que só falará quando achar que está preparada. Certo?

– Certo. Obrigada, doutor. Até amanhã, então.

– Até amanhã.

capítulo 22

Voltando à vida

"Bem-aventurados os que choram, porque serão consolados."

Jesus (Mateus, 5: 5)

Com a mudança das condições da paciente, o médico aconselhou às pessoas que permaneciam mais com ela no hospital que relaxassem um pouco. Juliana estava bem e ele deixaria uma enfermeira atenta, assistindo-a.

Desse modo, naquela noite, a paciente ficou algum tempo sozinha, aos cuidados da enfermeira que, a espaços regulares, vinha vê-la. Meire e Leandro tinham ido para a faculdade. Dona Helena aproveitou para ir descansar em casa, tomar um banho, fazer uma refeição e verificar como estavam as coisas, no que foi acompanhada pelo marido.

Juliana cochilava quando a porta se abriu de mansinho. Um rapaz aproximou-se do leito sem fazer barulho. Era bonito, alto, tez morena. Juliana sentiu a presença de alguém e abriu os olhos.

– Minha querida, como está? Senti tanta saudade!

– Renato!

Só naquele momento ela lembrou-se do noivo. *Meu Deus! E o nosso casamento?* – pensou.

Tudo lhe parecia tão distante! Começou a chorar. Sentia-se culpada por estar causando transtornos a ele. Afinal, tinham projetado o casamento havia meses. Como ficaria?

– Perdoe-me... – balbuciou.

– O que é isso, querida? Você não teve culpa!

– Se eu não tivesse ido àquela loja nada disso teria acontecido. E agora? Estávamos a poucos dias do nosso casamento! Os convites já haviam sido enviados. Como vai ser?

Ele afastou-se, buscando o vão da janela, onde ficou olhando para fora, fixando o vazio.

– Você ouviu minha pergunta? – tornou a indagar.

Com expressão tensa, denotando certo constrangimento, ele respondeu a contragosto:

– Infelizmente, não vamos mais nos casar, Juliana. Não agora.

Lembrando-se da sua situação, ela questionou:

– O que aconteceu naquela noite mudou alguma coisa para você? Não quer mais se casar comigo, é isso?

Vendo-lhe a expressão de sofrimento no rosto, ele contemporizou:

– Não, querida, não é isso. É que na data prevista não dará mais tempo. Mesmo porque já avisamos os convidados de que não haveria casamento, isto é, nem sabíamos se você... enfim...

– Se eu sobreviveria?

– Juliana, ninguém sabia o que ia acontecer. Você estava em coma, os médicos não sabiam se ia voltar à consciência. E se isso acontecesse, quando poderia ocorrer. Entende?

Com um gesto de cabeça, Juliana demonstrou que compreendia.

No entanto, ela notou uma frieza tão grande no noivo que ficou decepcionada. Sempre carinhoso, Renato não a tinha beijado, nem lhe dirigira aquelas lindas palavras de amor que dizia quando se encontravam. Algo tinha mudado. Munindo-se de coragem, Juliana respirou fundo e disse:

– Quero que saiba, Renato, que não é obrigado a casar-se comigo. Compreendo que a situação mudou desde aquele dia em que conversamos pela última vez, lembra-se? Para mim o tempo não passou e parece que aconteceu ainda ontem.

– Porque você estava em coma e é natural que se sinta assim – interrompeu-a ele.

– É verdade. Lembro-me como se fosse hoje. Eu estava num engarrafamento e sentia-me tão feliz que nada daquilo me incomodava, a irritação dos motoristas, as buzinas estridentes, os palavrões, nada. Liguei para você, conversamos. Você disse que me amava loucamente e que não via a hora de estarmos juntos para sempre.

O rapaz olhou para a noiva. Ela parecia tão frágil, tão indefesa naquela cama de hospital, que ele se emocionou.

– Lembro-me sempre desse dia. Nada mudou entre nós, querida. O casamento será adiado por algum tempo até você se recuperar. Só isso. Não se preocupe.

Juliana permaneceu calada, pensativa. Depois perguntou num fio de voz:

– Você ainda me ama?

Renato, que parecia alheio, levou um susto.

– Claro que eu a amo. Você tem alguma dúvida?

Juliana sorriu levemente e não respondeu. O rapaz agitou-se, incomodado, e apressou-se em se despedir:

– Querida, não quero cansá-la. Voltarei amanhã quando estiver melhor. Ah, meus pais mandaram-lhe um abraço e lhe desejam feliz recuperação. Amanhã eles virão lhe fazer uma visita. Boa noite!

– Boa noite!

O noivo saiu e Juliana não conteve as lágrimas. Estava convicta de que Renato não a amava mais. Lembrou-se do relacionamento de ambos antes do acontecido, do carinho, das atenções, do amor sempre presente. Agora, Renato estava distante, frio e alheio. Como quinze dias poderiam ter feito tanta diferença?

A enfermeira assomou à porta e encontrou-a em prantos. Assustou-se.

– O que houve, Juliana? Pensei que fosse ficar feliz com a visita do noivo!

– Sinto que o mundo está ruindo à minha volta – murmurou.

Havia uma dor tão profunda na sua voz e tanta tristeza e desesperança no olhar, que a enfermeira se comoveu.

– Não chore, Juliana. Você está bem, todos estão felizes. Se você teve uma briguinha com o noivo, isso acontece. Logo passa.

– Ele não me ama mais. Ele não me ama mais – repetia ela, mais para si mesma.

Juliana chorava copiosamente e nada conseguia diminuir seu sofrimento. Diante do descontrole da paciente, a enfermeira rapidamente consultou o médico, que mandou aplicar-lhe um sedativo. Após a injeção, ela mergulhou novamente no sono.

❖

No dia seguinte, o movimento de visitantes era intenso: familiares, amigos, colegas de serviço, todos queriam vê-la.

Quando o médico chegou, o tumulto era tão grande que ele foi taxativo. Só os acompanhantes permaneceriam no quarto. Juliana precisava mais do que nunca de tranqüilidade para se recuperar.

Os pais de Renato também compareceram trazendo um lindo ramalhete de flores. Helena e Antero levaram o casal para uma sala ali perto, pequena e aconchegante, onde poderiam conversar. Justificaram a ausência do filho, alegando que ele tinha um projeto urgente para entregar, e cujo prazo estava se esgotando; que ele viria assim que concluísse o trabalho. Ansiosos, queriam resolver logo o problema do casamento, mas os pais de Juliana se mantiveram discretos, cordiais e ponderados.

Helena e Antero, que tinham sido informados, pela enfermeira, da crise que Juliana teve depois da visita do noivo, acharam melhor dar tempo ao tempo. Para eles, a única coisa que contava era o bem-estar da filha. O resto era secundário. Assim, Helena ponderou:

– Temos de deixar que eles resolvam. Não devemos interferir. E Juliana, no momento, ainda não está em condições de decidir nada. Vamos aguardar.

O casal trocou um olhar, concordando. Logo em seguida despediram-se, para alívio de Helena e Antero.

O delegado também compareceu. Queria falar com Juliana. Helena imediatamente se posicionou ao lado da filha, para defendê-la:

– Minha filha precisa de sossego, delegado. Não pode pretender incomodá-la agora, enferma como está.

Juliana interferiu, concordando:

– Pode deixar, mamãe. Conversarei com ele. Quero saber o que tem a me dizer. Se precisar, chamarei.

Assim que ficaram a sós, o delegado puxou uma cadeira e sentou-se ao lado do leito.

– Todos me chamam de Gonzaga. Não se preocupe, Juliana. Só pretendo fazer-lhe algumas perguntas.

– Pode falar, doutor Gonzaga.

– Conte-me como tudo aconteceu.

Juliana relatou como tinha resolvido fazer compras numa loja e resolvera estacionar o carro na avenida próxima, cortando caminho pela pequena rua transversal.

– Sei qual é. Você tinha visto o rapaz que a abordou?

– Não. Só quando ele me agarrou pelas costas e tapou minha boca.

Nesse instante, Juliana começou a ficar agitada e o delegado acalmou-a:

– Fique tranqüila. Tudo já passou. Como era o rapaz? Conseguiu vê-lo bem?

– Não naquele momento. Estava escuro e ele se mantinha às minhas costas. Só pude vê-lo quando entramos no carro.

– Descreva-me. Como era ele?

– Bem, ele era um rapaz de boa aparência, embora malvestido e sujo. Pele clara, cabelos loiros penteados para cima, espetados. Olhos claros, verdes talvez.

– Altura?

– Talvez um metro e oitenta, mais ou menos.

– Algum detalhe especial que tenha chamado sua atenção?

– Como assim, delegado?

– Um tique nervoso, uma mancha na pele, uma marca de nascença. Essas coisas são importantes para identificar o criminoso.

– Nada. Não me lembro de nada.

– Está bem. Se lembrar, me avise. Quando estiver melhor, marcarei um horário para tomar seu depoimento. Obrigado, moça. Fico feliz que esteja se recuperando. Até logo.

Alguns dias depois, Juliana teve alta e pôde retornar ao lar, cercada pelo carinho dos familiares e amigos. Cheios de alegria, entraram em casa; ao abrir a porta do seu quarto, Juliana chorou de emoção.

Ainda precisava de cuidados, de repouso e de medicação calmante para dormir, mas o fato de estar no seu ambiente dava-lhe mais segurança. As imagens do acontecido assomavam-lhe sempre à memória e, nesses momentos, ela entrava em crise; agitava-se e gritava, em profundo desespero. Não raro tinha sono tumultuado e acordava em pânico, chorando e gritando, com os olhos esgazeados.

A mãe corria para perto dela e abraçava-a, fazendo com que voltasse à realidade.

– Calma, filhinha, já passou. Você está aqui em casa, conosco. Calma.

Aos poucos, ela serenava, e voltava a dormir, depois de nova dose de remédio.

Com o passar dos dias, as crises foram se espaçando e Juliana já conseguia até sorrir.

Na semana seguinte, tinha horário marcado com o médico. Compareceu ao consultório. Ele a examinou, cuidadosamente. Depois, fez algumas perguntas.

– Como está se sentindo, Juliana?

– Bem, doutor. As dores diminuíram e estou andando bem melhor.

– E a menstruação?

– Ainda não veio, doutor.

– É normal. Sempre que o organismo é agredido, ou sofre um abalo, ocorre um descontrole nas regras. E, no seu caso, além da violência, você foi submetida a uma cirurgia.

Conversaram mais um pouco e marcaram o retorno dela para a semana seguinte. Na despedida, o médico, lembrou:

– Se houver mudanças, me avise. E como ficou com a polícia?

– Irei prestar depoimento amanhã cedo.

– Muito bem. Mantenha-se equilibrada, serena. É importante tomar um tranqüilizante antes. Se precisar de mim, estarei à sua disposição, Juliana. Passe bem. Até logo, dona Helena.

Juliana saiu do consultório médico e, caminhando na rua, uma desagradável sensação de que estava esquecendo algo importante vinha-lhe à mente.

– O que foi, minha filha? Parece tensa.

– Nada, mamãe. Tenho a sensação de que preciso me lembrar de algo, e não consigo.

– Qualquer hora você acabará se lembrando. Esqueça. A recordação virá quando menos esperar. Esta é a primeira vez que você sai de casa, filha. Vamos a um *shopping*? Veremos lojas bonitas e tomaremos um lanche, como você sempre gostou de fazer.

Juliana concordou. Mãe e filha passaram horas agradáveis conversando e se divertindo, esquecendo um pouco dos problemas. Helena sabia que a filha estava tensa com a ida à delegacia no dia seguinte.

Naquela noite, Juliana demorou a conciliar o sono. Sentia que algo estava lhe escapando. Sempre aquela incômoda sensação de uma lembrança que foge.

Afinal dormiu, mas teve sono agitado. Despertou no meio da noite em pânico, banhada em suor.

– Calma, filhinha, isso passa. Estou aqui com você – disse o pai, abraçando-a com carinho.

– Sempre a mesma cena, papai. Aquele homem horrível me arrastando para o meio do mato. Procuro esquecer, mas não consigo.

– Não seria melhor telefonar para o delegado avisando que você não pode comparecer, filha?

Juliana pensou um pouco e resolveu:

– Não, papai. Tenho de enfrentar meus fantasmas. Não posso continuar fugindo do problema. Acho que vou aceitar a ajuda daquele psicólogo que o doutor Bruno indicou.

– Ótimo. Tenho certeza de que lhe fará bem, filha. Agora durma um pouco. Ficarei aqui a seu lado.

Na manhã seguinte, Juliana se dirigiu à delegacia junto com seus pais. O delegado a fez entrar, com gentileza. Depois, solicitou a um investigador que ali estava:

– Tadeu, sirva um café para o casal.

Juliana sentou-se. Nunca tinha entrado numa delegacia. Viu um rapaz que estava trabalhando num computador e que continuou na sala. Sentiu-se mal com a presença dele.

O delegado Gonzaga sentou-se do outro lado da mesa, sorridente.

– Bem, vamos começar. Você vai repetir aqui o que me disse no hospital, está bem Juliana? Pode começar.

– Ele vai ficar aqui? – questionou, olhando constrangida para o rapaz, que continuava trabalhando.

– É preciso, Juliana. Ele vai anotar tudo o que você disser. Depois, você vai ler o depoimento e assinar, se estiver tudo conforme.

Certo? Muito bem. Comece do começo. Terminava o expediente na empresa. O que você fez?

Juliana começou a contar e envolveu-se com o relato, esquecendo-se de que havia uma terceira pessoa na sala.

– Quando parou na avenida, notou alguém por perto?

– Várias pessoas, o trânsito era intenso, mas não vi ninguém em especial.

– Continue. Você entrou na ruela e...

– Senti um arrepio de medo. Quis retroceder, mas decidi prosseguir.

– Interessante. Já tive ocasião de perceber esse fato inúmeras vezes. É como se a pessoa fosse alertada de algum perigo iminente. Se déssemos mais atenção a esses avisos, nos livraríamos de muitos acontecimentos funestos.

Juliana fitou o delegado sem saber o que dizer. Ele tinha razão. Se ela tivesse ouvido sua voz interior, nada teria acontecido.

– Desculpe-me a interrupção. Continue, Juliana. Você prosseguiu...

– Sim. De repente, senti um braço forte me agarrando enquanto a outra mão me tapava a boca.

Ela começou a ficar agitada, nervosa. Gonzaga percebeu.

– Relaxe, Juliana. Aceita uma água? Um café? Quer parar um pouco? Não temos pressa.

– Aceito uma água, por favor. Não, não quero parar. Quanto antes acabar, melhor.

Discretamente, o rapaz do computador levantou-se e trouxe um copo com água, colocando-o à frente dela. Juliana tomou alguns goles, respirou fundo e disse para o delegado:

– Podemos continuar.

– Ótimo. Vamos em frente.

Aos poucos, ela foi relatando tudo como tinha acontecido. O trajeto no meio do trânsito intenso, suas súplicas para que ele a deixasse ir embora, a parada na estrada em local isolado perto de uma mata. Contou como ele a arrastara pelo mato, afastando-se da estrada. Como a espancara porque não parava de gritar.

Parou de falar por alguns momentos, concluindo:

– Depois não me lembro de mais nada.

– Você foi estuprada. Não se lembra de nada?

– Não. Devo ter desmaiado. Ele batia minha cabeça no chão, repetidas vezes, me dava socos no rosto...

– Então você não viu mais nada. E depois?

– Acordei sem ter noção de onde estava, o que tinha acontecido e quanto tempo se passara. Entrei em pânico. Sentia dores lancinantes no corpo todo, especialmente na região de baixo. Percebi que estava sangrando e entendi que precisava buscar ajuda. Ele não estava mais por ali, tudo estava quieto. Só ouvia o barulho dos animais noturnos, o que me deixava apavorada.

Contou como tentou se levantar várias vezes, mas as dores eram insuportáveis e não conseguia. Então, resolveu se arrastar, se ferindo em galhos, pedras e asperezas do solo, até que chegou à estrada. Vendo as luzes de um veículo que se aproximava, levantou-se com esforço inaudito e ergueu um dos braços. Em seguida, perdeu os sentidos de novo.

– Daí em diante eu já conheço os fatos. Leandro e Meire vinham de uma festa em cidade próxima e notaram alguém que pedia socorro. Pararam e, percebendo que seu estado era grave, chamaram a ambulância. Você teve sorte, garota, aquela é uma estrada secundária, de pouco movimento, e poderia levar muito tempo antes que alguém transitasse por ali. Sem contar que muitas pessoas nem param, achando melhor não se envolver.

O delegado fez uma pausa, olhando a moça ali à sua frente, depois disse:

– Bem, por hoje é só. Sei que foi muito difícil para você reviver os fatos, mas era absolutamente necessário, Juliana. Peço-lhe desculpas, mas faz parte do meu trabalho.

– Foi difícil, sim, doutor Gonzaga, mas agora me sinto mais aliviada. Como estão as investigações? O senhor tem idéia de quem possa ser o criminoso?

– Infelizmente não, Juliana. Temos alguns palpites, mas nada de concreto. Se você pudesse se lembrar de alguma coisa que nos ajudasse, algo de diferente nesse homem, uma peça de roupa, uma tatuagem, uma marca, qualquer coisa serve.

Ao ouvir essas palavras, Juliana finalmente se lembrou:

– Meu Deus! Como pude me esquecer? Sim, ele tinha uma tatuagem no ombro direito! Era isso o que eu estava tentando recordar e não conseguia. Ele estava com uma camiseta regata preta sob uma jaqueta jeans velha e suja, sem mangas, como um colete; então pude ver a tatuagem. Não era grande, no alto do braço.

– Como era essa tatuagem?

– Parece-me que era um animal. Talvez um crocodilo ou um dragão. Não posso afirmar com certeza. Não estava em condições de prestar atenção.

– Entendo. Muito bem, Juliana. Esse detalhe vai poder nos ajudar bastante, tenha certeza. Você está liberada agora. Qualquer notícia, eu volto a me comunicar com você. Obrigado. Tenha um bom dia.

Na sala de espera, o delegado declarou para o casal que aguardava impaciente, enquanto se despedia:

– Tivemos uma manhã produtiva. Juliana lembrou-se de um aspecto importante. Obrigado. Se tiver notícias, entrarei em contato.

Juliana voltou para casa mais tranqüila e bem mais aliviada.

capítulo 23

Tomando decisões

"Em que momento a alma se une ao corpo?"
"A união começa na concepção, mas só se completa no instante do nascimento. No momento da concepção, o Espírito designado para habitar determinado corpo se liga a ele por um laço fluídico e vai aumentando essa ligação cada vez mais, até o instante do nascimento da criança. O grito que sai da criança anuncia que ela se encontra entre os vivos e servidores de Deus."

(*O Livro dos Espíritos*,
Allan Kardec, questão 344)

Aos poucos, Juliana foi voltando à sua rotina. Recomeçou a trabalhar, sair de casa, fazer compras, ver as amigas e, especialmente, a encontrar-se com o noivo. Pelo visto, tudo parecia ter voltado ao normal. Todavia, algo dentro dela mudara. Não sentia mais a mesma satisfação nas coisas que fazia antes.

Quanto a Renato, embora continuasse a afirmar que a amava, o relacionamento entre eles era morno, para não dizer frio. Ele evitava ficar a sós com Juliana, procurando estar sempre no meio de pessoas, se cercando de gente. Nova data fora marcada para o casamento, que se realizaria dentro de dois meses. As famílias estavam felizes, esmerando-se em organizar os preparativos, dos quais os noivos não participavam.

Juliana, intimamente, sentia que o casamento não se realizaria.

Fazia algum tempo que vinha experimentando estranhas sensações. Sentia-se irritada, nervosa; diziam-lhe que era a falta da menstruação, que ainda não viera, porém que isso se resolveria em pouco tempo. Certo dia, Juliana passou mal na empresa, perdeu os sentidos e caiu no chão. Assustada, resolveu ir ao médico. Telefonou, e como era uma emergência, a secretária encaixou-a entre as consultas marcadas para aquele mesmo dia.

Quando ela entrou na sala, o médico a cumprimentou sorridente:

– Boa tarde, Juliana! Que prazer revê-la!

– Boa tarde, doutor Bruno.

– Sente-se, Juliana. Como tem passado? Alguma novidade?

Os olhos da jovem se encheram de lágrimas, que não chegaram a cair.

– Não sei o que está acontecendo comigo, doutor Bruno. Ando nervosa, irritada, descontente e sinto algumas coisas estranhas. Hoje, pela manhã, tive um mal-estar no serviço e cheguei a desmaiar! O que pode ser isso, doutor?

O médico acalmou-a com sua voz serena:

– Fique tranqüila. Vou examiná-la.

Delicadamente, fez com que a paciente se deitasse na mesa de exames clínicos e começou a examiná-la. Vez por outra fazia alguma pergunta, que ela respondia.

– Está se alimentando direito, Juliana?

– Não, doutor. Não consigo comer nada. Se insisto, tenho até náuseas.

– Tem dormido bem?

– Muito bem. Durmo até demais. Tenho enfrentado dificuldade para sair da cama e ir trabalhar de manhã.

– Como está a urina?

– Normal.

Quando terminou o exame, ela indagou:

– E então, doutor?

– Aparentemente, você está saudável. Deve ter tido alguma queda de pressão em virtude do calor excessivo que tem feito nesses últimos dias. Vou pedir alguns exames de sangue e de urina. Quando estiverem prontos, retorne.

Juliana, ainda não satisfeita, voltou a inquirir o médico:

– O senhor acha que eu estou doente, doutor?

– Não, Juliana, ao contrário. Acho que você está bem saudável.

– Então, por que esse mal-estar que venho sentindo?

O profissional fitou-a sério, e depois lhe disse:

– Juliana, gosto de você como se fosse uma filha, a filha que não tive. Durante aquele período passado no hospital, afeiçoei-me a você.

– Obrigada, doutor. Mas noto, pela sua expressão, que o senhor está analisando se deve me contar a verdade. Pode falar que vou saber entender e aceitar, doutor.

– Juliana, não gostaria de afligi-la sem motivo. Por isso solicitei os exames. Vamos aguardar.

Percebendo que estava certa, que o médico estava escondendo alguma coisa, reagiu enérgica:

– Não, doutor. Quero saber agora. O que está acontecendo comigo? Não sairei daqui enquanto não souber a verdade.

Ele respirou fundo, olhou-a fixamente e falou:

– Você está grávida.

Olhos arregalados, boca aberta, Juliana julgou não ter entendido.

– O que disse, doutor?

– Que você está esperando uma criança, Juliana.

– Não pode ser! Isso é alguma brincadeira de mau gosto?

– Acha que eu brincaria com você? Por isso pedi os exames, que vão confirmar meu diagnóstico.

Juliana começou a chorar, desesperada:

– Mas o senhor disse que minha menstruação não tinha vindo em virtude da cirurgia e de tudo o mais!

– Sim, e era verdade. Porém, suas regras já deveriam ter vindo. Juliana, procure manter a calma, ter um bebê não é o fim do mundo.

– Meu Deus! Doutor, o que eu faço? Meu casamento está marcado para breve, os preparativos sendo feitos. Agora, essa bomba? Como Deus foi fazer isso comigo?

Com o corpo todo a tremer, demonstrava um desespero enorme.

– Parece que minha cabeça vai explodir, doutor. O que vai ser da minha vida agora? Temo enlouquecer. De um tempo para cá, sinto que o mundo está desabando sobre mim.

Em vista do seu estado emocional, o médico ministrou-lhe um calmante. Depois, sentou-se na frente dela e, tomando suas mãos nas dele, considerou com imensa ternura:

– Juliana, minha filha, sei que foi um golpe muito forte, especialmente depois de tudo o que você passou. Mas, veja! Para tudo existe uma solução! Pode ser que seu noivo aceite essa criança...

– Conheço Renato, doutor. Não aceitará.

– Bem, existe uma saída que a lei lhe oferece. Quando a gestação é oriunda de um estupro, pode-se interromper a gravidez.

– Fora de cogitação, doutor. Minha consciência nunca aceitou o aborto. Tenho respeito demais pela vida para tomar tal atitude.

O médico sorriu com os olhos úmidos de emoção:

– Sinto um profundo respeito por você, Juliana, e suas palavras só fizeram aumentar minha admiração por sua pessoa.

Ela levantou os olhos vermelhos de chorar e a expressão era de uma imensa dor.

– Agradeço-lhe. Mas isso não resolve o meu problema, doutor.

– Eu sei e compreendo o que está sentindo. Aconselho-a a voltar para casa e refletir bem no que quer fazer. Coloque seus pais a par do que está acontecendo. Seja qual for sua decisão, terá de ter o apoio deles. Conte comigo em qualquer circunstância. Está bem?

Despediram-se com um grande abraço. Antes de Juliana sair, ele mostrou preocupação.

– Você veio sozinha? Quer que minha secretária a leve em casa? Não pode dirigir neste estado.

– Não, doutor. Já estou bem, pode crer. Até logo.

Saindo do consultório, Juliana pensou que teria de enfrentar momentos difíceis. O primeiro, seria contar a seus pais.

Ao entrar em casa, a mãe estranhou ao vê-la chegar tão cedo do trabalho, ao que ela deu uma desculpa, alegando que estava com dor de cabeça e saíra antes do horário.

– Vou descansar um pouco, mamãe. Quando o papai chegar, me chame, por favor.

– Certo. Então, vou preparar o jantar mais cedo.

Juliana fechou-se em seu quarto, jogou-se na cama e cobriu a cabeça com a colcha. Ali, quietinha, chorou bastante.

Quando Helena foi avisar que o jantar estava na mesa, estranhou vê-la com a cabeça coberta com o calor que estava fazendo. Não fez comentários, entendendo que alguma coisa estava acontecendo.

Juliana beijou o pai e sentou-se à mesa. O ambiente da sua casa, que sempre fora alegre e descontraído, tornara-se pesado e triste.

Helena notou que a filha mal tocara na comida, mas não disse nada. Quando terminaram a refeição, foram para a sala, como de hábito. Antes que o pai ligasse a televisão, Juliana informou, reunindo as forças:

– Preciso conversar com vocês dois.

– Sim, filha, pode falar. Seja o que for, sabe que pode contar comigo e com sua mãe – disse o pai, preocupado.

– Estou grávida.

– O quê?!... – disseram ambos ao mesmo tempo.

– Sinto-me desesperada! Nem por um momento pensei nessa possibilidade.

– Esse filho é do Renato? – gaguejou o pai.

– Claro que não, papai. Se fosse, não haveria problema. Renato e eu não tivemos relacionamento algum nesse período.

– Então...

– ... É um filho daquele miserável que estou esperando. Entendem meu desespero? O que será de mim agora? Minha vida está destruída.

Cobriu o rosto com as mãos a chorar convulsivamente. Os pais a abraçaram, também em lágrimas.

– Tem certeza, minha filha? – indagou a mãe.

– Hoje tive um desmaio no serviço, e fui ao médico. Doutor Bruno mandou fazer alguns exames, mas percebi que ele sabia o que estava acontecendo comigo. Apertei-o, e ele contou-me a verdade.

– Filha, ele pode ter-se enganado. Não seria o primeiro médico que erra. Olhe, acalme-se. Amanhã logo cedo vamos ao laboratório. Quem sabe tudo não passa de um engano?

– Eu "sinto" que estou grávida, mamãe.

Helena, que tinha feito uma pausa, prosseguiu:

– E se estiver? Você teve relacionamento com Renato antes, não foi? Então, mesmo que esteja grávida, não se desespere. Pode ser que a criança seja do seu noivo e não daquele criminoso. Faremos um teste de DNA e tudo será esclarecido. Vamos! Não chore, minha querida. Relaxe. Vou buscar o remédio para que você possa dormir bem. Precisa descansar.

Com as ponderações da mãe, Juliana aos poucos se acalmou. *Essa criança pode ser filho de Renato!* Uma réstia de esperança surgiu em seu íntimo. Nem tudo estava perdido.

❖

Na manhã seguinte, Helena e a filha levantaram bem cedo e foram ao laboratório. A coleta do sangue teria de ser feita em jejum. Depois, como Juliana estivesse muito combalida, não foi trabalhar.

Passado o período de espera, ficaram prontos os exames; elas pegaram o resultado no laboratório e dirigiram-se ao consultório médico.

Como o doutor Bruno previra, o diagnóstico se confirmou. Juliana estava grávida.

Mãe e filha conversaram com o médico sobre o desejo de fazer o teste de DNA. A dificuldade é que Juliana não queria que o noivo ficasse sabendo.

– Fazer o teste sem o conhecimento de Renato não é difícil. Pode ser feito com um fio de cabelo, um pedaço de unha etc. O problema é que, se ele souber que você está grávida, também ficará em dúvida sobre a paternidade da criança, Juliana. Já pensou nisso? Você terá de contar a ele! Não vejo outra saída.

– Não posso, doutor. Não tenho coragem – disse a jovem, nervosa, roendo as unhas.

Com serenidade, mas firme, ele insistiu:

– Você não tem alternativa, Juliana. Mesmo porque, se resolver abortar, o tempo é curto.

– Isso eu não farei, doutor – reafirmou, decidida.

– Você poderá mudar de idéia. Se o filho não for de Renato, provavelmente ele exigirá que você tome essa decisão drástica. Por enquanto, fale com ele e explique a situação. Depois, voltaremos a conversar.

Despediram-se. Juliana estava com o coração opresso. Como contar seu problema ao noivo? Entendeu, porém, que o médico tinha razão. Renato precisava saber, tinha o direito de saber. E se era necessário tomar uma decisão, que fosse o mais rápido possível.

Entrando em casa, enquanto a mãe se dirigiu à cozinha para preparar o almoço, Juliana pegou o celular e ligou para o noivo.

– Renato, eu preciso falar com você.

– Olá, querida! Precisa falar comigo? Está bem. Hoje à noite passarei na sua casa e jantarei com vocês. Depois, vamos ao cinema.

– Cinema? – ela estranhou.

– É. Lembra-se de que tínhamos combinado de assistir "aquele" filme?

– Ah! Não vai dar, Renato. Não estou com cabeça para isso. E também não posso esperar até a noite para falar com você. É urgente.

– Bem, se é tão urgente assim – disse, olhando para o relógio de pulso –, está quase na hora do almoço. Podemos fazer a refeição juntos. Que tal aquele restaurante pequeno e tranqüilo de sempre?

– Certo. São onze horas. Esperarei você lá às onze e trinta. Está bem para você?

– Combinado. Mas estou preocupado, Juliana. Não quer mesmo me adiantar nada?

– Não. Até lá.

Ainda era cedo, contudo Juliana dirigiu-se para o restaurante. Escolheu uma mesa e acomodou-se. Pediu um suco e ficou esperando.

Um pouco depois da hora combinada, Renato chegou.

– Desculpe-me, querida. Estava atendendo a um cliente e não podia sair. Estou fazendo um projeto para ele e precisávamos combinar algumas adaptações.

Parou de falar e notou que a noiva não parecia bem. Segurou a mão dela sobre a mesa e percebeu que estava trêmula.

– Juliana, você está pálida. Aconteceu alguma coisa? Essa pressa em falar comigo... tem relação com nosso casamento?

– Diz respeito ao casamento, sim. Preciso falar...

– Depois, querida – interrompeu-a. – Antes, vamos almoçar. Estava mesmo com fome.

Renato chamou o garçom e fez os pedidos rapidamente. Conheciam o restaurante e tinham já suas preferências.

Depois, conversaram sobre amenidades. Tentando arrancar-lhe alguma coisa, ele perguntou como estava o serviço dela, como iam os preparativos para o casamento, se estava tudo certo. Ela respondeu dizendo que o serviço ia bem e que, quanto aos preparativos para o casamento, também acreditava que estavam caminhando a contento, pelo que sua mãe dizia. Falaram sobre o tempo e sobre muitas outras coisas. Nada, porém, que lhe desse alguma pista.

Quando o garçom trouxe os pratos, foi um alívio. Renato, como sempre, almoçou com satisfação, enquanto ela comeu pouco e com dificuldade.

Após terminarem, o garçom tirou os pratos, trouxe o café e era hora de enfrentar o assunto que os tinha levado até ali.

– Bem, Juliana, diga o que a preocupa. Noto você tensa, comeu pouco e está trêmula. Aconteceu alguma coisa?

Juliana pretendia fazer uma introdução, ensaiara algumas palavras enquanto esperava por ele, mas quando percebeu já tinha falado:

– Estou grávida.

Renato, que levava a xícara de café à boca, ficou parado, olhando para ela, incapaz de falar.

– Você ouviu? Estou grávida, Renato!

Ele pousou lentamente a xícara no pires, como se estivesse refletindo.

– Sim, ouvi. Mas, nós não...

– Esse é exatamente o problema. Tivemos relações *antes* do que me aconteceu.

– Mas esse filho pode não ser meu, Juliana!

– É verdade. Mas também pode ser seu – respondeu ela, jogando a dúvida no ar.

– O que você sugere?

– Que façamos um teste de DNA. É o único meio de podermos ter certeza.

– Está bem. Concordo. Mas, e se o filho não for meu? Você fará o aborto?

Juliana respirou fundo e respondeu:

– Uma coisa de cada vez. Veremos isso depois. Primeiro, o teste de paternidade. Vou marcar e depois aviso você.

Juliana ficou olhando para o noivo e ele para ela. Em nenhum momento ela notou que Renato estivesse preocupado com a situação dela. Só pensava nele.

– Não tem nada para me dizer, Renato? – perguntou, tentando conseguir uma reação dele.

– Não sei o que lhe dizer, Juliana. Estou em choque.

– Imagino. Eu também fiquei. Bem, tenho de ir agora. Até logo!

Ela saiu, deixando sentado no mesmo lugar o noivo, que fora incapaz de dizer-lhe uma palavra de carinho, de consolo, de ajuda. Naquele momento, tentando conter as lágrimas, Juliana chegou a desejar que o filho não fosse dele. Não desejava um pai tão insensível e egoísta para seu filho.

capítulo 24

Enfrentando as adversidades

"A liberdade de consciência é uma conseqüência da de pensar?"
"A consciência é um pensamento íntimo que pertence ao homem, como todos os outros pensamentos."

(*O Livro dos Espíritos*, Allan Kardec, questão 835)

Algum tempo depois, ficou pronto o exame de comprovação de paternidade. Apesar de extremamente ansiosa, Juliana não quis ver o resultado no laboratório. Controlou-se e, com o envelope a queimar-lhe as mãos, caminhou até uma praça, ali perto, escolheu um banco, onde se sentou automaticamente. O medo era tanto que seu corpo todo tremia. Quebrou o lacre do envelope e retirou as folhas cujas letras pareciam dançar diante de seus olhos. Concentrou-se, respirou fundo e leu o resultado.

Juliana ficou parada, em estado de choque, incapaz de ter uma reação. O teste só veio provar o que ela temia: o filho não era de Renato. Então, a criança era mesmo do desconhecido! Sem dúvida tinha refletido nessa possibilidade, durante noites e noites em que não dormira pensando no assunto, mas ver confirmadas suas suspeitas era terrível, mais do que isso, era monstruoso. Além de ter sofrido uma violência, carregar o resultado dessa violência parecia-lhe desumano.

Onde estava Deus quando permitiu que isso acontecesse?, pensava desesperada. Naquele momento, mais do que nunca precisava de alguém a seu lado, e estava sozinha, entregue a si mesma. Na verdade, Renato quis acompanhá-la, ansioso pelo resultado, no entanto ela não permitiu. Seus pais também se dispuseram a ir junto, mas Juliana não aceitou. Queria estar a sós quando visse o resultado do teste. Não gostava de expor suas emoções diante dos outros, especialmente do noivo. Agora, tinha dúvidas se agira corretamente. Sentia necessidade de alguém a seu lado que a abraçasse, que a consolasse, que a amparasse nesse momento difícil, e não havia ninguém.

O que fazer? Não tinha ânimo para sair do lugar. Olhar perdido ao longe, fisionomia atormentada, ela continuou sentada no banco da praça durante horas.

De repente, deu-se conta de que o celular estava tocando. Abriu a bolsa e atendeu. Era Renato.

– Juliana? Onde você está? Liguei várias vezes, mas você não atendeu!

– Oi, Renato. Não ouvi o telefone tocar.

– Pegou o resultado do teste?

– Peguei.

– E então? O que deu? Fala, Juliana, estou ansioso!

– Ainda não abri – mentiu, tentando ganhar tempo.

– Não acredito!

– Está lacrado. Vou ao médico. Lá ficarei sabendo.

O rapaz estranhou a reação da noiva. Afinal, mais do que ninguém, ela tinha pressa em conhecer o resultado. Ele ficou preocupado; notara a voz do outro lado estranha, diferente. Porém, naquele momento, não podia fazer nada, a não ser concordar. Respirou fundo tentando conter a irritação e a impaciência:

– Está bem, Juliana. Quando souber o resultado da paternidade, me avise. Afinal, sou parte interessada!

Juliana desligou o telefone sem despedir-se do noivo. Tinha tomado uma decisão. Aquilo que afirmara como desculpa lhe parecia a melhor solução: sim, iria ao médico. O consultório distava poucas quadras dali, e o doutor Bruno era a única pessoa que poderia ajudá-la naquele momento.

Como um autômato dirigiu-se à clínica. Não se deu conta do trajeto, nem de como atravessou as ruas. Chegando ao endereço, subiu até o quinto andar, caminhou até a sala do médico, abriu a porta e sentou-se. A secretária estranhou o comportamento da recém-chegada. Geralmente afável, naquele dia Juliana nem sequer a cumprimentou. Não tinha hora marcada nem perguntou se o médico podia atender; apenas tinha se acomodado sem dizer uma palavra, e continuava ali, alheia a tudo.

A secretária, sensível e delicada, que já tinha visto de tudo naquele consultório, percebeu que a moça estava emocionalmente perturbada. Conhecia sua história, os problemas que tinha enfrentado e achou que ela estava precisando de tempo para se recuperar de alguma coisa.

Uma hora depois, o médico chamou a assistente.

– E então? Parece que as consultas terminaram por hoje.

– Sim, doutor. Porém, tem uma moça aguardando. Parece que não está nada bem. É a Juliana.

O médico demonstrou surpresa no olhar.

– Juliana? Faça-a entrar!

A assistente saiu e, logo em seguida, Juliana entrou. Bruno tinha se levantado para cumprimentá-la, mas ela apenas estendeu o braço e entregou-lhe o envelope. Ao ler o resultado, o médico entendeu o estado emocional de sua paciente.

– Seu noivo já sabe?

– Não. Ainda hoje vou romper o nosso compromisso. Não tenho escolha.

– Não faça isso, Juliana. Dê-lhe uma chance de mostrar o que pensa. Pode ser que você se engane. Quem sabe? Ele pode surpreendê-la! Já tive ocasião de ver casos cujos resultados pareciam certos e que as pessoas se equivocaram em seus julgamentos – ponderou o médico.

Juliana abriu um sorriso triste e melancólico.

– Não no caso de Renato. Conheço-o muito bem para poder me enganar. Mas está bem, doutor, já que insiste. Vou tentar.

❖

Em torno das vinte horas, Renato chegou. Vinha tenso, angustiado. Cumprimentou Antero e Helena, trocaram algumas palavras cordiais. Logo em seguida, Juliana entrou na sala e os pais saíram, deixando-os a sós.

Renato viu o envelope nas mãos dela e suplicou:

– Por favor, Juliana. Não me deixe mais nessa dúvida cruel. Sou eu o pai?

Calada, ela estendeu a mão e entregou-lhe o envelope. Depois, lentamente se dirigiu para o vão da janela, examinando a rua tranqüila, onde um vento leve agitava as copas das árvores.

Renato leu o resultado e caiu sentado no sofá, lívido.

– Meu Deus! E agora, Juliana?

De costas para ele, a moça continuou impassível como se não tivesse ouvido. Ele repetiu a pergunta:

– Juliana, o que vamos fazer?

Ela ainda permaneceu calada por alguns segundos. Depois, deixando o vão da janela, virou-se, fitou o noivo e devolveu-lhe a pergunta:

– Diga-me você, Renato. E agora? Como fica nossa situação?

Nervoso e trêmulo, ele passava a mão pelos cabelos; os olhos vermelhos demonstravam grande agitação emocional. Ela continuou:

– Você aceitaria o filho de outro homem, sabendo que não tive culpa naquilo que me aconteceu, que fui apenas uma vítima?

Profundamente abalado, ele gaguejou:

– Não sei o que dizer, Juliana. Não me sinto preparado para ser pai. Começar uma vida de casado, com uma criança que nem sequer é meu filho. Você não pode exigir de mim tal coisa!

Renato fez uma pausa, olhando para a noiva que chorava silenciosamente, e depois prosseguiu mais esperançoso:

– Olhe, temos uma saída legal: a interrupção da gravidez. Andei me informando e a lei permite que se faça o aborto em casos como este.

Juliana balançou a cabeça:

– Sei disso, Renato. Mas não estou disposta a transformar-me numa criminosa para me casar com você. Se o preço é esse para ficar a seu lado, não pretendo pagar. É alto demais.

– A verdade é que você não me ama, Juliana. Se me amasse, faria esse sacrifício *por mim*. Você não entende? Ainda não existe uma vida! Esse bebê não é ninguém e você não o desejava!

– Engana-se, Renato – retrucou ela, incisiva. – A vida já existe e está pulsando dentro de mim. Essa criança, sim, é que não tem culpa de nada.

Os dois permaneceram em lados opostos da sala, calados, cada qual entregue aos próprios pensamentos. O ambiente da sala estava opressivo, tenso, irrespirável. Afinal, ele exigiu uma definição:

– Esta é sua última palavra? Não vai mudar de opinião?

– Não, Renato. Lamento. Não posso fazer o que você deseja. Perderia o respeito por mim mesma.

– Então nosso compromisso está desfeito? Nada de casamento, de festa, de viagem de núpcias, de uma vida a dois? – insistia ele.

– Nada. Lamento.

Completamente transtornado, Renato fez meia-volta e saiu batendo a porta. Antero e Helena, ao ouvirem o estrondo, entraram na sala e encontraram a filha chorando convulsivamente.

– Está tudo acabado. Tudo!

– Não se preocupe, filhinha. Nós estaremos sempre junto com você. Coragem. Confie em Deus.

Em prantos, ela repetia:

– Tudo acabado. O sonho de toda uma vida desapareceu, virou pó.

Os pais de Juliana ajudaram-na a se erguer e a levaram para o quarto, colocando-a na cama. Antero foi buscar o remédio, enquanto a mãe a abraçava, chorando também.

– Filha, tudo passa na vida. Você ainda vai ser muito feliz, acredite.

– Não vou tomar o remédio, mamãe. Pode prejudicar meu filho. Tenho de aprender a me controlar, enfrentar meus problemas sem precisar da ajuda de medicamentos.

A mãe concordou com a decisão da filha e foi fazer um chá calmante. Juliana tomou o chá, deitou-se e, aos poucos, os soluços foram diminuindo até cessarem de todo. Finalmente Juliana adormeceu e seu semblante se distendeu, mais sereno.

❖

Por alguns dias, Juliana permaneceu em casa, sem condição para sair e trabalhar. Não queria ver ninguém. Os pais de Renato vieram visitá-la, mas ela não os recebeu. Renato veio visitá-la, mas também não quis vê-lo. Era uma página virada em sua existência.

A vida seguia seu curso, inexorável. Com o passar dos dias, tudo foi voltando ao normal. Juliana, que nunca mais tinha se encontrado com o ex-noivo, ficou sabendo, por uma amiga, que ele tinha sido visto com uma moça. Fingiu não se abalar, afirmando tranqüila: "Desejo que ele seja feliz". No fundo, porém, sentiu uma fisgada de ciúme, que procurou abafar pensando em outras coisas.

Afinal, tinha muito por fazer. Teria de encher-se de ânimo para cuidar dos preparativos: comprar o enxoval do bebê, o bercinho, a cômoda, o carrinho, arrumar o quarto para esperar sua chegada e tantas outras coisas. Com o passar dos meses, a gravidez começou a aparecer e a barriga a crescer, conscientizando-a de que seria mãe de verdade. Ainda não sabia o sexo, mas a ultra-sonografia deixou-a emocionada. Era a primeira vez que via o seu bebê.

Quanto ao pai da criança, procurava nunca pensar nele. Na verdade, seu filho só teria mãe.

Certo dia, recebeu um recado do delegado Gonzaga para que comparecesse à delegacia.

Preocupada, Juliana compareceu no horário estipulado. Ao chegar, ficou sabendo o motivo: entre seis rapazes, teria de reconhecer se um deles tinha sido seu estuprador.

Juliana estava extremamente nervosa. Pensar que poderia rever o criminoso deixou-a em pânico. Enquanto aguardava, ficou sentada no gabinete do delegado. O mesmo rapaz que tomara seu depoimento ali estava. Notando-lhe o nervosismo, ele começou a conversar com ela, tentando acalmá-la.

– Não se preocupe, nem se sinta intimidada. Vocês não se encontrarão. Fique tranqüila.

O rapaz era simpático e de voz agradável. Parecia realmente querer ajudá-la.

– Mesmo assim, é difícil para mim.

Iniciada a conversação para passar o tempo, ela indagou polidamente:

– Você trabalha aqui faz tempo?

– Alguns anos. Comecei como *office-boy.* Depois, completei meus estudos e tornei-me escrivão.

– Mas você é bem jovem!

– Comecei muito cedo, ainda garoto. Além disso, não sou tão jovem assim. Tenho 26 anos.

– Pois não parece. Tem família? É casado?

– Não, sou solteiro. Moro com minha mãe e dois irmãos.

– Ah!

– E você? – ele perguntou – Lembro-me de que estava noiva. Casou-se?

Juliana balançou a cabeça, negativamente. Percebeu que o rapaz olhara disfarçadamente para sua barriga e entendeu o porquê da pergunta. No mesmo momento, ele deu-se conta do que estava acontecendo. Sentiu-se constrangido e penalizado diante da situação que ela estava atravessando.

– Desculpe-me. Não quis ser indiscreto.

– Não se preocupe. Estou acostumada com reações bem piores do que a sua. Há pessoas que, ao ficarem sabendo que eu não quis fazer aborto dessa criança, fruto de uma violência, não entendem nem aceitam minha decisão.

Os olhos do rapaz brilhavam de emoção ao fitá-la. Quando ele ia falar alguma coisa, o delegado entrou avisando:

– Está tudo pronto, Juliana. Vamos lá?

Ela olhou para o rapaz buscando ajuda. Ele entendeu e disse em voz baixa:

– Não se preocupe, Juliana. Tudo vai dar certo. Gonzaga e eu estaremos com você. Nada vai acontecer. Venha.

Caminharam por um corredor até uma porta fechada. O delegado abriu-a e entraram. O mobiliário constava de uma mesa e algumas cadeiras. Sentaram-se.

Numa das paredes, havia um grande vidro e, do outro lado, uma outra sala, completamente vazia. O delegado explicou:

– Por aquela porta vão entrar seis rapazes. Observe bem e diga-me se reconhece algum deles. Não temos pressa. Você terá todo o tempo necessário. Está pronta?

– Sim.

Logo em seguida os rapazes foram introduzidos, em fila. A uma ordem do delegado, permaneceram na posição em que tinham entrado, de lado. Após alguns minutos, a uma nova ordem, viraram-se de frente.

Juliana, trêmula e gelada, sentia o coração bater acelerado. Olhou para os homens que ali estavam do outro lado do vidro e se encolheu, assustada.

– Fique calma. Eles não podem vê-la – informou o delegado.

Juliana examinou cada um deles, em ordem. Quando chegou ao quinto rapaz, levou um susto. Estava com outra roupa, mas era ele mesmo.

Gonzaga mandou que tirassem a camisa e se posicionassem de lado. Juliana não teve dúvida: era ele mesmo, o rapaz daquela noite e a tatuagem ali estava para confirmar.

– É ele, o quinto.

– Tem certeza?

– Absoluta.

Saindo da sala, Juliana pôs-se a chorar, convulsivamente. Seus nervos estavam à flor da pele, sentia falta de ar. À vista do rapaz, as imagens daquela noite voltaram à sua mente, perturbando-a emocionalmente.

Ao ver seu estado, o delegado levou-a para sua sala e pediu que o assistente lhe trouxesse um copo de água.

– Está mais calma? Você nos prestou um grande serviço, Juliana. Aquele rapaz é velho conhecido da polícia. De boa família, rico, vive nas ruas em virtude das drogas. De outras vezes já esteve envolvido em casos graves, mas sempre conseguiu se safar, porque o papai interfere, usando suas ligações políticas. Chama-se Luciano de Castro.

O criminoso agora tinha um nome: Luciano. Juliana não sabia se ficava contente por ele ter sido preso, ou se lamentava o fato, pois seria mais difícil esquecer. Era como se agora ele estivesse mais perto dela.

Como ela estivesse ainda muito nervosa e sem condições de dirigir, Gonzaga pediu ao assistente que levasse Juliana de volta para casa.

O rapaz perguntou onde tinha ficado o carro. Juliana explicou, entregando-lhe a chave. Ele foi buscar o veículo e parou em frente à delegacia, onde Juliana o aguardava. Fizeram o trajeto em silêncio. Diante da casa, estacionou o carro, desceram e o rapaz entregou à Juliana as chaves. Ela agradeceu a gentileza e somente então se lembrou:

– Você tem sido tão gentil comigo e nem ao menos sei seu nome.

– Francisco – informou sorridente.

– Francisco. Obrigada. Quer entrar, tomar um café?

– Não, Juliana. Agradeço-lhe o convite. Fica para outro dia.

– Então, mais uma vez, obrigada, Francisco. Boa noite.

– Boa noite.

capítulo 25

Reencontro

"Reconciliai-vos o mais depressa possível com o vosso adversário enquanto estais com ele no caminho, para que ele não vos entregue ao juiz, o juiz não vos entregue ao ministro da justiça e não sejais metido em prisão. Digo-vos, em verdade, que daí não saireis, enquanto não houverdes pago o último ceitil."

JESUS (MATEUS, 5: 25 E 26)

Algum tempo depois, Juliana havia tirado uma tarde inteira para ir a um *shopping center*. Faltavam vários itens do enxoval do bebê e precisava fazer as últimas compras. Passando por uma sorveteria, pediu um sorvete de chocolate, seu preferido, e o saboreava olhando as vitrinas, quando se deteve diante de uma loja infantil decorada lindamente. De todos os produtos ali expostos, o que mais chamou sua atenção foi um belo carrinho em tons de rosa – agora já sabia que era uma menina! – bem no estilo e marca que estava procurando. Nisso, ouviu alguém dizer perto do seu ouvido:

– É lindo!

Virou-se para ver quem tinha falado e levou um susto. Ficou parada, em pânico. O sorvete e as sacolas caíram de suas mãos. Era ele! O maldito!

Notando que ela estava em choque, o rapaz estendeu os braços, dizendo em voz mansa:

– Por favor, não vou lhe fazer mal algum. Só desejo conversar. Falar com você.

Em pânico, incapaz de ouvir e entender direito o que ele dizia, Juliana começou a gritar:

– Socorro! Socorro! Acudam!

O rapaz, que se abaixara e tentava pegar as sacolas de compras que estavam no chão, suplicava:

– Por favor, não grite. Só quero conversar. Deixe-me pegar...

Os transeuntes, porém, ouvindo o barulho começaram a parar e, ao ver uma grávida apavorada, a gritar por socorro, julgaram que o rapaz tentava roubá-la.

Alguém gritou: pega ladrão! E o rapaz, percebendo o perigo, saiu em disparada, desceu a escada rolante e logo desapareceu no meio da multidão.

Nesse momento, um moço abre caminho no meio do povo para ver o que estava acontecendo e depara com a jovem mulher grávida, em prantos, enquanto duas mocinhas recolhiam as compras caídas no chão.

– Juliana! O que houve?

Ela levantou a cabeça ao ouvir a voz conhecida.

– Francisco! É você? Ajude-me!

Notando que a gestante estava fraca, quase desmaiando, o rapaz envolveu-a com os braços e conduziu-a para uma mesinha ali perto, ao mesmo tempo em que ordenava, dirigindo-se aos curiosos:

– Não se preocupem. Podem ir agora. Eu a conheço e tomo conta dela. Obrigado. Obrigado.

Os curiosos foram se dispersando. As duas garotas que estavam com as compras seguiram a ambos; depois, colocaram as sacolas numa mesa que ele tinha escolhido. Francisco agradeceu-lhes a gentileza. Acomodou Juliana numa cadeira e sentou-se defronte dela. Pediu uma água à garçonete, depois a examinou preocupado:

– Está bem, Juliana? Não se machucou? O que aconteceu?

Com olhar esgazeado, ela lançou um olhar para os lados, como se esperasse ver aquele rapaz de novo. Os transeuntes tinham se dispersado e não havia mais ninguém por ali. Assustada, ainda com o coração aos saltos, ela informou, apertando a mão dele sobre a mesa:

– Era *ele,* Francisco.

– *Ele*, quem?

– Ele! Luciano. Aquele monstro que me agrediu.

A garçonete trouxe uma garrafinha de água e dois copos. Francisco pôs um pouco de água num copo e deu-o para Juliana, colocando-o nas mãos dela, que mal o conseguia segurar. Enquanto ela tomava um gole, Francisco prosseguiu tentando entender o ocorrido:

– Ele estava aqui? Você o viu? Luciano falou com você?

– Sim! Ele está solto? Pensei que estivesse na cadeia, que é lugar de criminosos!

Com expressão compungida, Francisco confirmou:

– Sim, ele está solto. Foi julgado, mas como é dependente, o advogado conseguiu que fosse encaminhado a um hospital para tratamento. Mas o que Luciano queria?

– Não sei. Fiquei apavorada ao vê-lo. Lembro-me apenas de que ele disse que queria falar comigo.

– Quando cheguei, as pessoas falavam em tentativa de roubo. É verdade? Ele tentou roubá-la?

– Não. Fiquei com tanto medo que comecei a gritar e as compras caíram da minha mão. Ele tentou recolher as sacolas do chão.

A expressão de Juliana era de desespero, suas mãos tremiam.

– Você percebe a gravidade da situação, Francisco? *Ele* sabe que estou grávida, talvez tenha até me seguido... Será que não terei paz?

– Calma, Juliana. Pode ter sido apenas uma coincidência. Como o fato de nós dois termos nos encontrado aqui, neste local e nessa mesma hora. Não se desespere. Vou avisar o Gonzaga e procurar manter aquele delinqüente sob vigilância para que não a aborreça mais. Está bem?

Ela concordou com um gesto de cabeça. Ficaram ambos, calados e pensativos, de mãos dadas sobre a mesa. De repente, Juliana comentou:

– Analisando melhor o que aconteceu, agora com mais tranqüilidade, penso que talvez ele não quisesse me agredir; seu rosto estava diferente, sua voz suplicante...

Francisco ouviu-a falar e com serenidade considerou:

– Quem sabe? Talvez esteja arrependido. O tempo que passou em tratamento pode tê-lo feito pensar melhor, refletir sobre o mal que lhe fez e desejar repará-lo.

– Acha realmente possível?

– Por que não? Acredito que todos nós já erramos muito e temos recebido de Deus a oportunidade de reparar o mal praticado. São fases de aprendizado necessárias ao nosso progresso.

Revoltada, ela reagiu:

– Como assim? *Eu* nunca fiz mal a ninguém nesta vida. E, no entanto, você sabe tudo o que sofri sem merecer. Quando ouço falar em Deus, fico pensando: que Deus é esse? Um carrasco sem piedade? Onde Ele estava quando aquele miserável me agarrou e me levou para o mato?

De repente, ela se deu conta que se inflamara, aumentando o tom de voz e calou-se, olhando em torno para ver se alguém ouvira. Todavia, o movimento tinha diminuído, e poucas pessoas estavam ainda ali na praça de alimentação, pois era quase hora de fechar o *shopping*. Respirando fundo, mais tranqüila, ela olhou para Francisco que a fitava, compreensivo.

– Talvez este não seja o momento nem o lugar para falarmos de coisas tão sérias, Juliana.

– Não, por favor, Francisco. Desculpe-me. Continue. Estou interessada em ouvir o que tem para me dizer.

– Então, vamos lá! Tudo depende da visão que tenhamos do mundo e de Deus, Juliana. Certamente você não fez mal algum nesta vida, porém poderá tê-lo feito em outras.

Com expressão levemente irônica, Juliana interrompeu-o:

– Está por acaso querendo sugerir a idéia de reencarnação?

Francisco fitou-a, sério, demonstrando que não estava a brincar:

– Tem outra idéia melhor? Se pensar com seriedade sobre o assunto, vai perceber que é a única coisa que pode explicar as diferenças que existem entre as pessoas, sejam elas sociais, individuais, culturais ou morais.

– Mas isso é um absurdo!

– Ao contrário. É a chave que nos faz entender a justiça divina. Se nós sofremos hoje é porque geramos sofrimento no passado. Com nossas ações, colocamos em movimento a Lei de Causa e Efeito. O mau uso do livre-arbítrio nos leva a enfrentar as conseqüências de nossos atos e a responsabilidade que assumimos perante o nosso próximo e perante Deus.

Francisco fez uma pausa, analisando a reação dela.

– Já ouviu falar em livre-arbítrio?

– Claro. É quando podemos fazer escolhas. Você se esquece, porém, de que *eu* não tive escolha.

– Talvez não, naquele momento, mas certamente exerceu seu direito de escolha *antes*.

– Lá vem você de novo com essas idéias. Quer dizer que se alguém nasceu cego nesta vida é porque fez alguém perder a visão no passado? Você realmente acredita nisso, não é?

– Tem alguma outra sugestão? O Evangelho diz que é melhor entrarmos na vida sem um olho do que ele vir a ser causa de queda para nós.

– É a lei do olho por olho, dente por dente, de Moisés. Isso faz do seu Deus um ser cruel e vingativo, não acha?

– De forma alguma. Penso que isso quer dizer que recebemos sempre de acordo com o que semeamos. Quem planta, colhe. Não vejo nisso crueldade e vingança, mas justiça e eqüidade. Além do mais, Deus é nosso Pai, e como pai quer o melhor para nós, seus filhos.

Assim, quando recebemos o sofrimento, não devemos enxergá-lo como vingança ou punição, mas como oportunidade de reeducação que o Senhor nos concede para nosso aprendizado. Estamos sempre aprendendo, com a dor e o sofrimento, a nos tornarmos criaturas melhores, mais pacíficas, mais ordeiras, mais humildes, menos egoístas, menos orgulhosas e mais fraternas e solidárias.

À medida que Francisco falava, Juliana percebeu que um sentimento misto de admiração e respeito por ele nascia em seu íntimo. A ironia e o pouco caso desapareceram do seu rosto.

– Talvez você tenha razão, Francisco. Confesso que nunca pensei nesse assunto, mas gostei de ouvir você falar. É um mundo novo que se abre para mim. Percebi que leva a sério esse negócio de Deus. Qual a sua religião?

– Sou espírita.

– Logo vi. Para falar de reencarnação e dessas coisas você só poderia ser espírita mesmo.

– Engana-se. As grandes religiões antigas e as atuais existentes no mundo, como o Budismo, o Hinduísmo e outras, pregam a idéia das vidas sucessivas. Apenas os cristãos ignoram essa realidade, apesar dos ensinamentos que Jesus nos deixou. Olhe, o assunto é vasto e complexo. Se quiser saber mais, tenho livros que posso lhe emprestar. São bastante esclarecedores.

– Gostaria muito. Agora, com a gravidez avançando, não vou poder sair muito de casa e terei tempo para me dedicar à leitura.

– Está combinado. Levarei alguns livros para que se inteire melhor do assunto. E então, está mais calma? – perguntou ele, olhando-a com carinho.

– Sim. Foi muito bom tê-lo encontrado, Francisco.

– Quer tomar um lanche? Um sorvete? Afinal, o seu caiu no chão.

– Não, obrigada. Perdi a vontade. Fica para outro dia. Agora preciso ir. Já é tarde.

Ele levantou-se também, segurando-a pelo braço e afirmando com naturalidade:

– Não permitirei que volte sozinha. Vou levá-la.

No carro, Juliana sentia uma agradável sensação de segurança ao lado dele. Era com prazer que o observava dirigindo com calma em meio ao trânsito sempre caótico da grande cidade. Quando ele estacionou defronte da sua casa, Juliana permaneceu alguns segundos sem descer, calada, pensando. Notando que ela queria dizer-lhe alguma coisa, o rapaz esperou calmamente. Afinal, tomando coragem, Juliana perguntou:

– Francisco, e o meu caso? Como se explica o fato de ter enfrentado uma situação tão dramática de violência, e ainda, por cúmulo, ficar grávida? E o bebê que vai nascer, o que tem a ver com isso?

Ele desligou o motor, apagou as luzes e virou-se para ela. No escuro Francisco podia ver-lhe o rosto tenso, a ânsia de entender o seu problema, a angústia que essa situação lhe causava.

– Estava esperando que me perguntasse isso, Juliana. Na verdade, a vida se incumbe de nos aproximar das pessoas com as quais precisamos nos reajustar. Somos em parte responsáveis pelo que as pessoas as quais prejudicamos ou desencaminhamos no passado se tornaram hoje.

Juliana balançou a cabeça, confusa.

– Não sei. Confesso que sinto dificuldade de entender essa lógica. E a criança que vai nascer?

– Esse espírito que se prepara para fazer sua entrada no mundo certamente tem a ver com vocês. Pode fazer parte das suas ligações do passado, ou das ligações dele, ou companheiros que se associaram por afinidade a você ou a ele.

– Como assim?

– Bem, nós atraímos para o nosso campo vibratório, por meio do princípio da sintonia aqueles que têm afinidade conosco, seja pelas nossas qualidades ou pelas nossas imperfeições. Se nós pensamos no bem, atraímos espíritos bons; se procuramos o mal ou os vícios, atrairemos os que pensam como nós. Entendeu? Por isso, teremos sempre as companhias que desejarmos.

– Se entendi bem, essa alma pode ser de um viciado, como aquele criminoso? E se é viciado, pode nascer com problemas?

Percebendo que uma ruga de preocupação surgia na testa de Juliana, Francisco procurou modificar o tom da conversa, tranqüilizando-a:

– Não se preocupe, Juliana. Confie em Deus. Ele sempre sabe o que faz. Pense que esse filho vai trazer, a você e aos seus, muita alegria.

– Espero! Gostaria de saber mais sobre esse assunto. Achei extremamente interessante. Poderíamos voltar a falar disso outro dia?

– Claro. Estou à sua disposição, Juliana. Aqui estão suas chaves.

Ela lançou-lhe um olhar intrigante e comentou, com um sorriso:

– Você é uma caixinha de surpresas, Francisco! Ah! Não se esqueça dos meus livros. Obrigada e boa noite.

Francisco sentiu uma emoção diferente dentro de si, enquanto o coração parecia querer pular fora do peito.

– Boa noite, Juliana.

Enquanto ele aguardava, na calçada, para vê-la entrar, Juliana parou no portão, virou-se, e perguntou interessada:

– Francisco, naquele dia em que eu compareci à delegacia para fazer o reconhecimento do rapaz, nós estávamos conversando e falávamos sobre minha situação. Lembra-se? Você ia me dizer alguma coisa quando o delegado entrou na sala. Fiquei curiosa. O que era?

Ele baixou a fronte e balançou a cabeça, concordando. Quando a levantou, Juliana viu que Francisco estava comovido. Seus olhos umedeceram-se e um brilho diferente surgiu neles. Lentamente, o rapaz deu alguns passos vencendo a distância que os separava, aproximou-se dela, segurou com delicadeza sua mão, depois disse pausadamente:

– Queria lhe dizer que, ao saber que você se decidiu pela vida, não interrompendo a gravidez, apesar das circunstâncias, despertou em mim uma enorme admiração e imenso respeito por você. Era isso.

Em seguida, Francisco beijou-lhe a mão, emocionado. Depois deu meia-volta e caminhou para o ponto de ônibus, com as mãos nos bolsos das calças, sem se voltar.

Juliana ficou parada, sob o impacto do momento, incapaz de falar, vendo-o se afastar.

Depois sorriu, respirou fundo e entrou. Também estava emocionada.

capítulo 26

Reconciliação

"Não julgueis, a fim de não serdes julgados; porquanto sereis julgados conforme houverdes julgado os outros; empregar-se-á convosco a mesma medida de que vos tenhais servido para com os outros."

JESUS (MATEUS, 7: 1 E 2)

Depois daquele dia no *shopping* e do encontro horrível com Luciano, que a deixou extremamente assustada, Juliana não conseguia se esquecer dele. Afinal, ele estava por perto, e esse fato a tornou insegura e cheia de preocupação. Apesar das palavras do seu amigo Francisco, continuava sentindo mágoa, repugnância e indignação contra aquele homem que a marcara de forma tão profunda, gerando desequilíbrio em sua vida e destruindo-lhe a esperança de felicidade.

Na manhã seguinte, como prometera, Francisco levou os livros na casa dela, antes de ir para a delegacia, deixando o pacote com a mãe, dona Helena.

Juliana ainda dormia. Ao acordar, encontrou o embrulho de papel pardo em sua mesa de cabeceira. Revirou-o nas mãos procurando uma identificação. Nada. Nem anotação, nem remetente. Surpresa e intrigada, ela rasgou o papel, encontrando dois livros:

O Evangelho Segundo o Espiritismo e *O Livro dos Espíritos*, ambos de Allan Kardec.

Sorriu. Francisco cumprira a promessa.

Imediatamente abriu o primeiro ao acaso, e leu: "*Não julgueis para não serdes julgados. Aquele que estiver sem pecado atire a primeira pedra*". Leu os itens de 11 a 13, referentes a esse assunto e constantes do capítulo 10.

Pensativa, folheou algumas páginas e seus olhos caíram sobre um trecho que falava a respeito da indulgência, e leu, desse mesmo capítulo, o item 17: "*Sede indulgentes para com as faltas dos outros, quaisquer que sejam. Julgai com severidade apenas vossas próprias ações e o Senhor usará de indulgência para convosco, do mesmo modo como a usastes para com os outros.*"

Interessada, Juliana voltou algumas páginas e, no início do capítulo, leu o título: "*Bem-aventurados os que são misericordiosos*". Mergulhou na leitura. Vez por outra parava, meditando nas palavras que lia; de outras vezes, não tendo entendido direito, voltava e relia os trechos que mais a tinham tocado, refletindo sobre o tema.

Assim, as idéias de perdão, de reconciliação com os adversários, de indulgência, aos poucos foram calando em seu coração, como chuva mansa e benéfica que, ao cair sobre o solo ressequido e árido é rapidamente assimilada, fertilizando-o. A leitura, ao mesmo tempo que lhe proporcionava conhecimentos (reconhecia que os textos faziam abordagens sobre o Evangelho de Jesus de uma forma inusitada e lógica como jamais tivera oportunidade de ver), trazia-lhe profunda sensação de bem-estar e tranqüilidade.

Nos dias subseqüentes, fazia suas tarefas, ajudava a mãe nos serviços domésticos, depois mergulhava na leitura que tanto a atraía, mostrando-lhe um mundo novo e insuspeitado, onde a imagem daquele Deus de que Francisco falava passou a ter a conotação de verdadeiro Pai, segundo os ensinamentos evangélicos.

Apaixonou-se pela obra *O Livro dos Espíritos*. Reconhecia nos textos um repositório de idéias e notícias fascinantes que muito a encantaram, fazendo com que todos os fatos da vida passassem a ter lógica, objetivo e justiça. Ela e Francisco passaram a se encontrar com mais freqüência, para discutir pontos que Juliana não havia entendido bem ou sobre os quais tinha dúvidas.

Algum tempo depois, Juliana estava em casa entregue às suas ocupações. Era um dia típico de outono: céu azul, temperatura amena e um lindo sol a brilhar deixando a tarde ainda mais bonita.

Havia na casa um jardim interno, escondido de olhares indiscretos por alto muro e bela vegetação. Era o lugar de que Juliana mais gostava e onde costumava ficar quando o tempo permitia. Sentada num banco de madeira, com uma caixa de costuras ao lado, ela terminava de pregar botões e colocar fitas em algumas peças do enxoval do bebê.

De súbito, parou o que estava fazendo, com nítida sensação de que havia mais alguém no jardim. Virou-se, e não viu nada. *Bobagem! Devo ter-me enganado. Esse muro é tão alto!*

Voltou os olhos para a costura e absorveu-se naquilo que estava fazendo. Alguns minutos depois, novamente teve uma sensação estranha, como se um vulto tivesse passado a alguns metros dela. Inquieta, perguntou:

– Quem está aí?

Nada. Levantou-se do banco e repetiu a pergunta:

– Quem está aí? Se há alguém, que apareça.

Depois de alguns segundos de espera, um tufo de folhagens se agitou e um vulto surgiu por detrás dele.

– Sou eu.

Ao ouvir a voz, Juliana virou-se, e a costura caiu de sua mão.

Meu Deus! É ele!

Era o criminoso. Apavorada, sentiu que o sangue lhe fugia do rosto e uma sensação de dormência a dominou. Pensou que fosse desmaiar.

Assustado, o rapaz aproximou-se, segurando-a e evitando que caísse na grama. Ajudou-a acomodar-se no banco e suplicou:

– Por favor, só quero conversar! Não me mande embora, Juliana.

– O que você quer aqui? – perguntou ela num fio de voz.

– Já disse. Quero falar com você.

– Pois eu não quero falar com você. Nada temos para conversar. Se meus pais ou a empregada perceberem qualquer movimento estranho, chamarão a polícia. E se alguém o pegar aqui você vai preso.

– Ninguém sabe que estou aqui.

– Vou gritar e alguém virá me socorrer – afirmou ela, tentando aparentar firmeza, apesar do medo que sentia.

– Não tem ninguém dentro de casa. Sua mãe e seu pai estão trabalhando e a empregada já foi embora. Por favor, não quero fazer-lhe mal algum. Escute o que tenho para lhe dizer.

Vendo que ele estava a par dos movimentos da casa, e que não tinha como evitá-lo, ela concordou:

– Muito bem. Diga rápido o que deseja e vá embora.

– Posso me sentar?

Ela fez um gesto de assentimento e Luciano sentou-se delicadamente na outra ponta do banco. Nem sabia como começar. Tinha tanta coisa para dizer e agora a voz não lhe saía. Ao ver que ele não falava, Juliana, que até aquele momento evitara fitá-lo, arriscou um olhar disfarçado. O rapaz tinha a expressão triste e parecia emocionado. Afinal, criando coragem, ele começou a falar:

– Juliana, quero desculpar-me por ter agido de maneira tão agressiva e tão sórdida naquele dia. Não, não diga nada. Deixe-me falar. Sei que nada justifica meu ato, mas deixe-me dizer-lhe como me sinto. Depois, pode falar o que quiser.

Luciano fez uma pausa como se procurando as palavras, depois continuou:

– Nasci em um lar – se é que se pode chamar aquilo de lar – muito rico. Meu pai é de família tradicional e sempre teve poder e dinheiro. Desde criança acostumei-me a fazer tudo o que queria e a ter todos os meus desejos satisfeitos. Os problemas que eu criava eram sempre resolvidos por ele. Qualquer coisa que eu fizesse, meu pai acertava com dinheiro, comprando o silêncio das pessoas.

Ele parou de falar para tomar fôlego, e Juliana murmurou:

– Eu sei. Seu pai tentou esse método conosco também.

– Imagino que sim. Sinto-me muito envergonhado por tudo isso. A verdade é que cresci sem conhecer limites e tendo todos os meus desejos realizados. Ainda adolescente, nada mais era novidade para mim. Não consegui estudar, fazer uma faculdade, mas meu pai providenciou-me um diploma. Viajei pelo mundo todo, tive os mais belos carros, e tudo o que o dinheiro pode comprar. Como ansiasse por emoções novas, mergulhei nos vícios. Primeiro foi o álcool, porta de acesso a drogas mais fortes, até que já não tinha mais o que me satisfizesse. Meus pais, assustados, talvez percebendo tardiamente a educação que tinham me dado, começaram a negar-me dinheiro. Passei a pegar, além do dinheiro, tudo o que podia dentro de casa para vender: carros, obras de arte, as jóias de minha mãe, objetos valiosos, aparelhos eletrônicos, roupas, tênis, tudo. Acabando com as coisas de valor que existiam em nossa casa, passei a roubar na rua. Tornei-me um ladrão no verdadeiro sentido da palavra. Não havia o que me fizesse parar.

O rapaz fez nova pausa. Juliana o olhava agora com mais interesse percebendo sinceridade em suas palavras. Ele prosseguiu:

– Até que aquela noite... Eu estava completamente drogado e ainda precisando de mais dinheiro para satisfazer o vício. Quando a gente começa, não há o que chegue. Por isso a ataquei. Eu a vi, tão desprotegida e tão frágil, entrar naquela ruela, que não resisti. Enfim... você sabe o que aconteceu.

Ele colocou as mãos sobre o rosto como se tentasse expulsar imagens indesejáveis. Depois de alguns segundos, recompondo-se, continuou:

– Você acreditaria se lhe dissesse que me lembro de poucas coisas daquela noite? Não estou querendo me justificar, mas só mostrar a quais extremos um ser humano pode chegar sob o efeito da droga. Bem, alguns meses depois eu fui preso e encaminhado para um hospital onde teria de me submeter a um tratamento de desintoxicação. Era a primeira vez que isso acontecia. Fiquei louco! Pirado! A fase de abstinência é extremamente dolorosa. Passei dias e dias de sofrimento inconcebível. Aos poucos, comecei a melhorar. A terapia psicológica ajudou-me bastante. Nunca tinha aceitado esse tipo de tratamento e reconheço que foi muito benéfico.

Ele parou novamente de falar, virou-se para Juliana e contou:

– Foi só aí que percebi tudo o que tinha feito. Um atendente do hospital – por coincidência, amigo de um colega seu, da empresa onde trabalha –, que sabia da minha história e tudo o que tinha feito, contou-me sobre a sua gravidez. Aquilo mexeu comigo. Eu ia ter um filho! Comecei a pensar mais, a refletir sobre minha vida, sobre tudo o que já tinha aprontado. Conversava sobre isso com o psicólogo, que me ajudou bastante, esclarecendo-me e abrindo-me a mente para outras idéias. Então, resolvi mudar. Não posso dizer que esteja livre da dependência porque ainda é cedo, mas até agora estou conseguindo vencer. Participo de um grupo de apoio para egressos do hospital, nos encontramos todas as semanas e falamos de nossos problemas, dificuldades e obstáculos; fazemos um balanço de nossa existência, nos auto-analisamos para saber como somos realmente e o que desejamos da vida. Então, depois de muito pensar – apesar do medo que eu sentia da sua reação ao ver-me –, resolvi procurá-la. Confesso que a tenho visto muitas vezes, escondido. Tenho acompanhado quando sai de casa, e visto nosso filho, digo, nossa filha, crescer junto com sua barriga. Aquele dia no *shopping* não queria assustá-la. Só conversar com você.

Pela primeira vez, Juliana abriu a boca.

– Eu entendi. Embora tivesse ficado assustada, entendi.

– Agradeço-lhe. Eu precisava expor minha vida, falar das minhas dificuldades, dos meus problemas, enfim... Sei que nada justifica meu ato, o crime que pratiquei contra você, mas quero poder reparar o mal que lhe fiz. Meu pai queria procurá-la, pagar tudo, responsabilizar-se pela criança que vai nascer e que, afinal, será seu neto, mas não permiti. Disse a ele que eu cuidaria disso. Sei como ele é prepotente, orgulhoso e egoísta. Acabaria magoando ainda mais você e sua família. Entende?

Juliana estava séria e compenetrada ao responder:

– Entendo. Contudo, não precisa se preocupar. Minha filha terá tudo o que precisa. Não somos ricos, porém trabalhamos e temos condição de dar-lhe o necessário sem que você precise se preocupar. Não se sinta obrigado a nada.

O rapaz sorriu, melancólico.

– Juliana, você não entendeu. Não estou me dispondo a ajudar por obrigação, embora a tenha como pai. Quero ajudar por prazer, por amor. Não me negue esse prazer, que é um direito.

– Ah! Vai começar com exigências? – ela retrucou, com ironia.

Luciano respirou fundo, explicando com delicadeza:

– Não me entenda mal. Não estou fazendo exigências agora, nem farei no futuro. Gostaria apenas, se você me permitir, de poder conhecer nossa criança quando ela nascer, dar-lhe presentes, vê-la crescer, brincar com ela.

Juliana notou que a voz do rapaz estava embargada pela emoção e que ele não conseguia continuar. Enxugando as lágrimas e tomando fôlego, fazendo um tremendo esforço sobre si mesmo, ele suplicou:

– Por favor, Juliana, não me negue essa oportunidade. Mudei muito, estou mantendo-me longe do vício, exatamente porque a vida me acenou com essa expectativa de ser pai, de ter um objetivo na vida, coisa que até agora eu não tinha nem sabia o que era. Atualmente, desejo crescer, ser alguém para que minha filha se orgulhe de mim. Quero passar o melhor para essa criança que ainda nem nasceu e que já é tão importante na minha vida. Por favor, tenha piedade!

Juliana, também emocionada diante do que ouvira, lembrou-se de tudo o que já lera nos últimos dias, das conversas com Francisco, das informações que tivera por intermédio da literatura espírita. Parecia-lhe que tudo o que aprendera tinha uma finalidade: era prepará-la para este momento, de modo que ela soubesse como agir na hora certa, tendo a compreensão necessária e aproveitando a oportunidade para o exercício do perdão.

Diante daquele rapaz que ali estava, ajoelhado a seus pés, humilhado diante da própria consciência, pedindo-lhe ajuda, Juliana considerou em voz pausada:

– Luciano – era a primeira vez que o chamava pelo nome –, Jesus disse certa vez que aquele que estivesse sem pecados que atirasse a primeira pedra. Diante disso, quem sou eu para julgar?

O moço ergueu a fronte, com os olhos brilhantes e úmidos, incapaz de acreditar naquela felicidade.

– Então você me perdoa, Juliana?

– Já perdoei, Luciano.

Ele teve ímpeto de levantar-se e abraçá-la, mas se conteve. Sem saber como expressar sua alegria, o rapaz tomou a mão dela, segurando-a entre as suas, e ali, com extremo carinho, depositou um terno e delicado beijo orvalhado de lágrimas.

– Obrigado.

Juliana sentiu nesse instante uma felicidade imensa, como se tivesse tirado de seus ombros um peso enorme. Sentia-se leve, cheia de paz e de harmonia. Intuitivamente, tinha certeza de que, com aquele gesto de perdão, um grande problema fora resolvido.

❖

Na espiritualidade, nós, os amigos que acompanhávamos o desenrolar da cena, também nos regozijávamos pelo feliz desfecho.

O caso não estava resolvido, muitas coisas ainda iriam acontecer, e a solução dependeria da boa vontade e do desejo de acertar das partes envolvidas.

Juliana tinha razão. Um sério desentendimento de vida anterior estava caminhando para uma solução satisfatória.

Cerca de 300 anos antes, quatro pessoas envolveram-se em sério compromisso, ficando responsáveis perante a lei divina. Esse drama relato de forma resumida:

Lívia, de 14 anos, menina boa e prendada, estava apaixonada por Pietro, um rapaz do vilarejo onde moravam, na Itália. Todavia, Berta, amiga de Lívia, morria de ciúme e inveja, pois amava o mesmo rapaz e não se conformava por ter sido preterida. Envolvendo-se em vibrações negativas, cultivando revolta e ódio, planejou um crime contra Lívia. Convenceu Guido, um amigo seu, a ajudá-la. Rapaz sem escrúpulos e havia anos interessado em Lívia, Berta sabia que Guido aceitaria de bom grado participar da trama. Assim, combinaram que Guido prepararia uma armadilha para Lívia, levando-a para um lugar isolado e onde se incumbiria de desonrá-la, para que a jovem ficasse em suas mãos, o que foi feito conforme o planejado. Naquela época, esse fato equivalia à mais completa desonra, passando a moça a ser desprezada por toda a sociedade, caso o homem responsável não se casasse com ela. Quando Pietro ficou sabendo do que tinha acontecido, rompeu o noivado com Lívia, que, ao contrário do que Guido esperava, jamais o aceitou. Apesar de repudiada pela família e pela sociedade, ela manteve-se firme; uma senhora muito idosa que morava num casebre no meio do mato abrigou e ajudou Lívia até o nascimento do bebê. Alguns meses depois, mais fortalecida, a jovem mãe preferiu desaparecer da região com seu filho, passando o resto da vida solitária sem nunca ter se casado. Ninguém mais soube dela. Após longo tempo e várias experiências reencarnatórias, já em outro nível de progresso, o pequeno grupo teve a oportunidade de voltar, renascendo para o reajuste necessário.

Berta, a amiga autora intelectual do crime, era Juliana; Pietro retornou como Luciano; Guido, em outro nível evolutivo e desejoso de reparar o mal praticado outrora, como Francisco. E a doce Lívia, tão sofredora, viria para os braços daquela que a prejudicara no passado e que agora seria mãezinha dedicada, e teria por pai aquele que a tinha desonrado e que agora lhe daria tudo o que lhe tinha tirado antes, ou seja, uma vida digna. Cresceria sob a assistência amorosa de Luciano, o antigo noivo Pietro, por quem fora abandonada e de quem era credora.

Berta, agora em outro nível de entendimento e evolução, inconscientemente sabe que "precisa" ter aquela criança, conquanto produto da violência. Essa a razão que leva Juliana a enfrentar a sociedade, os amigos, a família, o noivo, para ter sua filha. Intuitivamente, ela sabe a importância daquela criança em sua vida, e mostra que já havia aprendido a valorizar a vida, como bênção de Deus.

Tudo poderia ter acontecido de maneira mais tranqüila, visto que estava previsto que a vida se encarregaria de aproximar Juliana, Francisco e Luciano para a necessária reparação. No entanto, a situação se complicou em virtude da vida desregrada e viciosa de Luciano, levando-o a cometer uma violência contra Juliana. Felizmente, a presença de Francisco, que viera para amparar, foi fundamental. Transmitindo, no momento certo, conhecimentos espíritas para Juliana, ajudou-a na decisão que teria de tomar, perdoando a Luciano.

❖

Como podem perceber, mesmo nos mais intrincados relacionamentos, nada acontece por acaso.

A bondade e misericórdia de Deus nos socorrem em todas as circunstâncias, por meio da providência, e a vida, mediante a Lei de Causa e Efeito, se incumbe de aproximar os participantes do drama para o aprendizado e o amadurecimento que se faz imprescindível, visando à reconciliação dos envolvidos.

Certamente, os criminosos terão de saldar seus débitos contraídos perante aqueles que prejudicaram e perante a sociedade. Não obstante, uma visão mais humana e evangélica deve nortear nosso julgamento: qual a criatura que pode se considerar isenta de culpas? Especialmente considerando os conhecimentos que a Doutrina Espírita nos favorece, enfatizando a lei das existências sucessivas, necessárias ao aprendizado e ao progresso do espírito? Pelas inúmeras experiências terrenas que já tivemos, no tempo e no espaço, construímos vivências boas e ruins, fizemos amizades e desafetos, ajudamos e prejudicamos pessoas.

Todo esse acervo, que é conquista nossa, revive no presente, por meio das facilidades ou dificuldades que tenhamos de enfrentar, dos sofrimentos, dos obstáculos e das rejeições que precisemos suportar. Dentro da própria família, encontramos vínculos de amor e ódio, sabiamente colocados por Deus ao nosso lado para aprendermos a exercitar o perdão, a compreensão, a tolerância, a paciência, e, principalmente, o amor. As afinidades e rejeições que surgem em nosso carreiro são apenas oportunidades de aprendizado que o Senhor nos possibilita para refazermos nossos passos, desafios de convivência, que tornarão no futuro os elos mais fortes e duradouros, gerando felicidade, bem-estar e paz da consciência.

Assim, diante dos erros dos outros, que nos causam repulsa e horror, vejamos apenas a condição espiritual de irmãos nossos que ainda não tiveram a dádiva de aprender o que já sabemos hoje, e que, com o tempo, também eles se tornarão pessoas boas e úteis à sociedade.

Pense nisso!

capítulo 27

Estranho comportamento

> *"Os Espíritos influem sobre nossos pensamentos e ações?"*
> *"A esse respeito, sua influência é maior do que podeis imaginar. Muitas vezes são eles que vos dirigem."*
>
> (*O Livro dos Espíritos*,
> Allan Kardec, questão 459)

Sob profundo desânimo, Manuela sentou-se à mesa apoiando a cabeça com as mãos. Trazia o coração dilacerado; angústia e tristeza imensa a dominavam. As lágrimas rolavam de seus olhos, lavando-lhe o rosto.

As lembranças dos últimos acontecimentos vinham-lhe à memória sem que pudesse evitar. As brigas constantes, os desentendimentos sem motivos, o mal-estar que se instalara no lar, antes tão harmonioso e pacífico. O ambiente tornara-se insuportável. Seu filho Rodolfo, ou Rúdi, como carinhosamente era chamado por todos, antes um bom rapaz, amável e obediente, modificara-se por completo, tornando-se agressivo, cobrador, exigente. Agora, quando Rúdi a olhava, Manuela notava algo diferente em sua expressão, um ódio estranho em seus olhos. Era como se o filho, de alguma maneira, a julgasse culpada por alguma coisa que ela porventura lhe tivesse feito. Mas o quê? Sempre o tratara com amor! Em vão procurava na memória uma palavra, um ato, uma reação sua que pudesse ter gerado essa situação. Aliás, seu relacionamento com Rúdi sempre fora mais de amigo e companheiro que de mãe e filho. Entendiam-se. Completavam-se. Porém, do jeito que estavam as coisas, não sabia o que fazer nem a quem apelar. Sentia-se perdida.

De repente, Manuela sentiu um cheiro estranho atingindo seu olfato.

O feijão! Levantou-se da cadeira, enxugando as lágrimas no avental, enquanto corria até o fogão. Retirou a panela do fogo, irritada.

E essa agora! Matias vai chegar para o almoço e o feijão está queimado. Vamos ver o que posso fazer.

Com presteza, Manuela retirou o feijão da panela e colocou-o numa tigela, tendo o cuidado de não raspar o fundo para não contaminar o feijão com o cheiro de queimado. Depois, pegando outra panela, colocou azeite, um pouco de alho e cebola picadinhos, deixou fritar e acrescentou os grãos cozidos; em seguida, despejou um pouco de água, orégano e folhas de louro. Dentro em pouco, um odor agradável de tempero se espalhava pela cozinha. A urgência em terminar o almoço fez com que se esquecesse de seus problemas.

Quando Matias chegou e abriu a porta, respirou fundo exclamando:

– Hum! Que cheiro bom!

Ainda bem!, pensou Manuela.

Enquanto Matias se dirigiu ao banheiro para lavar as mãos, ela colocou a mesa. A refeição consistia de arroz, feijão, couve refogada, bife e salada.

O marido, servindo-se de bife, perguntou:

– E Rúdi? Não vem almoçar?

Agora, com tudo pronto para o almoço, mais tranqüila, sentou-se. A pergunta do esposo fez com que se lembrasse dos problemas.

De cabeça baixa, ela continha as lágrimas. Um nó estrangulava-lhe a garganta e respondeu com dificuldade:

– Talvez não. Saiu bravo, batendo a porta. Nem sei se ele volta para casa.

Matias sorriu de leve, acalmando a esposa:

– Claro que volta, querida. Para onde ele irá? Brigas são normais em família! Logo estará aqui lhe pedindo desculpas. Não se preocupe.

Manuela não respondeu. Na verdade, Matias não tinha noção de como estavam as coisas. Ele não sentia o rancor do filho, seus olhares carregados de mágoa e ressentimento eram dirigidos particularmente a ela.

Mas mágoa de quê, meu Deus?

Não fazia sentido. Mudanças não acontecem de repente, e era o que tinha ocorrido com ele. O que fazer? A quem procurar? Se fosse problema de saúde, procuraria um médico; se problema mental, um psiquiatra...

Manuela parou com o garfo no ar. Uma idéia surgiu em sua mente. *Sim! Por que não?*

Virou-se para Matias, perguntando:

– O que você acha de nosso filho fazer uma terapia?

– Terapia? Com quem? Um psicólogo?

– Sim. Por que não?

– Rúdi é normal, Manuela. Não está doido. Não precisa de psicólogo nem de psiquiatra. Nosso filho está bem! Vai à escola, estuda, passeia, pratica esportes, namora... O que há de errado com ele? Além disso – e aí falou o seu lado prático –, essas coisas custam caro e não podemos pagar.

Manuela respirou fundo. Deveria ter imaginado que Matias não aceitaria nunca sua sugestão. Tinha cabeça dura e para ele problema emocional era "frescura", coisa de quem não tem o que fazer.

Acabou de comer calada. Depois, tirou os pratos da mesa e arrumou a cozinha, sem dizer uma palavra. Matias despediu-se, saindo para trabalhar, e ela ficou sentada, pensando. Não que não tivesse o que fazer. Ao contrário. Era costureira e tinha uma montanha de tecidos para cortar e costurar, porém não tinha ânimo nem vontade de nada, muito menos para confeccionar roupas. Era como se suas forças estivessem se esvaindo.

Sentou-se na sala e ligou a televisão. Assistiu ao jornal e acabou cochilando. Acordou com a sensação de que havia mais alguém em casa.

Deve ser o Rúdi. Foi até a cozinha e encontrou o filho com a porta da geladeira aberta, tomando água no gargalo da garrafa. Ia corrigi-lo, porém achou melhor ficar calada.

O rapaz olhou a mãe e, sem dizer palavra, pegou a embalagem de leite, o pão, um pote com geléia de laranja e colocou na mesa. Depois, sentou-se e começou a comer. Havia tal rusticidade nas atitudes dele, uma grosseria tão grande nos gestos, que Manuela ficou horrorizada.

Rúdi era alto, rosto bem-feito, olhos escuros e cabelos ondulados; seu sorriso cativante conquistava as garotas. Uma sensação de orgulho materno a envolveu.

Meu filho é lindo!

De relance, Rúdi olhou para a mãe, que continuava parada na porta.

– O que foi, nunca viu? – perguntou, irritado.

– Calma, meu filho. Não quero brigar com você. Como foi na escola hoje? – disposta a não responder à provocação, ela acalmou-o com voz serena, tentando entabular um diálogo.

– Uma droga. Não vou mais à escola.

– Por que, meu filho? Você sempre gostou de estudar, dos seus amigos, dos professores. O que houve?

– Tudo isso é culpa sua, maldita. Detesto você. Tudo o que estou passando é por sua culpa – acusou-a com voz grossa e de tonalidade rouca.

– Meu filho!... O que é isso? Como pode falar assim com sua mãe? – reagiu, indignada.

– Cale-se. Não fale comigo. Não sou seu filho. Nunca mais me chame de filho. Você vai ter de pagar por tudo o que me fez. Entendeu?

Ele levantou-se, dirigindo-se com passos duros e pesados para a porta da rua. Manuela foi atrás dele, suplicando:

– Meu filho, volte. Vamos conversar. O que é que eu fiz? Por favor, Rúdi, volte. Não me deixe assim sem uma explicação.

Tudo inútil, porém. Rúdi já tinha saído batendo a porta com violência. Manuela jogou-se no sofá desesperada, em prantos.

Quando o esposo voltou para casa, encontrou Manuela de olhos vermelhos, rosto inchado, ainda chorando. Ela contou o que tinha acontecido entre eles, as palavras incompreensíveis que ele dissera, falou sobre os hábitos estranhos dele, suas maneiras grosseiras.

– Querida, não está exagerando? Além disso, tomar água e leite no gargalo é comum na adolescência! – considerou ele, tentando contemporizar.

– Não para nosso filho, Matias. Não foi essa a educação que lhe demos. Além disso, Rúdi nunca agiu assim antes. Você o defende porque não viu como ele me tratou. Acusou-me de alguma coisa. Disse que vou pagar por tudo o que lhe fiz. Chegou a chamar-me de maldita! Não entendi nada. Ah, também disse que detesta a escola e não ia mais às aulas. Você acredita numa coisa dessas?

Matias sorriu, conciliador.

– Talvez você não tenha entendido direito, querida. Quem sabe você esteja com uma visão distorcida da realidade? Tenha mais paciência com ele. Talvez Rúdi tenha tido um dia ruim e sinta-se irritado. Só isso.

– Visão distorcida da realidade? Você quer dizer o quê com isso? Que estou ficando louca? Ou que não estou escutando direito? A culpa, então, é minha? – reclamou ela surpresa e indignada com a reação do marido.

Matias colocou-lhe a mão na cabeça, acariciando-lhe os cabelos, conciliador:

– Talvez eu tenha me expressado mal. Vamos, não se aflija sem motivo, Manuela. Nosso filho sempre foi um bom menino. Olhe, prometo-lhe que vou conversar com ele assim que surgir a ocasião.

– Promete?

– Prometo. Acho que está estressada. Fique tranqüila e não trabalhe tanto. Relaxe.

Estressada, eu? Agora a culpa é minha? Essa é boa!

Quando Rúdi chegou, tarde da noite, o pai estava acordado esperando para falar com ele. Conversaram. Matias achou o filho normal, como sempre.

– Meu filho, sua mãe disse que você a destratou hoje.

– Não, pai, não foi nada disso. O senhor sabe como a mamãe é, fica cobrando, reclamando, e tem horas que não agüento.

– Eu sei, filho, mas tenha paciência com ela. Evite discussões.

– Mas não discuti com a mamãe, pai! – retrucou o rapaz, inconformado.

– Está bem, meu filho. Eu entendo. Mas evite brigas. Agora, vamos dormir que já é tarde.

Despediram-se e Matias foi para seu quarto. Manuela, que aguardava acordada, quis saber:

– E daí? Falou com ele? Como foi a conversa?

– Foi boa. Ele prometeu que vai tomar jeito. Agora, durma. Deve estar cansada.

❖

Desse dia em diante, as coisas se complicaram. As brigas se tornaram mais freqüentes, os desentendimentos mais sérios. Rúdi a cada dia mostrava-se mais grosseiro e agressivo.

Geralmente, na presença do pai, comportava-se bem. Era a mãe ficar sozinha e ele se transformava. Manuela parou de reclamar para o marido, vendo que ele não lhe dava crédito. Talvez até a julgasse louca pelo modo como a olhava em determinados momentos.

Manuela estava cada vez mais desesperada. Perdida, sem saber o que fazer ou a quem recorrer, sentia-se escorregando para um abismo fundo e amedrontador, que a estava engolindo, sem que pudesse reagir.

capítulo 28

Visita oportuna

"Seja o que for que peçais na prece, crede que o obtereis e concedido vos será o que pedirdes."

JESUS (MARCOS, 11: 24)

Dois meses se passaram.

Certa ocasião, Manuela estava sozinha em casa e chorava na sala, sem saber o que fazer, inconformada com as atitudes do filho, cada dia pior. Nisso, ouve a campainha da porta. Uma vez, duas vezes. Na terceira vez, como a pessoa não desistisse, enxugou os olhos e foi atender.

– Olá, Manuela, boa tarde! Cheguei em momento errado?

– Não, Terezinha. Entre, por favor. Como vai? Desculpe a demora em atender.

A recém-chegada entrou sorridente.

– Tudo bem por aqui?

– Tudo bem. Você veio experimentar seu vestido? – perguntou Manuela, tentando disfarçar seu estado de espírito.

– Isso mesmo. Tinha esquecido e somente hoje me lembrei.

– Está pronto para a prova. Vamos até minha sala.

Acompanhando a dona da casa, Terezinha sentia-se preocupada. Ao chegar, quando Manuela abriu a porta, imediatamente notou que ela estivera chorando. O rosto inchado e os olhos vermelhos eram vestígios difíceis de ser ignorados. De temperamento afável, naturalmente alegre e bem-disposta, nesse dia achou-a triste e melancólica.

Experimentando a roupa, observava Manuela que se controlava com dificuldade, parecendo prestes a cair no choro. Com delicadeza, Terezinha indagou:

– Desculpe se sou indiscreta, Manuela. Mas está acontecendo algo? Você não me parece bem...

Manuela, que, naquele momento, marcava a altura da barra da saia com alfinetes, confessou:

– Estou passando por alguns problemas difíceis, Terezinha. É tão evidente assim?

– Talvez não para outras pessoas, minha amiga, mas como a conheço de longa data, não pude deixar de perceber. Você sempre foi alegre, risonha, dinâmica. Notei-a o oposto de tudo isso: está triste, séria e parece cansada, sem disposição.

– Pois é exatamente como me sinto. Um trapo.

– Não foi isso o que eu quis dizer – explicou Terezinha, sorrindo.

– Mas é a pura verdade. Você não imagina como tenho sofrido.

Depois, voltando a uma atitude mais profissional, Manuela perguntou:

– Está bom neste comprimento?

– Sim, está perfeito.

Nada mais havendo a observar, Terezinha tirou o vestido.

Ambas deixaram a sala de costuras e Manuela levou a amiga para a cozinha e colocou água no fogo para fazer um chá. Enquanto esperava a água ferver, pegou as xícaras e um pote com biscoitinhos de nata. Depois, coou o chá e sentaram-se para conversar. Respirando fundo, Manuela contou à Terezinha o problema que estava passando dentro de casa.

A outra ouviu com interesse, sem interromper. Depois de desabafar, Manuela concluiu, afirmando em lágrimas:

– Eu precisava mesmo falar com alguém, colocar para fora tudo o que tem acontecido durante esses últimos meses e que tenho guardado dentro de mim. O pior, Terezinha, é que esse estado de coisas está me deixando doente. Tenho dores no corpo inteiro, sem explicação. Nunca tive problemas de saúde, nem gripe pego!

Terezinha pensou um pouco e considerou:

– Não sei se você acredita no que lhe vou dizer, Manuela. Porém, já lhe passou pela cabeça que pode ser um problema espiritual?

– Como assim? – indagou a outra, surpresa.

– Bem... você mesma disse que seu filho *parece outra pessoa*. Não é verdade?

– Sim. Fala de coisas que eu teria feito e de que não me lembro. Sua conduta, suas maneiras, sua voz, tudo está diferente nele. De outras vezes, especialmente com o pai, parece o mesmo de sempre. Estou a ponto de enlouquecer! Acho até que Matias julga que estou louca.

– Pois é. E se não for realmente ele?

– Explique-se melhor, Terezinha. Não entendi.

– E se quem estiver fazendo cobranças a você não for realmente seu filho?

– Aí, eu enlouqueço de vez – respondeu, arregalando os olhos.

Terezinha acomodou-se melhor na cadeira e, pensando um pouco, explicou:

– Manuela, nós somos amigas há anos e nunca falamos sobre religião, porém eu sou espírita.

Diante da expressão assustada da dona da casa, ela esclareceu:

– O Espiritismo é uma Doutrina codificada por Allan Kardec, um pedagogo francês do século 19. Não se trata de uma seita afro-brasileira, Umbanda ou Candomblé. Vou explicar-lhe direitinho.

Terezinha falou dos postulados da Doutrina, da imortalidade da alma e da meta que é a evolução; falou da comunicabilidade entre os dois mundos e sobre as vidas sucessivas, como uma conseqüência lógica da imortalidade e do progresso. Afirmou também que, nessas múltiplas existências, fazemos o bem e o mal, adquirindo com nossas atitudes afetos e desafetos. Aqueles que nos querem bem procuram nos auxiliar, secundando-nos na vida e tornando-se anjos da guarda, espíritos protetores, amigos espirituais, benfeitores enfim. Aqueles a quem fizemos mal e que, portanto, não gostam de nós, tentam nos prejudicar, vingando-se, para que soframos o que os fizemos sofrer.

A essa altura, Manuela que ouvia calada e cada vez mais interessada, sugeriu:

– Você quer dizer que junto de Rúdi pode ter alguém que já morreu e que é um inimigo meu?

– Exatamente.

Manuela refletiu por alguns instantes, depois disse:

– Faz sentido. Sua teoria explicaria por que ele parece ser outra pessoa e age de modo tão estranho, grosseiro mesmo. Supondo-se que isso seja verdade, por que normalmente não acontece quando meu marido está perto?

– Porque, provavelmente, Matias tem ascendência sobre ele. Ademais, o problema *dele* é com *você*, não com seu marido, segundo o que me contou.

– Tem razão.

Manuela estava surpresa e maravilhada. Terezinha lhe apresentara coisas de que nunca tinha ouvido falar antes. Era um novo mundo de idéias e conhecimentos que se abriam à sua frente. Verdade ou não, explicaria muitas coisas.

Manuela refletiu um pouco, depois perguntou interessada:

– Terezinha, tudo o que você me disse tem lógica. Então, se tudo isso for verdade, o mais importante para mim no momento é saber como posso resolver esse problema.

Com delicadeza e seriedade Terezinha explicou:

– Manuela, em primeiro lugar, é importante você entender que, quem estiver ao lado de seu filho, seja quem for, é um irmão nosso que precisa de ajuda. É alguém que foi prejudicado no passado e que agora deseja se vingar de você. Não é um estranho, geralmente. É alguém muito ligado à sua vida e que se considera seu credor.

– Faz sentido – murmurou Manuela. – Meu filho, ou seja quem for, sempre diz que vou pagar por tudo o que o fiz sofrer.

– Exatamente. É alguém que, muitas vezes, foi da nossa família e que traímos, prejudicamos, roubamos, destruímos a existência, e muito mais. Quem sabe o que já fizemos? Então, para que você e seu filho sejam ajudados é imprescindível socorrer o desencarnado antes. Caso contrário, ele continuará em seu processo de vingança.

– Entendo. E como se faz isso? Isto é, como ajudar essa *alma penada*?

Terezinha sorriu ao vê-la se utilizar de uma expressão corrente no vulgo.

– Essa "alma penada" como você diz, é um espírito como nós; a única diferença é que já deixou o corpo material que usava quando aqui na Terra. Para ajudar, se faz preciso, em primeiro lugar, manter o pensamento elevado. Você tem uma religião? Costuma orar?

– Sou católica por tradição, mas raramente assisto missa ou vou à igreja rezar. Mesmo porque não tenho tempo.

–Tempo é algo que se arruma quando se quer, Manuela. Para orar não é preciso gastar muito tempo, poucos minutos bastam. Além disso, você pode orar em casa mesmo, varrendo, costurando, cozinhando. Se seu pensamento estiver elevado, sua prece é válida esteja você onde estiver, independente do que está fazendo. O que importa é a intenção. Também seria importante – isto é, se você concordar – fazermos uma reunião, aqui em sua casa, que chamamos de Evangelho no Lar. Essa providência irá ajudá-la bastante.

– Sem problemas. E quando podemos fazer isso?

– Vamos estudar um dia da semana e um horário que não atrapalhe outras obrigações já estabelecidas. Disponho ainda de algum tempo e, se você quiser, agora mesmo podemos orar em conjunto.

– Ótimo! Já me sinto mais esperançosa.

Terezinha pediu licença e foi até o carro buscar *O Evangelho Segundo o Espiritismo*. Retornando, ela solicitou à dona da casa que trouxesse uma jarra com água pura e dois copos. Em seguida sentaram-se em torno da mesa da cozinha para orar.

Terezinha pediu que Manuela abrisse o livro ao acaso. A página mostrava a abertura do capítulo 6, cujo título é *"O Cristo Consolador"*, e a página, *"O jugo leve"*. Manuela leu o texto deixando que aquelas palavras impregnassem seu íntimo.

"Vinde a mim, vós todos os que andais em sofrimento e achais carregados, e eu vos aliviarei. Tomai sobre vós o meu jugo, e aprendei de mim, que sou manso e humilde de coração, e achareis repouso para as vossas almas. Porque o meu jugo é suave e o meu fardo é leve. (Mateus, 11: 28 a 30)"

Ao terminar de ler todo o texto, Manuela sentia-se mais leve e tranqüila. As palavras de Jesus eram confortadoras e davam-lhe esperança, confiança e paz.

Terezinha teceu alguns comentários sobre a vida futura, a que Jesus se refere no texto, e, em seguida, fez uma prece de agradecimento, suplicando ao Mestre que amparasse a família, especialmente o jovem Rúdi e os desencarnados que porventura estivessem junto com ele, e impregnasse toda a casa com eflúvios balsâmicos e renovadores.

Ao terminarem esse primeiro Evangelho no lar, Manuela sentia-se outra. Estava maravilhada. Um bem-estar enorme inundava-lhe o íntimo fazendo-a ver as coisas com muito mais clareza e serenidade.

Agradeceu à Terezinha o auxílio que lhe dera naquela tarde, perguntando:

– O que mais posso fazer para que a situação melhore?

– Essa sua disposição, Manuela, já é de grande ajuda. Procure manter o ambiente da sua casa sempre saudável, pela elevação mental. Conservar o otimismo, o bom ânimo e a confiança em Deus, pois representam cuidados básicos para que todos possam sentir-se bem dentro de casa. Quando seu filho estiver para chegar, ou quando se lembrar dele durante o dia, faça uma prece, mesmo rápida, pedindo a Deus que o abençoe.

– Só isso?

– Por enquanto, só. Deixarei este livro com você para que o leia sempre que tiver vontade ou quando não estiver bem. Depois, voltaremos a conversar.

Terezinha saiu, deixando a amiga com outra disposição.

Ainda teria outras importantes informações para passar-lhe, porém preferia dar tempo para que Manuela assimilasse tudo o que ouvira naquele dia. A terapêutica espírita teria de ser aplicada para um melhor resultado, contudo desejava que ela mesma sentisse a necessidade de procurar ajuda.

Enquanto isso, na reunião da casa espírita que freqüentava, iria pedir vibrações a benefício daquela família.

No dia seguinte, Manuela telefonou-lhe informando que a costura estava pronta. Poderia ir buscá-la à tarde.

Terezinha entendeu que a outra tinha pressa em conversar com ela novamente e foi logo perguntando:

– Como estão as coisas, Manuela?

– Maravilha! Conversaremos quando vier buscar o vestido.

Mais tarde Terezinha dirigiu-se à casa da costureira. Ao ver Manuela, que atendeu à porta, notou a mudança que se operara. Fisionomia radiante, ela trazia um largo sorriso na face e um brilho nos olhos.

– Minha amiga, seja bem-vinda! Não sabe o bem que me fez.

Abraçou a recém-chegada com imenso carinho.

– Você mudou minha vida! Nem sei como lhe agradecer! – dizia eufórica.

Terezinha cortou aquelas efusões, serenando-a:

– Calma, Manuela. Primeiro, eu nada fiz. Simplesmente orei com você. Tudo o que você possa ter recebido veio do Alto, da ajuda de Deus, de Jesus.

– Sim, mas seja o que for não importa. Você não acredita! Ontem, quando estava na hora de meu filho chegar, fui para meu quarto e li uma página do Evangelho, depois fiz uma oração. Ele entrou em casa completamente diferente, voltou a ser o que era. Nem acredito que tudo passou!

Terezinha levou-a para o sofá e fez com que ela se sentasse, segurando-lhe as mãos entre as suas.

– Manuela, as coisas não são tão simples assim. É todo um processo que precisa ser revertido. Ninguém muda da noite para o dia. Certamente, o acompanhante de Rúdi deve ter sido afastado para que seu filho tenha demonstrado essa melhora, porém o processo é longo e difícil. Temos todo um caminho a percorrer. Não estranhe, até, se Rúdi tiver uma reação e ficar pior. É normal nesses casos. Acontece que, ao perceber que estão perdendo terreno, os inimigos desencarnados reagem com nova ofensiva. Tudo isso, porém, está previsto e não nos assusta.

– Você acha mesmo? – indagou Manuela, preocupada.

– Acho. Então, você precisa se fortalecer, estudando o Espiritismo para entender o que está acontecendo aqui dentro da sua casa e com seu filho, se quiser realmente ajudá-lo.

– Estou disposta a tudo. O que devo fazer?

Percebendo-lhe a firmeza, Terezinha prosseguiu:

– Muito bem. Então, temos que agir. Venha comigo ao centro espírita. Aos sábados temos uma reunião com palestra, sempre de conteúdo evangélico e, depois, são aplicados passes. Você vai gostar; além disso, terá ocasião de ver como trabalhamos.

– Existem outras reuniões?

– Sim. Temos todos os dias ocupados com cursos, reuniões mediúnicas e assistência social.

Combinaram que, no sábado, meia hora antes do horário marcado para início das atividades, Terezinha passaria na casa de Manuela para irem juntas à reunião.

Manuela sentiu-se muito bem na casa espírita. Gostou bastante da palestra, cujo tema enfocou os relacionamentos familiares, o que parecia que lhe fora particularmente endereçado. Especialmente, guardou o que o palestrante tinha afirmado: o melhor antídoto para qualquer problema é o amor.

Logo após o passe, a reunião foi encerrada. Manuela experimentava um bem-estar que havia muito não sentia. Notava-se mais fortalecida, confiante e desejosa de trabalhar a benefício de todos.

Uma nova esperança inundava seu íntimo de felicidade e paz.

capítulo 29

Tudo se encaixa

"O sono é o repouso do corpo; o Espírito, porém, não tem necessidade de repouso. Enquanto os nossos sentidos físicos estão adormecidos, a alma se liberta em parte da matéria e assume o domínio de suas capacidades espirituais. O sono foi dado ao homem para a reposição das forças orgânicas e das forças morais. Enquanto o corpo recupera as energias que perdeu pela atividade no dia anterior, o Espírito vai fortalecer-se entre outros Espíritos. As idéias que encontra ao despertar, em forma de intuição, ele as obtém do que vê, do que ouve e dos conselhos que lhe são dados. Equivale ao retorno temporário do exilado à sua verdadeira pátria, como um prisioneiro momentaneamente libertado."

(*O Evangelho Segundo o Espiritismo*,
Allan Kardec, cap. 28, item 38)

Naquela noite, Manuela foi deitar pensativa.

Por tudo o que já lera sobre Doutrina Espírita, que não era muito, juntando com o que Terezinha lhe explicara e acrescentando ainda a palestra que ouvira na casa espírita, podia ter uma noção mais clara da situação.

Terezinha afirmou que os espíritos continuam nos vendo e pensando como éramos no passado. Então, se prejudiquei alguém, certamente esse alguém estará com raiva de mim. E com toda razão. Jesus ensina que devemos nos colocar no lugar do outro, e, em caso de dúvida, é o que sempre faço. Então, se eu, Manuela, estivesse no lugar do desencarnado, como estaria? Com certeza, com o mesmo ódio que ele demonstra agora, tentando fazer justiça.

Refletindo sobre o assunto, Manuela decidiu que, se o caminho era o amor, desse dia em diante ela procuraria mudar. Faria orações pelo desafeto desencarnado sempre que se lembrasse dele, e, ao encontrar-se com Rúdi, procuraria demonstrar amor, exatamente o que não conseguia fazer desde que tudo tinha começado. Como Rúdi estivesse sempre com uma pedra na mão, disposto a atacá-la, agredi-la com palavras, acusando-a de alguma coisa, ela se afastara dele até por temer os encontros – sempre extremamente difíceis –, que a deixavam aflita e angustiada.

Assim, no dia seguinte, quando o filho se levantou, Manuela muniu-se de coragem para enfrentar a rejeição que ele sentia. Aproximou-se como se nada estivesse acontecendo, envolveu-o com olhar carinhoso e perguntou, afável:

– Bom dia, meu filho. Dormiu bem?

– Pessimamente – grunhiu ele, mal-humorado.

Ela acercou-se dele e, antes que Rúdi pudesse impedir, abraçou-o, afirmando:

– Você vai ficar bem, meu filho. Deus vai ajudá-lo e você terá um bom dia. Vamos tomar café?

Surpreso, ele não conseguiu reagir. Ficou calado. Colocou um pouco de leite numa caneca, que bebeu de um gole, e saiu mastigando um bocado de pão, a caminho da escola.

Era a primeira tentativa de aproximação. Manuela, esperançosa, notou que ele, diante do comportamento dela, ficara sem ação. Pelo menos, não a agredira verbalmente, o que já era um avanço.

Dali por diante, mais animada, passou a agir diferente, trabalhando naquilo que denominava sua "campanha de desarmamento".

Perto do horário de Rúdi voltar, Manuela orou a Jesus, elevando o pensamento em súplicas ao Mestre para que o filho chegasse bem, ao mesmo tempo que o envolvia com ternura. Lembrava-se também do desafeto desencarnado, mentalmente pedindo-lhe perdão pelos males que lhe causara e dispondo-se a ajudá-lo no que fosse possível.

Apesar dos seus esforços, nos momentos que Rúdi entrava em crise e soltava uma enxurrada de acusações, com os olhos a lançar chamas odientas, Manuela procurava vencer a rejeição. Aproximava-se dele cheia de coragem e determinação, abraçava-o com amor, afirmando em lágrimas:

– Perdoe-me. Ignoro o que lhe fiz, mas sei que o magoei muito. Perdoe-me. Quero ajudá-lo. Acredite em mim, aceite minha boa vontade e meu carinho.

Manuela sabia que estava falando com o desencarnado e procurava envolvê-lo com amor, o que o deixava sem defesa. A entidade começava a chorar e se afastava. Então, Rúdi voltava a si dizendo:

– O que está acontecendo aqui, mamãe? Parece que andei chorando. Tem horas que não sei o que faço.

– Está tudo bem, meu filho. Está tudo bem.

– Sinto-me tão estranho às vezes! Não sei o que está havendo comigo. Mamãe, acreditaria se lhe dissesse que tem hora que parece que sou outra pessoa? Nesses momentos, fico muito mal.

Manuela acariciou os cabelos do filho, enquanto lhe dizia:

– Acredito, meu filho. Talvez você esteja precisando de ajuda. Quer me acompanhar a uma reunião espírita? Tenho participado algumas vezes e asseguro que você vai gostar e lhe fará muito bem.

Rúdi aceitou, embora com reservas. Nada conhecia sobre Espiritismo, todavia, intimamente, sabia que estava precisando de ajuda, o que deixou Manuela surpresa e animada.

A situação começou a melhorar, porém Manuela ainda sentia, algumas vezes, rejeição nas atitudes do filho, conquanto de forma bem menos acentuada.

Certa noite, alguns meses depois, Manuela deitou-se e demorou a dormir, pensando em seu filho e no espírito tão necessitado de socorro.

De repente, se viu num lugar desconhecido. Era uma sala ampla e bonita, onde estavam várias pessoas, inclusive seu filho e seu marido. Cogitava que reunião seria aquela, quando viu alguém se aproximar. Era um senhor alto, de cabelos brancos e idade indefinível; simpático, tinha sorriso terno e olhos expressivos. Manuela nunca o tinha visto, e, todavia, experimentou íntima certeza de que já o conhecia de longa data.

Acercando-se dela, ele falou, com uma voz firme e serena, que ela tentou encontrar nos refolhos da memória onde já a teria ouvido:

– Minha filha, existe um momento que é crucial em nossa existência. O momento de assumirmos a responsabilidade pelos atos praticados e tentar repará-los, socorrendo aqueles que prejudicamos no passado.

Aquela voz doce e, ao mesmo tempo enérgica, fazia Manuela sentir uma alegria enorme por estar a seu lado, como se por longo tempo tivesse sido privada desse prazer. Agora, dando um passo para o lado, o benfeitor apresentou um homem que ela ainda não tinha notado: extremamente magro, nas faces encovadas havia tristeza e dor; trazia os olhos vermelhos e congestos, a cabeleira suja e desgrenhada, as roupas maltrapilhas. Uma figura de causar piedade.

Com ternura, o benfeitor aproximou-os um do outro e disse:

– Manuela, este é Cirilo, nosso irmãozinho que precisa de amparo. Só você pode ajudá-lo.

Ao ouvir essas palavras, Manuela entendeu. Ao fitar o infeliz que ali estava à sua frente, viu a mesma expressão que havia no olhar de Rúdi quando a fitava. Entendeu que era ele, Cirilo, o desafeto que a acusava de tê-lo feito sofrer.

Diante dele sentia-se culpada, sem saber por quê.

– Perdoe-me, meu irmão – repetiu novamente, levada por incoercível impulso, como tantas vezes o fizera.

Incentivado gentilmente pelo orientador, o desconhecido que ali estava fitou-a e disse, com alguma dificuldade:

– Tenho... ouvido suas preces... e... seus... pedidos de perdão. Acredito que esteja... sendo sincera. Sua atitude... me tem... comovido bastante. Resolvi... aceitar sua vontade... de reparar o passado.

Aquela voz vinha lá do pretérito, revolvendo em seu peito emoções adormecidas.

– Sim, meu irmão. Sou sincera em minhas intenções. Acredite-me. O que posso fazer por você?

Cirilo tentou falar, mas não conseguiu. Seu olhar era um pedido de socorro, porém, inclinou a cabeça e pôs-se a chorar. Euclides, o generoso benfeitor envolveu-o com os braços, aconchegando-o ao coração, e explicou:

– Cirilo precisa tomar um novo corpo, Manuela. Dentro de sua família ele encontrará o ambiente adequado para refazer a vida, quando poderá estar sob sua responsabilidade e amparo, para ser educado e protegido com amor.

Manuela experimentava imenso júbilo ante a idéia de receber alguém em seu lar. Todavia considerou, desapontada:

– Bondoso amigo, teria enorme satisfação em aconchegar Cirilo em meus braços como filho, todavia minhas condições orgânicas não o permitem. Não posso mais ser mãe.

Euclides sorriu como se estivesse ciente desse fato, e esclareceu:

– Não se preocupe, Manuela. Ele voltará a seus braços, minha irmã, como neto do coração. Será filho de Rodolfo.

O benfeitor fez uma pausa, depois esclareceu, vendo a expressão de surpresa de sua interlocutora:

– Esses planos só serão executados daqui a alguns anos. Enquanto isso, o nosso Rodolfo terá ocasião de amadurecer para a vida, e, Cirilo, de se preparar convenientemente para essa nova empreitada.

Manuela experimentava grande alegria. Vendo aquele ser que ali estava defronte dela, de cabeça baixa, humilhado pela sua condição, experimentou imensa compaixão. Com espontaneidade, aproximou-se de Cirilo e abraçou-o com amor. Depois, fitando Rúdi e seu marido que estavam mais distantes a palestrar com outras pessoas, alheios, como se não soubessem exatamente a importância do que estava acontecendo, indagou vertendo lágrimas:

– Rúdi já sabe?

– Ainda não foi consultado, porém não encontraremos dificuldade em conseguir sua aprovação. Entre o planejamento reencarnatório de Cirilo e a sua preparação, teremos alguns anos, como já expliquei. Tenho certeza de que Rodolfo não se recusará a prestar ajuda a nosso irmão Cirilo, mesmo porque eles têm grandes afinidades entre si.

Sem que Manuela precisasse exteriorizar seu desejo de conhecer o passado, o benfeitor espiritual se antecipou:

– Em reencarnação pretérita, ambos foram suas vítimas, Manuela, o que explica a afinidade e a empatia que sentem um pelo outro, e foi exatamente essa ligação que possibilitou a ação de Cirilo através de Rodolfo, naturalmente facilitada pela sensibilidade mediúnica que seu filho possui. No fundo, ambos pensam da mesma forma. No entanto, na época, Rodolfo, menos rebelde e em melhores condições espirituais, aceitou o socorro que lhe era oferecido e renasceu em seu lar, ao contrário de Cirilo, que se recusou terminantemente a perdoar e a mudar de vida.

Manuela começava agora a entender a mecânica celestial, percebendo a bondade e a justiça de Deus em tudo.

Com os olhos úmidos, comentou emocionada:

– Bem dizem que não existe o acaso.

– Sim, minha irmã. Tudo tem sua razão de ser, mesmo aquilo que nos parece estranho e sem propósito. No fundo, tudo se encaixa perfeitamente, quando analisamos o passado e conhecemos todos os fatos.

Manuela ficou pensativa por alguns minutos, depois perguntou:

– E agora, meu irmão, o que preciso fazer? Como devo agir?

– Necessário sedimentar o interesse de Rodolfo pelas coisas do espírito. Não deixe de levá-lo à casa espírita. Ele possui uma faculdade que precisa ser estudada e trabalhada para, futuramente, prestar socorro a outras pessoas. Ao mesmo tempo, continue orando por Cirilo que, ainda muito frágil e indefeso, ensaia uma nova vida e precisa de sustentação nas diretrizes que estabeleceu para o futuro. Nosso irmãozinho, após recuperar-se na espiritualidade, preparando-se e reeducando-se à luz do Evangelho do Cristo, voltará para junto de vocês, onde permanecerá algum tempo, fazendo as ligações vibratórias com a família, em virtude da futura encarnação. Todavia, não tema. Dessa vez a presença dele não será mais para perturbar e influenciar de forma negativa. Será para ajudar.

Manuela experimentava indizível bem-estar e uma alegria contagiante. O futuro delineava-se de maneira promissora. Fiel aos costumes ancestrais, fitou aquele ser iluminado que ali estava e ajoelhou-se, tomando-lhe a mão e fazendo menção de depositar ali um beijo. Percebendo-lhe a intenção, o amigo espiritual levantou-a, colocando-a de pé.

– Minha irmã, não me creia um ser especial. Sou apenas Euclides, alguém que lhe quer muito bem e que tem acompanhado seus passos em diversas épocas. Somos velhos conhecidos e espíritos ligados por laços de profunda simpatia.

Abraçou-a longamente, transmitindo-lhe energias fortalecedoras e benéficas. Ao afrouxar os braços, Manuela inclinou-se diante dele, afirmando:

– Deixe-me pelo menos pedir sua bênção como o faria a um pai.

Tomando-lhe a mão, beijou-a com ternura, enquanto as lágrimas banhavam seu rosto.

– Sua bênção, meu pai.

– Deus a abençoe, minha filha.

Nós que estávamos ali juntos, percebemos nos olhos dele um brilho intenso e uma luz radiante de emoção. Sentimos, também, que nosso benfeitor estava muito mais ligado àquela família do que poderíamos supor.

Levantando a nobre fronte, ele dirigiu os olhos para o Alto, pondo-se a orar. E nós o acompanhamos, elevando os pensamentos, gratos pela oportunidade de servir e de participar de momento tão especial.

❖

Manuela despertou no corpo físico com a sensação de que tivera uma reunião de extraordinária importância para sua existência. Acordou em lágrimas, sentindo ainda repercutir em seus ouvidos a prece que um ser iluminado fizera, mexendo com suas fibras mais profundas.

Permaneceu a imagem indelevelmente gravada em sua memória: um senhor de beleza serena, rosto afável e olhos ternos. Ao lembrar do seu sorriso, um misto de amor, veneração e saudade inundou-a por dentro. Intimamente, tinha a convicção de que o conhecia de longa data. A sensação que a presença dele lhe dava era a de um pai. Por mais que tentasse, não conseguia lembrar-se de onde. Como era o nome dele mesmo?

Sentada para tomar o café-da-manhã, não conseguia conter as lágrimas.

– Aconteceu alguma coisa, Manuela? – perguntou o marido, preocupado.

– Tive um sonho lindo, Matias. O melhor que já tive em toda a minha vida.

Rodolfo, que levava a caneca de leite à boca, parou a meio caminho, pensativo por alguns instantes, e comentou em seguida:

– Ouvindo-a falar, mamãe, lembrei-me de que também sonhei esta noite, o que raramente acontece. Estava numa sala clara e grande com várias pessoas, algumas que não conheço. O que me causou estranheza foi ver um maltrapilho naquele lugar elegante, o que me encheu de compaixão.

– Pois eu não me lembro de nada, nunca. Acho que não costumo sonhar. Durmo como uma pedra – resmungou Matias.

Manuela sorriu levemente, sem esclarecer o filho que tinham estado no mesmo lugar, entendendo que as lembranças de Rúdi confirmavam o sonho que tivera. Concluiu também que, cada pessoa guarda o que tem condições de assimilar; e que o esposo, talvez por não aceitar a idéia de espiritualidade, permanecia embotado durante a noite, sem conseguir liberar-se como espírito para vôos mais altos.

Durante todo o dia esteve emocionada, envolta em harmonia e bem-estar, sem conseguir esquecer-se daquele belo sonho. Sensibilizada, compreendeu que era a misericórdia divina agindo em sua vida. Com o socorro do Alto, tudo mudaria desse dia em diante.

Levantou o olhar para o céu, onde brilhava um lindo sol, e agradeceu a Deus, sem palavras, a ajuda que recebera.

capítulo 30

Excursão de resgate

"Deus quer o progresso de todas as suas criaturas, e é por isso que nenhum desvio do caminho reto fica impune. Não há uma só falta, por menor que seja, uma única infração à sua lei que não tenha forçosas e inevitáveis conseqüências, mais ou menos lastimáveis, e disso conclui-se que, tanto nas pequenas como nas grandes coisas, o homem sempre é punido pelo erro que cometeu."

(*O Evangelho Segundo o Espiritismo*, Allan Kardec, cap. 5, item 5)

Entregues às nossas atividades cotidianas não víamos o tempo passar, célere. As tarefas eram muitas, vários projetos em andamento, o que nos tomava grande parte do tempo.

O livro, sob a minha responsabilidade, estava bem adiantado e eu não tardaria a terminá-lo; assim, ultimávamos os preparativos para o próximo.

Tudo isso me proporcionava satisfação íntima e agradável sensação de dever cumprido. Então, por que, bem lá no fundo, havia alguma coisa a me incomodar, como um espinho na carne? Era algo pequeno, qual ferida não cicatrizada, que refletia um sentimento inquietante que me pressionava, produzindo certa ansiedade e tensão, que eu não conseguia definir. Por que nem tudo era perfeito como eu desejava acreditar que fosse? Todavia, como as bênçãos que fluíam em minha vida fossem muitos maiores, procurava não prestar atenção a esse ligeiro incômodo que por vezes me assaltava.

Nesse dia, ao término de uma reunião no Centro de Estudos da Individualidade[16], nos separamos em grupos e passamos a conversar informal e animadamente sobre os assuntos abordados de mais interesse. Não demorou, porém, em virtude do horário, os participantes foram se retirando; muitos retornaram para casa, buscando o repouso necessário, após uma jornada de trabalho; outros, apressados para entrar em serviço, encaminharam-se para os locais onde dariam plantão; os demais, que estavam de folga, como no meu caso, tinham tempo para dialogar sem pressa. Em poucos minutos, o salão estava quase vazio, permanecendo apenas os falantes inveterados.

Henrique, com quem tenho grande afinidade, após despedir-se de alguns amigos, aproximou-se de mim.

– Quase não temos conversado, Paulo. Mal trocamos algumas palavras, sempre ocupados com a execução de nossas tarefas.

– É verdade, Henrique, e sinto falta dos nossos longos papos.

Trocando idéias sobre o aproveitamento da noite, deixamos o salão e saímos do prédio, procurando refúgio num banco do agradável jardim. Na noite aprazível, o aroma das flores trazido pela aragem fresca nos envolvia em bem-estar.

– Está tudo bem com você, Paulo?

– Muito bem. Melhor não poderia estar. Sinto-me em paz comigo mesmo – respondi com meu melhor sorriso.

Henrique balançou a cabeça, fitando-me sério e compenetrado.

– A que se deverá, então, esse brilho de inquietação que vejo no fundo de seus olhos?

Henrique me conhece melhor do que eu mesmo! – pensei.

---

16. Citado na obra *De volta ao passado.*

Ele sorriu ante minha surpresa. Levantei a cabeça e olhei o céu, onde miríades de estrelas cintilavam. Não adiantava fugir de mim mesmo. *Melhor encarar a realidade.*

– Também ignoro, Henrique, o que está acontecendo comigo – confessei em voz baixa. – Alguma coisa dentro de mim não vai bem, mas não consigo detectar o problema. É sensação de algo muito pequeno, insignificante, mas que cresce, lentamente, ameaçando dominar-me por inteiro.

O amigo deu uma batidinha amigável em meu ombro, tranqüilizando-me:

– Não se preocupe, Paulo. Você sabe, muitas vezes acontece de sentirmos o impacto de pensamentos que nos são enviados da crosta, ou mesmo de desencarnados. Isso não é nada. Talvez algo que tenha ficado sem solução, quem sabe? Você acabará por descobrir a origem. Pense, reflita, e encontrará a resposta.

Como já era tarde, e no dia seguinte teríamos serviço logo cedo, nos despedimos. Antes que eu me afastasse, Henrique lembrou:

– Não se esqueça de que amanhã teremos uma atividade socorrista.

– Sim, estou ciente. Boa noite, Henrique.

– Boa noite, Paulo.

❖

No dia seguinte, à hora combinada, nos reunimos em nossa sede para dar seqüência à programação estabelecida. A caravana constituía-se de alguns dos membros da nossa equipe de jovens: Marcelo, Eduardo, Irineuzinho, César Augusto, Virgínia, Padilha, Melina e eu, além de Henrique e alguns outros servidores que eu não conhecia.

Após a oração em conjunto, suplicando o amparo de Mais Alto para a nossa excursão, nos locomovemos pelo espaço rumo a nosso objetivo: certa região de trevas densas próxima da crosta terrestre.

Após algumas horas, atingimos "Luz Bendita", posto de socorro localizado no umbral inferior e mergulhado em névoas, instituição benemérita que nos serviria de base e sustentação para a ação de resgate.

Fomos recebidos com imenso carinho pelos irmãos da instituição. Silas, o responsável, abriu os braços fraternalmente, sorrindo:

– Nós os esperávamos, meus irmãos. Sempre gratificante recebermos visitas de esferas mais elevadas.

Henrique nos apresentou ao dirigente Silas, de quem era velho amigo, trocando cumprimentos efusivos. Todos se mostraram extremamente simpáticos e acolhedores.

Dentro em pouco, era como se nos conhecêssemos de longa data. Silas e seus assistentes mais diretos, Dario, Rogério e Vilmo, nos conquistaram o coração.

A atividade socorrista estava planejada para o dia seguinte. Assim, aproveitamos as horas disponíveis para conhecer as instalações e as diversas atividades que ali se realizavam.

Na manhã seguinte, logo cedo nos pusemos a caminho, assessorados por Dario, profundo conhecedor da região.

Com extrema dificuldade, atingimos um local em que havia algo que se poderia chamar – na falta de expressão melhor –, de aldeia. Tudo ali era coberto de lama, inclusive algumas taperas, que se espalhavam pelo terreno encharcado.

Jamais tínhamos presenciado algo semelhante. Com a experiência de anos de serviço naquela região, em voz baixa, Dario deu uma ordem aos tarefeiros e rapidamente algumas macas surgiram. Movimentando-se pelas ruas da aldeia, sabendo exatamente onde procurar, os servidores entravam nas casinholas e traziam as entidades em condições de serem socorridas. Ao cabo de uma hora de serviço, deram por encerrada a operação. Seis entidades seguiriam conosco.

Os infelizes habitantes do lugar, em silêncio, acompanhavam toda a movimentação, aguardando ansiosamente serem escolhidos. Em seus olhos, as únicas coisas que escapavam à lama geral, notava-se a esperança de sair daquele antro de sofrimento. Todavia, ao perceberem que nos dispúnhamos a partir, sem levá-los, puseram-se a gritar, suplicando ajuda em pranto comovente. Seus brados nos cortavam o coração.

Lançando um olhar para o responsável pela expedição, analisamos a difícil decisão do companheiro, também condoídos da situação daqueles infelizes. Dario, porém, mais experiente, não se deixou convencer, explicando com serenidade:

– Sei o que estão sentindo, meus amigos, ante a situação dessas criaturas. No entanto, não se iludam. Apesar das súplicas comoventes, esses irmãos não têm condição de serem resgatados. São perversos, maus e vingativos. O que fazemos, normalmente, é dar-lhes palavras de consolo e de esperança.

A um gesto seu, os padioleiros se afastaram com as macas, transportando os irmãos que tinham sido socorridos. Dario fez outro gesto, quase imperceptível, e um dos servidores trouxe uma grande rede com uns três metros de altura e pelo menos trinta de largura, presa por tubos que pareciam de metal que foram fincados no solo, o que permitiu à imensa rede ficar estendida a alguns metros à nossa frente, separando-nos e protegendo-nos dos habitantes do lugar, que ameaçavam atacar nossa equipe. Depois, acenderam-se luzes, visto que a escuridão era grande, o que nos permitiu enxergar melhor o mar de lama que tínhamos diante de nós. Em seguida, Dario pediu a Henrique que dirigisse algumas palavras aos habitantes do lugar.

Nosso orientador adiantou-se alguns passos, aproximando-se da rede magnética, e, depois de concentrar-se por alguns segundos, começou a falar:

– Meus irmãos! Que a paz de Jesus esteja com todos! O Cristo legou-nos em sua passagem pela Terra lições de extraordinária importância e que nos compete lembrar. *"Vinde a mim, vós todos os que andais em sofrimento e vos achais carregados, e eu vos aliviarei. Tomai sobre vós o meu jugo, e aprendei de mim, que sou manso e humilde de coração, e achareis repouso para as vossas almas. Porque o meu jugo é suave e o meu fardo é leve."*

As palavras do Mestre não são expressões vazias de significado. Jesus nos convida a segui-lo, acenando-nos com a felicidade futura. Somos todos nós filhos de Deus, Pai Misericordioso que nos ajuda e ampara em qualquer situação. Mesmo quando nos consideramos sozinhos e abandonados, Ele está sempre conosco. Todavia, é necessário fazermos por merecer o amparo divino, realizando a parte que nos compete.

Por isso, o Cristo afirma: "*Pedi, e se vos dará; buscai, e achareis; batei, e se vos abrirá. Pois todo que pede, recebe; o que busca, encontra; e a quem bate, a porta lhe será aberta. Ou qual dentre vós é o homem que, se porventura o filho lhe pedir um pão, lhe dará pedra? Ou se pedir um peixe, lhe dará uma serpente? Ora, se vós, que sois maus, sabeis dar boas dádivas aos vossos filhos, quanto mais vosso Pai que está nos céus dará boas coisas aos que lhe pedirem?*"

Henrique fez uma pausa, perpassando o olhar sereno sobre todos os que o ouviam. Ao recomeçar a falar, o vozerio era grande. As primeiras palavras foram saudadas com gritos, palavrões obscenos, insultos. Alguém mais afoito gritava:

– Cale-se! Fora daqui! Não precisamos de vocês. Desapareçam! Aqui mandamos nós!

Henrique prosseguiu, porém, e, diante de sua voz serena e de timbre agradável, mesmo os mais exaltados foram se calando aos poucos, e agora havia o maior silêncio.

Nosso instrutor aproveitando o momento continuou:

– Meus irmãos! A hora da libertação chegará para todos. Imprescindível, porém, nos despojarmos dos sentimentos inferiores, de ódio, de vingança, de mágoa, de ressentimento. Modificando nossas disposições íntimas, serenando o coração e elevando a mente para Jesus, pela oração, estaremos prontos para uma vida melhor e mais feliz.

Por ora, meus queridos irmãos, permaneçam em paz, meditando em tudo o que eu lhes disse e preparando-se para um futuro encontro com os servidores do bem.

Que o Mestre Jesus, Divino Amigo de todos nós, nos envolva em amor e paz!

Por alguns segundos, a multidão dos ouvintes ainda permaneceu estática. Depois, percebendo que nada tinha se alterado, que não seriam socorridos, puseram-se novamente a gritar, blasfemando e deblaterando contra Deus, contra Jesus e contra todos nós.

Dario mandou apagar as luzes, recolher a rede e todo o material de apoio que ali estava, e afastamo-nos sem demora.

Com a escuridão, o vozerio foi diminuindo até cessar de todo, retornando eles para suas taperas.

Em nós permanecia uma desagradável sensação de incapacidade, de impotência. Era sempre assim que nos sentíamos ao terminar uma ação de resgate, em que a grande maioria dos irmãos sofredores não recebia socorro.

Ao nos ver com o semblante desconsolado, Dario animou-nos:

– Sei exatamente o que estão sentindo. Também nós, que habitamos estas plagas, nos primeiros tempos não nos conformávamos por não podermos socorrer a todos os irmãos em sofrimento. No entanto, vocês tiveram a oportunidade de ver como as súplicas mais enternecedoras transformam-se em dardo venenoso a expelir emanações maléficas, quando não recebem o que pedem.

O assistente de Silas parou de falar por alguns instantes, depois prosseguiu compenetrado:

– Na verdade, são como crianças que não sabem o que é melhor para elas, que querem um brinquedo e se irritam se o pai lhes nega, jogando-se no chão e pondo-se a chorar. Por isso, em nossas atividades, todo cuidado é pouco. A responsabilidade do trabalhador do bem é imensa no que tange aos socorros que presta. Devemos entender que as conquistas do espírito são lentas, que seu amadurecimento se denota pelas emanações mentais. Além disso, aqueles que não foram socorridos hoje poderão sê-lo em uma nova oportunidade, quando de nossas excursões periódicas. Deus é Pai e nenhum de seus filhos está perdido. Ao contrário, todos atingirão a felicidade um dia.

Quando terminou de falar, concordamos com ele. Sim, sabíamos dessa realidade, visto já termos participado de outras atividades do gênero. Contudo, ainda encontrávamos dificuldade de nos afastarmos deixando aqueles irmãos infelizes em seu ambiente, mesmo sabendo que não estavam sendo injustiçados e que colhiam o que tinham plantado.

Henrique, que permanecera calado, considerou:

– Não devem se envergonhar desse sentimento de impotência, nem do desejo de ajudar que agasalham no coração. Tudo isso faz parte do nosso crescimento como seres que já pensam no próximo e que ensaiam o amor mais amplo, como Jesus ensinou. Devemos, isto sim, temer nos mantermos insensíveis diante dos irmãos que sofrem, em qualquer lugar que estejam.

Dario concordou com Henrique:

– Sem dúvida, meu amigo. O fato de entendermos a impossibilidade de socorrer a todos não significa que estejamos livres de sentimentos mais nobres. Mostra, apenas, que confiamos em Deus, e que entendemos que para tudo existe uma ocasião certa.

Conversando, chegamos aos muros do posto de socorro. Conquanto fosse dia, as luzes permaneciam sempre acesas, em virtude da escuridão ambiente.

Fomos recebidos com alegria por Silas, que exaltou o sucesso da excursão de resgate.

As seis entidades foram recolhidas, recebendo os primeiros cuidados. Depois de devidamente higienizadas, alimentaram-se e foram levadas para uma enfermaria, onde repousariam em leitos limpos e macios, o que não acontecia fazia muito tempo. No dia seguinte, três prosseguiriam conosco com destino à casa espírita, na crosta, onde ficariam albergados, aguardando a ocasião de serem levados a uma reunião mediúnica. Lá teriam a oportunidade de se comunicar com os encarnados, através de um médium, dando seqüência à atividade de socorro.

No dia seguinte, nos despedimos dos novos amigos de "Luz Bendita", em transportes de carinho fraternal. Silas havia nos cedido um veículo fechado para a locomoção das três entidades necessitadas. Após despedir-me dos servidores de "Luz Bendita" com os quais tivemos mais contato, aproximei-me dos companheiros que aguardavam no pátio, e percebi que as entidades socorridas já estavam dentro do veículo. Acenando uma última vez para nossos novos amigos, iniciamos a viagem de volta, que transcorreu sem maiores problemas.

Ao chegar à crosta planetária, nos dirigimos à cidade onde se localiza a casa espírita em que ficariam os três enfermos espirituais.

Deixem-me explicar a situação para que possam entender-me, pois não desejo parecer insensível diante dos leitores com relação às entidades enfermas e necessitadas.

A verdade é que, em nossas atividades de socorro aos irmãos em sofrimento, lidamos com uma infinidade deles, espíritos que geralmente não conhecemos, não tendo nenhuma ligação conosco. É raro encontrarmos algum conhecido no meio deles.

Não tive maior contato com esses irmãos em virtude de essa tarefa não estar a meu cargo. Sei que ali eles permaneceriam por algum tempo até que estivessem em condições de serem levados a uma reunião de desobsessão.

31
capítulo

Aprendendo a perdoar

"Então Pedro, aproximando-se, lhe perguntou: Senhor, até quantas vezes meu irmão pecará contra mim, que eu lhe perdoe? Até sete vezes? Respondeu-lhe Jesus: Não te digo que até sete vezes, mas até setenta vezes sete."

(Mateus, 18: 21 e 22)

A vida continuava seu curso. Entregue às tarefas sob minha responsabilidade, mantive-me afastado dos irmãos que tinham sido socorridos. Alguns dias depois, lembrando-me deles, busquei notícias e fui informado de que dois dos espíritos resgatados, conduzidos para esclarecimento numa reunião, a seu tempo foram ajudados, recomeçando uma nova vida plena de esperanças.

O terceiro espírito, embora submetido ao mesmo processo, recusava-se a modificar suas idéias, atitude imprescindível para a renovação de sentimentos, mostrando-se impermeável à ajuda que lhe ofereciam. Permaneceu mais algum tempo em local adequado às suas condições e, como não demonstrasse desejo de melhora, nossos maiores permitiram que seguisse seu curso.

Explico-me. Aqui, na espiritualidade, não podemos obrigar ninguém a agir contra sua vontade. Tentamos ajudar, esclarecer;

oferecemos informações, expomos a realidade. Todavia, não podemos desrespeitar o livre-arbítrio de ninguém. Se o espírito, apesar de nossos esforços e das condições que lhe são dispensadas, opta por prosseguir em sua vida de erros, nada podemos fazer a não ser entregá-lo a si próprio, deixando que siga seu caminho. Mesmo porque a condição vibratória o atrai para os sítios onde estão seus interesses maiores, sejam afetos, desafetos, tesouros amoedados, poder de mando e/ou de autoridade. Aqui, do outro lado, a densidade vibratória é algo que arrasta irresistivelmente, tanto para mais alto quanto para mais baixo.

Informado do fato, lamentei o ocorrido, porém estava fora do nosso âmbito de ação. Como os necessitados não parassem de chegar, acabei por esquecer-me daquele caso.

Algum tempo depois, logo pela manhã chegamos à casa espírita onde nosso grupo presta colaboração na crosta. Como haveria reunião mediúnica à noite, conforme programado, nosso dia seria intenso e logo começamos as tarefas de rotina. A equipe da qual faço parte tem a função específica de percorrer as residências de todos os integrantes do grupo encarnado, especialmente os médiuns e doutrinadores, para conferir se está tudo bem, em ordem, e se nenhum deles vai deixar de comparecer à atividade mediúnica. Caso haja algum problema, buscamos a solução, auxiliando para que a paz se restabeleça, seja em virtude de problema material ou espiritual. Apesar dos nossos esforços, nem sempre conseguimos realizar nossa tarefa a contento, isto é, tendo a presença de todos os companheiros encarnados, em vista das dificuldades e obstáculos que fazem parte da vida material.

Nesse dia, muitas horas depois, quando as sombras da noite desciam sobre a Terra, estando tudo em ordem e as atividades preparatórias encerradas, quase no horário de dar início à reunião, tive vontade de ver quem eram os irmãos candidatos à comunicação mediúnica naquela noite.

Entrei no recinto onde eles eram mantidos separados dos demais, assistidos por auxiliares da nossa equipe. Passei os olhos sobre eles, cheio de compaixão. Eram cinco. O primeiro gemia de dor, curvado sobre si mesmo, com o abdome aberto e o sangue a escorrer da ferida, um corte longitudinal, evidentemente feito à faca. O segundo e o terceiro, pelas expressões zombeteiras e os olhares cáusticos, pelas vibrações pesadas que exteriorizavam, deixavam visível a condição de obsessores contumazes, vingadores impenitentes; eram estranhos para mim, provavelmente ligados a alguém da equipe encarnada ou a pessoas necessitadas, cujos nomes constavam do caderno de preces, por intercessão de um amigo ou parente preocupado. Os dois últimos eram sacerdotes, fato comum em reuniões mediúnicas, em vista das tradicionais e constantes perseguições religiosas que atingem o movimento espírita, o que não me causou nenhuma surpresa. Ao fitar um deles, no entanto, algo dentro de mim se agitou. Senti-me dominado por uma sensação profundamente desagradável. Parecia-me conhecer aquele padre. Mas, de onde?

Em virtude das nossas diferenças vibratórias, ele não conseguia perceber-me a presença. Discretamente observei-o por alguns instantes. Tratava-se de um homem de idade avançada, alto, algo encurvado, e com a barriga saliente dos que se alimentam em profusão; cabelos brancos, fisionomia avermelhada e intumescida, característica dos usuários de substâncias alcoólicas. Na expressão atormentada, os olhos claros, injetados, impressionaram-me sobremaneira.

Onde já o teria visto?

Por mais que rebuscasse na memória, não conseguia localizar onde o teria encontrado. Quedei-me por alguns minutos, pensativo e preocupado, tendo em vista o mal-estar que sua presença me causava.

De repente, eu me lembrei.

Era aquele mesmo sacerdote que conheci na minha infância e que me deixara marcas indeléveis por toda a existência. O sangue subiu-me à cabeça sem que pudesse evitar. Afastei-me dali, tentando controlar meus sentimentos, e confesso que tive grande dificuldade.

Discretamente procurei um recanto mais tranqüilo e deixei-me cair numa cadeira. Com a cabeça entre as mãos, dobrei-me sobre mim mesmo entregue a um turbilhão de sensações diferentes e contraditórias, permitindo que lágrimas amargas corressem pelo meu rosto.

Sim! Era ele mesmo! Não havia dúvida possível. Diferente, bem mais velho, porém era ele mesmo. Como e por que aquela criatura estava ali?

Nesse momento, senti uma mão pousar sobre minha cabeça e levantei os olhos nublados de pranto. Era meu amigo Henrique. Fitava-me com afeto e uma profunda piedade.

– Acalme-se, Paulo. É chegada a hora da verdade para você, companheiro. Nosso irmão aqui está por misericórdia divina, para receber o socorro de que precisa.

De repente, ao ouvi-lo, me dei conta do absurdo do que pensara. Está claro que, se aquele padre se encontrava ali, na casa espírita, era porque precisava de socorro!

Henrique colocou delicadamente a mão em minhas costas, perguntando:

– Está melhor?

– Sim, Henrique. Abalou-me rever essa criatura depois de tanto tempo. Foi um choque. Não estava preparado para esse encontro. Sabia que isso fatalmente iria acontecer, mas não esperava que fosse hoje.

– No entanto, meu amigo, você estava sendo preparado para este momento e já esteve bem perto do seu desafeto em outras ocasiões, conquanto não tenha notado. Esse religioso, que hoje tanto o impressionou, é um daqueles irmãos que foram resgatados nas imediações de "Luz Bendita", quando de nossa última excursão. Percebe que a bondade divina laborava para criar as condições necessárias à imprescindível reaproximação de ambos? A hora é agora, Paulo. Aproveite a oportunidade que se lhe oferece, meu amigo.

Com os olhos arregalados de espanto, dei-me conta, tardiamente, da ajuda do Alto a meu favor.

Como fora cego! Por que não prestei atenção aos fatos, à época?

Balancei a cabeça, concordando com Henrique, ainda incapaz de falar. Depois, limpei o rosto e respirei fundo, procurando readquirir o controle das emoções. Mais equilibrado, afirmei:

– Não se preocupe comigo. Já estou bem. Afinal, tudo o que aprendemos tem de servir para alguma coisa, não é verdade?

– Sem dúvida. E você, Paulo, tem todas as condições para vencer. Estes anos de vivência e aprendizado aqui na espiritualidade lhe deram o suporte imprescindível. Agora, vamos. Faltam poucos minutos para o início da nossa reunião.

Dirigimo-nos à sala, onde todos da esfera material já se encontravam reunidos, em silêncio, buscando as ligações com a nossa esfera. A equipe espiritual, cada qual em seu posto, auxiliando os irmãos encarnados.

No horário determinado, o dirigente encarnado deu início à reunião com uma prece, rogando o amparo divino, e as atividades passaram a transcorrer normalmente. Após as leituras de praxe para preparar o ambiente, passou-se à fase de intercâmbio mediúnico. As entidades comunicantes foram se sucedendo, e auxiliadas cada uma a seu turno.

Em determinado momento, Henrique aproximou o religioso de uma médium, o qual, acoplando-se à senhora, se pôs a falar. Irritado, nervoso, mostrava grande agitação, que era transmitida fielmente por ela. Bradava, chorava, demonstrando enorme desespero.

– Não basta tudo o que já passei? Por que *ele* faz isso comigo? Não vê como estou sofrendo? Não chega a humilhação e o remorso que tenho enfrentado? Agora, fica aí, anotando, anotando. Precisa ficar escrevendo e expondo minha vida? O que *ele* pretende? Expor-me aos olhos de todos para ser julgado?

Nesse instante, percebi a quem se referia. Aquele "ele" era eu! Eu, que estava enviando um livro por meio da psicografia, e que fizera questão de iniciar a obra falando sobre minha vida, meus problemas, desejando realmente que todos soubessem do meu drama, que era ignorado por meus pais e por todos os que conviveram comigo. Sim, era verdade! Eu queria expor o criminoso aos olhos do mundo. Não pretendia nomeá-lo, mas iria assinar o livro colocando meu nome e sobrenome, desejando que meus pais, católicos ortodoxos, algum dia viessem a tomar conhecimento do que eu tinha sofrido em vida, e que eles ignoravam. Queria tornar pública, sim, a minha experiência, alertar meus pais e todos os outros para que tomassem mais cuidado com seus filhos; que não os entregassem aos cuidados de pessoas que não conheciam devidamente e nas quais não podiam confiar.

Nesse momento, uma senhora do grupo captou o meu pensamento e, compreendendo a situação, afirmou:

– Sinto que esse caso tem a ver com um livro que a Célia está recebendo.

Ao ouvir essas palavras, a médium de que me sirvo percebeu o que estava acontecendo na espiritualidade. Como sabia que o comunicante era um sacerdote, imediatamente lembrou-se da obra que estou a escrever por seu intermédio, vinculando a comunicação à história que inicia o livro e relata minha experiência de vida. Com serenidade, ela dirigiu-se ao inconformado espírito:

– Meu irmão, não se preocupe. Acalme-se. Ninguém deseja prejudicá-lo. O seu nome não será citado, fique tranqüilo.

No auge do desespero e da indignação, ele gritou:

– E precisa? E precisa? O nome *dele* é suficiente! Não percebem? Ao ver-lhe o nome no livro, todos na *nossa* cidade saberão que se refere à minha pessoa! Por quê? Por quê? Já não basta o que tenho sofrido?

E ele continuou falando, expondo o seu sofrimento, as torturas por que tinha passado durante esse período no Além-túmulo, enquanto o doutrinador dialogava com ele, lembrando-lhe a necessidade de buscar Jesus por meio da oração, de modo a obter uma vida nova, ao mesmo tempo que lhe acenava com o socorro que lhe seria prestado no hospital da espiritualidade.

Aos poucos, o religioso foi serenando, auxiliado pelas vibrações amoráveis do ambiente com o apoio de todos os integrantes do grupo, condoídos da sua situação e do seu desespero. Ele acabou por adormecer, e deixou o recinto numa maca, amparado por servidores do bem.

Eu estava pasmo. Nesse momento, me dei conta de que só pensara em mim, em meus próprios problemas, traumas e sofrimentos. Não me dei conta de que poderia prejudicar outras pessoas. Que, desejando expor fatos que se passaram comigo havia tantos anos, atingia emocionalmente alguém que também estava sofrendo.

A verdade é que eu não fazia idéia de que ele sofresse tanto. Como disse no início do livro, nunca mais tivera contato com esse sacerdote, nem tinha idéia de onde ele poderia estar. Em nossas reuniões na espiritualidade, tínhamos tocado no assunto algumas vezes, como terapêutica de ajuda e análise das emoções, mas os orientadores sempre disseram que tudo aconteceria na hora certa e que eu não me preocupasse por antecipação.

Então, o momento havia chegado!

capítulo 32

Libertação

"Perdoar aos inimigos é pedir perdão para si mesmo. Perdoar aos amigos é dar-lhes uma prova de amizade. Perdoar as ofensas é mostrar que se tornou melhor do que se era antes."

(*O Evangelho Segundo o Espiritismo*, Allan Kardec, cap. 10, item 15)

A atividade mediúnica terminou e nem me dei conta. Permaneci entregue a mim mesmo, pensando nos novos fatos.

Os demais companheiros se aproximaram cercando-me com carinho, em silêncio; notei que eles estavam cientes das ocorrências. Henrique envolveu-me os ombros com o braço.

– Como está, Paulo?

Sem responder diretamente à sua pergunta, levantei para ele os olhos úmidos:

– Não sabia que "ele" estava sofrendo tanto, Henrique. Lamento profundamente tudo isso, o fato de escrever sobre o passado...

Estávamos numa sala, no próprio ambiente terreno, utilizada para fazermos uma reavaliação das atividades, após as reuniões. Os demais foram se acomodando em silêncio, enquanto Henrique considerava:

– Não lamente, Paulo. Tudo tem uma razão de ser. O fato de escrever sobre o tema possibilitou-nos ajudar a você e também ao seu desafeto, o antigo confessor.

– Já era tempo, meu amigo. Você precisava enfrentar "seus fantasmas". O alívio será muito grande, acredite – afirmou César Augusto, que estava a meu lado.

Reconhecia-me bastante reconfortado com as emanações de carinho que vinham dos companheiros. No fundo, porém, sentia-me envergonhado, embora ninguém me acusasse, e externei meus sentimentos:

– Agradeço-lhes o apoio e a compreensão diante das minhas dificuldades. No entanto, não posso deixar de lamentar o vexame pelo qual estou passando. Refletindo com tranqüilidade, depois de tudo o que estudamos, aprendemos e vivenciamos aqui no Além, julgo inconcebível que eu ainda dê vazão aos pensamentos e sentimentos que experimentei nessas últimas horas. Julgava-me superior a tudo isso. Acreditava piamente que não mais conservava mágoa pelo que me fizeram, compreendendo que todos nós estamos sujeitos a erros e acertos.

Parei de falar por alguns momentos, fitando a cada um dos companheiros da equipe que ali estavam preocupados comigo, e concluí:

– Chego à dolorosa constatação de que, depois de todos esses anos, ainda não mudei intimamente.

Os amigos sorriram trocando um olhar de cumplicidade e entendimento.

– E não é exatamente esse o sentimento que nos domina a todos? – considerou Eduardo, externando o pensamento dos demais. O processo evolutivo não é rápido nem fácil, meu amigo, você sabe disso. E cada um, a seu tempo, é levado a enfrentar o passado.

Henrique concordou, considerando com seriedade:

– Paulo, veja o meu caso! Tenho maior tempo de vivência aqui na espiritualidade do que vocês. Contudo, acredita você que estou livre de enfrentar o pretérito? Não, meu amigo! A misericórdia de Deus é tão grande que nos manda as contas parceladas, porque não teríamos condições de enfrentar nossos débitos em bloco, na totalidade. E o Pai, certamente, manda os menores problemas em primeiro lugar, para nos preparar o íntimo e amadurecer na trajetória, testando nossa capacidade de resolução. Se conseguirmos reparar esses erros menores, aos poucos nos mandará outros, proporcionalmente maiores e mais complexos. É assim que funciona a misericórdia divina.

Concordei com um gesto de cabeça. Depois, indaguei:

– E agora? Terei forças para procurá-lo, conversar com ele? Sim, porque sei que é isso o que tenho de fazer.

– Vamos devagar. Tudo a seu tempo, Paulo. Hoje você o enfrentou pela vez primeira. Relaxe. Tranqüilize-se. Digira o encontro e reflita sobre essa ocorrência. Quando estiver em condições, sentirá espontaneamente o desejo de procurá-lo, conversar com ele. Agora, deve repousar, agradecendo a Jesus a oportunidade de aprendizado que lhe proporcionou nesta noite.

Eu sabia que Henrique tinha razão.

Nas horas que se seguiram, a sós, refleti bastante e supliquei o amparo do Mestre para meu coração atormentado. Não ignorava que precisava perdoar, sentia que o esquecimento daquilo que considerava um crime era fundamental para minha paz de espírito e bem-estar futuro. Estava consciente do mal que a mágoa e o ressentimento causam naquele que o sente. Sim, estava convencido de que precisava perdoar. Não apenas esconder, jogar para os porões escuros da mente, mas perdoar de forma profunda e verdadeira. E isso só aconteceria se conseguisse digerir o fato que tanto dano tinha me causado e, por conseqüência, compreender que as imperfeições são etapas de aprendizado úteis e imprescindíveis ao progresso do espírito.

Durante muitas horas orei, dando o melhor de mim, buscando em pensamento as esferas superiores da vida, de modo a encontrar forças e vencer a mim mesmo.

Afinal, adormeci, exausto.

Vi-me em um lugar estranho, onde se realizava um banquete. O burburinho era grande; sons de vozes e risadas misturavam-se ao tinir dos metais. No imenso salão, belo e suntuoso, as paredes e o piso eram de mármore; guirlandas de flores contornavam as colunatas, produzindo lindo efeito decorativo, enquanto de tripés colocados em pontos estratégicos ervas odoríferas queimavam, perfumando o ambiente e misturando-se aos odores das iguarias e dos vinhos capitosos.

Chegou o momento em que os participantes, já completamente embriagados, iniciavam uma orgia. À época, a depravação dos costumes era grande e todos se comportavam de forma lasciva. A certa altura, quando a noite avançava pela madrugada, para aumentar ainda mais as sensações dos convidados, já amodorrados pela comida e pela bebida, foram trazidos vários garotos, que entraram no salão apavorados e trêmulos, chorando e se apoiando uns nos outros.

As cenas que presenciei, então, são terríveis, não me cabendo descrevê-las, para não criar imagens negativas na mente de ninguém. Só posso afirmar, com profundo asco, que eu fazia parte daquele banquete. Reconheci-me num daqueles convidados, bêbados e debochados, que abusaram de crianças indefesas.

Acordei assustado, banhado em suor álgido. As cenas não me saíam da memória.

Chorei. Chorei muito.

Compreendi que a divina misericórdia atendera às minhas súplicas, socorrendo-me. Permitira-me ver uma réstia do passado, mostrando-me que a ninguém é lícito julgar o semelhante. Que a colheita é sempre proporcional à sementeira.

❖

Na manhã seguinte, logo cedo, dirigi-me ao local onde se encontrava albergado meu antigo confessor. Entrei na enfermaria e lentamente caminhei pelos leitos, até que o avistei.

Estava deitado, de olhos cerrados, testa franzida e fisionomia atormentada. Aproximei-me. Sabia que ele estava acordado.

Parei ao lado do leito, sem dizer nada. Sentindo a presença de alguém, ele virou-se lentamente. Quando me viu, de pé, se assustou e seus olhos se arregalaram. Depois, o instinto de defesa o fez reagir; preparava-se para recriminar-me, provavelmente jogar-me no rosto tudo aquilo que já dissera na reunião, quando o interrompi com um gesto amigável.

– Como vai, meu irmão?

Fitou-me sem responder. Esperava tudo, menos que eu o chamasse de "irmão". A princípio, ele ficou alguns segundos calado, examinando-me. Ao perceber que não havia ironia, que minha atitude era de paz, sua fisionomia foi serenando aos poucos. Afinal, murmurou:

– Você... Não me odeia? O que faz aqui?

– Vim visitá-lo. Saber como está.

– Você me odeia. Não deseja acusar-me? Destruir-me? – questionou-me, de testa franzida.

– Não, meu irmão. Não tenho a intenção de acusá-lo ou destruí-lo. Por muito tempo, confesso-lhe, conservei mágoa em meu coração. Porém, não agora; não mais.

De seus olhos azuis o pranto jorrou, abundante.

– Você me perdoa o mal que lhe fiz?

Pensei um pouco e respondi consciente de que estava sendo verdadeiro:

– Meu irmão, eu compreendo hoje que não temos o direito de julgar ninguém. *Atire a primeira pedra aquele que estiver sem pecado*, foi a lição de Jesus aos acusadores da mulher adúltera, legando à posteridade um dos mais belos ensinamentos evangélicos. Todos nós somos imperfeitos e já erramos muito, precisando extirpar de nosso íntimo as mazelas que ainda conservamos. Não nos cabe, portanto, o direito de apontar erros. Tudo o que fazemos de negativo redunda em nosso próprio prejuízo.

Ele fechou os olhos, respirou fundo e disse, mais tranqüilo:

– Há quanto tempo não escutava palavras tão consoladoras! Tenho sofrido muito, Paulo. As vítimas me perseguem e a própria consciência não me permite ter paz. Você não conhece a imensidão dos meus erros. Na existência terrena fiz muito mal aos outros e a mim mesmo. Cometi muitos crimes e me afundei na degradação e nos vícios. O remorso faz com que eu viva num inferno permanente. Ah! Tão diferente do Céu que eu esperava encontrar, segundo a promessa de meus direitos como servo do Cristo!

Fitei-o, penalizado, depois considerei:

– Padre, o Céu é local reservado para aqueles que cumprem as leis do Senhor da Vida. O fato de ser sacerdote não lhe daria direito a uma posição de relevo após a morte do corpo físico. Seu problema é que lhe informaram que o Evangelho de Jesus era para ser ensinado e não vivido, quando o Mestre disse que o reino de Deus está dentro de nós.

Humildemente, ele respondeu:

– Agora compreendo essa verdade. No fundo, conhecer a *Bíblia* não significa mudança interior, não é?

– Exato, meu amigo. As lições evangélicas são luzes para nos iluminar por dentro, extirpando as trevas existentes em nós. Certamente, seus superiores erraram, seguindo a tradição da Igreja, ao não lhe passar a necessidade da vivência dos postulados cristãos. Todavia, uma parte da responsabilidade lhe cabe, pois a consciência, onde estão nossas conquistas através do tempo, nos mostra como devemos agir.

– Tem razão. Como estudioso do *Novo Testamento*, por que não percebi essa verdade que salta aos olhos?

Como ele permanecesse alguns instantes pensativo, preocupado, procurei mudar o tom da conversa:

– Mas não se aflija demasiadamente, padre. O Pai sempre tem muito a nos conceder. Aqui, terá oportunidades de aprender, de entender a mecânica das leis divinas e também de reparar os erros cometidos. Há tempo para tudo.

Ele sorriu mais confiante. Senti que estava emocionado.

– Você é bom, Paulo. Ouvi-lo chamar-me de amigo fez-me enorme bem. Não me deixe sozinho.

– Engana-se, padre. Não sou bom. Sou apenas alguém que também tem problemas, mas que se esforça por aprender alguma coisa do lado de cá da vida. Não o deixarei sozinho. Pode contar comigo. Temos muito que conversar. Virei vê-lo sempre que me for possível. Agora, repouse. Fique com Deus.

Lançando-me um olhar úmido e agradecido, ele murmurou:

– Obrigado. Esperarei sua visita.

Afastei-me do leito e caminhei pela enfermaria, sentindo-me muito leve.

Ao sair do hospital, contemplei o belo sol que iluminava o jardim e sorri para mim mesmo, grato a Jesus pela bênção daquela hora.

Tive vontade de contar ao padre o que descobrira sobre o meu passado, para que se sentisse menos culpado, mas achei que não era o momento. Voltaria a procurá-lo e não faltariam, mais tarde, oportunidades para isso.

Entendi, finalmente, por que o perdão transforma as pessoas, liberando-as do sofrimento, da inconformação, da mágoa.

Sentia como se densas nuvens escuras saíssem de dentro de meu corpo espiritual, tornando-me mais leve e mais luminoso.

Nada há no mundo que possa se comparar ao sentimento de paz, de harmonia e de bem-estar que envolve aquele que conseguiu perdoar, liberando-se de resquícios do passado.

Lembrei-me de uma mensagem do apóstolo Paulo, recebida na cidade de Lyon, em 1861, e inserida em *O Evangelho Segundo o Espiritismo*, cujo texto tem uma frase que sempre me tocou o coração e que agora se mostrava de grande verdade: *"Perdoar aos inimigos é pedir perdão para si mesmo. Perdoar aos amigos é dar-lhes uma prova de amizade. Perdoar as ofensas é mostrar que se tornou melhor do que se era antes"*.

O coração enchia-se de paz e amor. Sim, conceder o perdão ao inimigo é pedir perdão para si mesmo, é libertar-se de elos de ódio que nos acorrentam ao solo.

Íntima convicção afirmava-me que minha vida na espiritualidade seria bem diferente depois daquele dia. Sentia-me pronto para mais altos vôos da alma, rumo às moradas celestes.

Conclusão

"Tendo-lhe feito os fariseus esta pergunta: Quando virá o Reino de Deus? Respondendo-lhe Jesus, disse: O Reino de Deus não virá com mostras algumas exteriores; nem dirão: Ei-lo aqui ou ei-lo acolá. Porque eis aqui está o Reino de Deus dentro de vós."

(Lucas, 17: 20 e 21)

Diante da imensidão dos problemas que observamos todos os dias em contato com as pessoas, nos veio o desejo de relatar esses dramas, tornando-os públicos, de modo que os irmãos ainda na carne possam beneficiar-se das lições de vida que deles extraímos.

Interagindo com encarnados e desencarnados, percebemos que os problemas atingem a uns e outros, indistintamente, causando sofrimento e dor. Na ação, porém, que nos compete, temos visto tristeza se transformar em alegria, sofrimento em consolo, desespero em esperança.

Para isso, basta que saibamos entender que os problemas que nos são apresentados exigindo uma solução são oportunidades de aprendizado e crescimento, na íntima análise da razão dos obstáculos que surgem e o que a vida quer nos ensinar com isso. De modo geral, ao refletir na dificuldade que nos aflige mais profundamente, com isenção de ânimo e sinceridade de intenções, no real desejo de encontrar a solução, a resposta brota de nosso interior com clareza e tranqüilidade. Basta que saibamos olhar para dentro de nós, sem medos, sem máscaras e sem justificativas, procurando analisar nosso comportamento, a situação de outros envolvidos na questão, e nos colocando no lugar deles.

Quando deixamos de pensar de forma egoísta – enxergando apenas a nós mesmos – e passamos a pensar no problema dos outros, reconhecendo nossa parcela de responsabilidade no acontecido, aceitamos o processo doloroso como etapa necessária de reparação, entendendo a dinâmica da Lei Divina que, através da vida, nos impulsiona para o aprendizado; passamos, então, a colaborar com as situações que surgem, transformando-as a nosso favor pelas ações direcionadas para o bem de todos.

Seja qual for o erro que tenhamos cometido ou o problema que nos surja, sempre despontará oportunidade de reparação. Nada há que seja definitivo sob as bênçãos do Criador.

A Doutrina Espírita nos esclarece que tudo o que semeamos ontem reaparece hoje como colheita obrigatória. Todos nós, como espíritos imperfeitos em processo evolutivo, por meio de múltiplas existências, temos nos cercado de amigos e inimigos, conseguido vitórias e fracassos, virtudes e defeitos. Conquistamos um acervo individual, pessoal e intransferível, que permanece arquivado em camadas profundas da nossa memória integral. Desse modo, a vida atual tem tudo que ver com a individualidade que somos, isto é, com o que pensamos, sentimos, desejamos e agimos.

Quando o espírito renasce, Deus lhe deixa a voz da consciência e as tendências instintivas como balizas que servirão para norteá-lo na nova existência. Retira-lhe as lembranças do passado que poderiam ou prejudicá-lo ou levá-lo a sentir-se em situação de vantagem diante daqueles que o prejudicaram, ou de humilhação perante aqueles que ele prejudicou.

Assim, as situações conflitantes que surgem têm que ver com a necessidade de reencontro com nossos desafetos, inimigos, adversários, rivais, ou qual for o nome que se lhe dê, e a conseqüente reparação dos erros cometidos. Nada acontece por acaso. Então, devemos estar atentos aos desafios que a vida nos apresenta para não perdermos a oportunidade que se apresenta a nosso benefício.

Diante dos dramas da nossa vida, dos erros cometidos, em relação aos quais somos algozes ou nos consideramos vítimas; diante de uma gravidez indesejada; de uma violência na rua, no esporte ou no reduto doméstico; da violência social de grupos que agem e assustam a população, da revolução ou da guerra; diante da tentação de cometer uma eutanásia, um aborto ou um homicídio; diante de uma agressão física, sexual, econômica, virtual ou de qualquer outro gênero; diante de uma obsessão grave, com a qual a maioria das pessoas se sente incapaz de lidar, e tantas coisas mais que ocorrem no dia-a-dia, devemos lembrar que tudo tem uma razão de ser.

Muitos problemas ou obstáculos surgem como conseqüências de nosso comportamento como pessoa, da maneira como tratamos os demais, de como falamos, das expressões que usamos, das atitudes que tomamos, no lar, no trabalho profissional, numa reunião social, na escola, no trânsito, na rua. Se agimos mal, tratando com indelicadeza especialmente subordinados ou aqueles que estejam sob nossa guarda, se não exercitamos a compreensão e a tolerância, podemos estar gerando antipatias que, dependendo do grau de insatisfação que criem no outro e da personalidade do descontente – mais pacífica ou mais rancorosa –, provavelmente trarão para nós mesmos problemas graves que poderão redundar até num crime, conforme a intensidade do ressentimento do ofendido.

Por essa razão, as lições evangélicas são tão importantes em nossa vida, norteando-nos para o perdão, a paciência, a tolerância, a compreensão, a mansuetude, enfim, para o amor. Tratando as outras pessoas como desejamos ser tratados, colocando-nos no lugar do outro para saber o que ele está sentindo, viveremos bem melhor, gerando um grau de satisfação muito maior para todos, a começar por nós mesmos.

Quando os problemas que despontam são resistentes aos nossos esforços para saná-los e que persistem não nos dando tréguas, entendamos que são aqueles que irão requerer maior dose de paciência e de compreensão de nossa parte. A resignação diante daquilo que não podemos mudar nunca deve ser passiva, mas caracterizar uma aceitação ativa, isto é, devemos nos esforçar para vencer os obstáculos com todos os meios de que dispomos. Se a questão diz respeito a uma enfermidade grave, buscar todos os recursos possíveis para reverter o problema, mesmo que não possa ser sanado de todo.

Diante das dificuldades que surgem independentes da nossa vontade – e que muitas vezes entram por nossa casa como um furacão, levando a destruição e a dor, a perplexidade e o sofrimento –, manter inalterável a confiança em Deus, que nunca nos desampara. Não raro, são situações por que temos de passar e para as quais a vida se utiliza de pessoas como instrumentos da vontade divina.

"Ai do mundo por causa dos escândalos; porque é inevitável que venham escândalos, mas ai do homem pelo qual vem o escândalo"[17], disse Jesus, nos acautelando sobre tudo o que pode levar o homem à queda.

Não podemos perder de vista que Jesus falava a homens de um mundo de expiações e de provas, em que a predominância do mal e da ignorância era uma realidade. Não foi Deus quem criou o sofrimento e a dor, mas as criaturas humanas ao se afastarem das leis divinas. Sofrem, por isso, as conseqüências de seus atos e dos seus vícios, até que se cansem do mal, pelos efeitos que experimentam, ou aprendam a fazer o bem, de cujos benefícios usufruirão intensamente. O grau de inferioridade de um espírito é sempre proporcional ao mal que ele pratica. Na obra da criação, nada é inútil e assim o mal pune o mal e, em contrapartida, ajuda a promover o bem. Cada criatura

17. Mateus, 18: 7.

traz em si dois objetivos fundamentais: deve agir a benefício de sua própria evolução e, ao mesmo tempo, colaborar para o progresso da sociedade na qual está inserido. É assim que do mal se pode extrair o bem, visto que a criatura que praticou o mal e experimentou em si as conseqüências desse mal, isto é, o choque de retorno pela ação da Lei de Causa e Efeito, evitará igual atitude, tornando-se mais maleável e propenso a realizar o bem no futuro.

Mais adiante, Jesus recomenda: "*Se a vossa mão ou o vosso pé é objeto de escândalo, cortai-os e lançai-os longe de vós; melhor será para vós que entreis na vida tendo um só pé ou uma só mão, do que terdes dois e serdes lançados no fogo eterno. Se o vosso olho vos é objeto de escândalo, arrancai-o e lançai-o longe de vós; melhor para vós será que entreis na vida tendo um só olho, do que terdes dois e serdes precipitados no fogo do inferno*".[18]

Por certo, o Mestre não deseja que saiamos cortando mãos e pés, ou arrancando olhos, tornando-nos uma sociedade de deficientes físicos. Suas palavras representam apenas imagens de colorido vibrante para gravar suas lições com tintas indeléveis na mente daqueles que o ouvem, fazendo-as repercutir nas fibras mais profundas, para que as pessoas entendam a necessidade de extirpar de si toda causa de mal, isto é, de não manter vícios, nem guardar no coração sentimentos impuros, nem defeitos de qualquer ordem.

Mostra-nos Jesus, por meio dessas imagens fortes, as conseqüências que advirão através das vidas sucessivas, se não destruirmos em nós o mal que ainda carregamos no íntimo. Por isso nos diz que é melhor entrarmos na vida tendo uma só mão, um só pé ou um só olho, do que termos dois e sermos atirados ao fogo do inferno, isto é, de nos comprometermos com a Lei Divina e sofrermos as conseqüências do nosso comportamento negativo. Cristo deixa claro que, sempre que reencarnamos com deficiências é porque estamos colhendo hoje o que semeamos no passado.

---

18. Mateus, 18: 8 e 9.

Dessa forma, diante do sofrimento que nos advém, seja ele físico ou moral, mantenhamos a irrestrita confiança em Deus, sabendo que estamos recebendo o remédio que irá produzir a cura.

A sociedade terrena sonha transformar a Terra em um mundo de paz e de harmonia, onde não existam mais ódios, guerras, doenças, fome, ignorância, miséria; onde todos os seus habitantes possam conviver como irmãos, unidos por laços de fraternidade e solidariedade, sendo pacíficos, indulgentes, benevolentes e amorosos entre si.

Esse sonho só se tornará realidade quando extirparmos de nosso coração o egoísmo, o orgulho e a ambição (esta última, descende dos dois primeiros), e que constituem nossas maiores chagas. Quando isso acontecer, não haverá mais ódios, ressentimentos ou desejos de vingança; não haverá mais ambição desmedida que leva o ser humano a apropriar-se do que pertence a seu irmão; não haverá mais fome e miséria, pois o que sobrar da mesa de um abastado reverterá em benefício de outro que tem menos; não haverá mais enfermidades, pois os recursos serão utilizados em saneamento básico, em atendimento médico, em hospitais para socorro à população e, especialmente, quando a educação for uma conquista de todos, a ignorância deixará de existir.

As conquistas irão muito mais além. Livre do egoísmo e do orgulho, terá o espírito conquistado nobres valores morais, o que fará com que se ilumine, libertando o ser humano de vibrações pesadas e nocivas que lhe facilitavam as doenças psicossomáticas. O perispírito, menos denso, lhe proporcionará maior nível de elevação, com a conseqüente sensação de bem-estar e harmonia. Nessa fase, o homem terá suas potencialidades mais desenvolvidas, sua visão ampliada e pensará no próximo antes que em si próprio. Desse modo, viverá o bem, exercitando-o em todos os momentos.

E a felicidade, sonho a que todos aspiramos, estará ao alcance de nossas mãos, pois será uma conquista do ser imortal, vivendo em plenitude.

Será em vão procurar a felicidade em coisas exteriores, em valores materiais, em poder, notoriedade, glória ou nos prazeres da carne, buscando a satisfação dos sentidos e afundando-se nos vícios. Não. A felicidade, fugidia e tênue, é diferente para cada um. Preocupado com o assunto, Allan Kardec questionou: "*A felicidade terrena é relativa à posição de cada um; o que basta à felicidade de um faz a infelicidade de outro. Existe, entretanto, uma medida de felicidade comum a todos os homens?*"

E os espíritos responderam: "*Para a vida material, é a posse do necessário; para a vida moral, a pureza da consciência e a fé no futuro*".[19]

Realmente, aqui na Terra, o homem só será verdadeiramente infeliz se não tiver condições de sobrevivência. Assim, a posse do necessário lhe permitirá viver com relativa tranqüilidade, desde que não deseje o supérfluo, o que o levará a sofrer inutilmente. Com respeito à vida moral, a paz de uma consciência tranqüila é bênção que não sabemos valorizar devidamente. Poder colocar a cabeça no travesseiro e adormecer serenamente, em paz, é algo que muita gente não logra.

Quanto à fé no futuro, é sem dúvida essencial para nos sentirmos bem. Ter consciência de que a morte não existe, e que preexistimos ao corpo material e sobreviveremos a ele, dá ao ser humano uma visão ampla e cósmica a respeito de Deus e da Criação. Faz com que entendamos a beleza das vidas sucessivas e da comunicação existente entre os planos físico e espiritual, que interagem. Leva-nos a aceitar melhor os problemas, os obstáculos, os sofrimentos e as dores que surgem em nosso trajeto, e a compreender que estamos recebendo hoje o que plantamos ontem, como oportunidade de aprendizado, de reparação e de amadurecimento espiritual, na execução da Lei de Causa e Efeito. Resignados, aceitaremos melhor as pedras do caminho, ultrapassando-as ou contornando-as à medida que surjam. E a benevolência fará com que tratemos a todos como irmãos, exemplificando-a com a indulgência para com as imperfeições alheias, entendendo a grandeza do perdão das ofensas pela tolerância, pela paciência e pela

19. *O Livro dos Espíritos*, Allan Kardec, questão 922, Petit Editora.

compreensão para com todas as pessoas que fazem parte da nossa vida, conforme Cristo ensinou.

A grandeza de Deus, sua misericórdia e seu amor por todos nós, seus filhos, se patentearão diante de nossos olhos, pois, sempre ao lado de um problema ou de uma desgraça, Ele coloca uma consolação e os meios de vencermos as dificuldades. Entenderemos assim, analisando nossa existência, que sempre, mesmo nas maiores dificuldades, recebemos o sustentáculo por intermédio de amigos generosos, desta e da outra vida, de criaturas que nos amam e nos amparam com seu amor e sua presença – seja um familiar querido, um amigo, seja um companheiro, um irmão. Não há quem não receba fortalecimento através do amor, da amizade, do companheirismo. E, do Além, seres muito amados, muitos dos quais conhecidos de outras existências e dos quais não nos lembramos na atualidade, torcem por nós, dando-nos amparo moral, conforto espiritual, sustentação nas horas de dificuldade, orientações e sugestões, assistindo-nos nas vicissitudes da vida e alegrando-se com nossas vitórias.

Graças a esses generosos amigos e benfeitores, temos mais facilidade para enfrentar os problemas, as situações e os obstáculos, e mais coragem para vencer a nós mesmos, buscando o aprimoramento moral.

E aí entenderemos mais claramente as palavras de Jesus quando afirmou:

"O reino de Deus está dentro de vós".

Ao terminar a leitura deste livro, talvez você tenha ficado com algumas dúvidas e perguntas a fazer, o que é um bom sinal. Sinal de que está em busca de explicações para a vida. Todas as respostas que você precisa estão nas Obras Básicas de Allan Kardec.

Se você gostou deste livro, o que acha de fazer com que outras pessoas venham a conhecê-lo também? Poderia comentá-lo com aquelas do seu relacionamento, dar de presente a alguém que talvez esteja precisando ou até mesmo emprestar àquele que não tem condições de comprá-lo. O importante é a divulgação da boa leitura, principalmente a da literatura espírita. Entre nessa corrente!